张新科

河南上蔡人，留德博士，二级教授，先后担任两所大学校长，现任职于一省直单位。学习理工，爱好文字。文化学者、著名作家，被誉为"我国重大革命和谍战题材领军人物"。先后在《十月》《当代》《钟山》《中国作家》等刊物发表和出版文学作品800余万字。代表作有《远东来信》《苍茫大地》《铁语》《铩羽》等。多部作品被拍摄和改编成电影、电视剧、戏剧等。

序 言

江苏，是被水浸润的膏腴之地。

浩浩长江在这里奔涌入海，荡荡淮河从此处蜿蜒东去，淼淼京杭大运河也自此一路北上、纵贯南北，共同编织出"三横两纵"的水网体系。加之太湖、洪泽湖、高邮湖、骆马湖等湖泊星罗棋布，更使得水域面积占全省面积近17%。可以说，水，是江苏之脉，是江苏之魂，是江苏之韵。

本书写水，写运河，写与水、运河唇齿相依的江苏八座城市——苏州、无锡、常州、镇江、扬州、淮安、宿迁、徐州，盖因八城均为人间佳地、文化名城，既是鱼米之乡的生态典范，也是贯通南北的经济命脉，更是游人如织的旅游胜地。

作为中国东部重要的水运枢纽，江苏与隋唐大运河、京杭大运河及浙东运河在历史渊源与地理空间上紧密相连。境内河网纵横，尤其是京杭大运河江苏段，古代是漕运的核心区域，至今仍是重要的水运通道。隋唐大运河以洛阳为中心，分通济渠（洛阳至淮河）、邗沟（淮河至长江，今扬州至淮安段）、永济渠（洛阳

至北京）、江南河（长江至杭州，途经镇江、常州、无锡、苏州）四段。邗沟是隋唐最早开凿的大运河核心河段，横亘江苏中部，北衔淮安（古楚州）、南接扬州，以"襟江带淮"之势贯通两大水系。邗沟自古就是南北水路交通的核心枢纽，这条黄金水道不仅承载着江淮漕粮北运的千年重任，更孕育了唐代"扬一益二"的盛世传奇。运河使扬州一时鼎盛，成为商贾云集、百业兴旺的国际都会。隋炀帝征伐高句丽，以邗沟为战略枢纽，以水道为依托，在推进军事行动的同时，进一步巩固南北大一统格局。唐代佛教文化、诗赋雅韵与商贸洪流随运河在此交融激荡。如今扬州古运河段作为世界文化遗产，中国大运河博物馆坐落于此；淮安清口枢纽遗址以"黄淮运交汇"的治水智慧，成为大运河遗产体系中的一颗明珠。

京杭大运河江苏段逶迤绵长，从苏鲁交界的徐州到苏浙交界的苏州，8 座历史名城被依次串起，全长约 690 千米，占运河总长度的 1/3，是我国大运河的重要组成部分。这条"黄金水道"不仅是地理意义上的南北动脉，也见证了古代漕运系统的登峰造极。明清时期，大运河江苏段承担全国 70% 以上的漕运，并联合构筑了"漕运经济"的核心版图。淮安（清江浦）漕运总督府、扬州盐运中心、苏州丝绸集散中心，三地的漕运经济在江苏境内的地位举足轻重。作为古代水利工程典范的淮安清口枢纽，化解黄河泥沙对河道的威胁，"蓄清刷黄"的治水方略，堪称人类改造自然的一大创举。运河水脉滋养下,苏州、无锡等工商业城市相继崛起,"苏湖熟,天下足"的美誉印证着鱼米之乡的富庶繁华。步入新时代,苏北段(徐州至扬州)仍可通航千吨级船舶,作为"北煤南运"的重要物流通道,持续为区域经济增辉。历史烟云在此沉淀,扬州瘦西湖、东关街,苏州盘门水陆城门、山塘街,无锡清名桥街区,常州青果巷,淮安里运河文化长廊等一个个文化地标,如珍珠般镶嵌在运河两岸,诉说着千年漕运的兴衰往事。

浙东运河虽主体位于浙江,西起杭州萧山区(接钱塘江)、东至宁波甬江口,却通过京杭大运河江南河段(江苏—杭州段)与江苏紧密相连,共同构建起"江河海联运"的立体网络。早在南宋时期,这条通道便成为连接都城临安(杭州)与港口城市明州(宁波)的"黄金纽带",江苏的丝绸、瓷器等精美的手工业品经此南下,通过宁波港融入海上丝绸之路,开启跨洋贸易的辉煌篇章。"镜湖流水漾清波,狂客归舟逸兴多。"李白七绝《送贺宾客归越》中的"归舟",走的就是浙东运河的水路。明清以降,苏州的棉布、无锡的米粮沿运河与浙东地区互通有无,催生了横跨江浙的商贸网络。2014年,浙东运河作为中国大运河的重要延伸段入选世界遗产,与江苏段共同构成"大运河文化带"的东南板块,标志着这条串联江河湖海的千年水道,在历史与现代的交响中,继续书写着文明交融的新篇章。

大运河江苏段八城,座座璀璨,个个神奇。

　　苏州是中国首批历史文化名城，2 500余年城建史书写着吴文化发祥地的深厚底蕴。作为"东方水城"，2万余条河道织就罕见水网，京杭大运河穿城而过，自春秋伍子胥"相土尝水"筑阖闾大城、夫差开邗沟、隋炀帝通江南河，终成"水陆双棋盘"的千年格局。9座世界遗产园林荟萃于此，拙政园、留园等以"咫尺造乾坤"的巧思冠绝天下；唐伯虎的桃花诗酒、文徵明的诗画双绝、范仲淹的"先忧后乐"，凝练成永不褪色的人文符号。昆曲水磨调婉转六百年，评弹弦索流淌江南水韵，宋锦缂丝织就非遗华章；三虾面、阳澄湖蟹等"不时不食"的苏帮菜，尽显江南饮食的风雅匠艺。今日苏州，工业园区绘就"产城融合"新景，"张家港精神""昆山之路"续写改革传奇。当古运河的桨影与现代天际线交相辉映，传统匠心与科创动能各美其美，这座"人间天堂"正以古今和鸣的姿态，诠释着永恒的东方魅力。

　　无锡是一座由江南文脉和工商传奇交织而成的千年古城。自商代末年泰伯、仲雍凿通伯渎河，土地便以水为脉，奠定了农耕文明的基础；春秋吴国则依托运河水系，发展水军，成就了春秋霸业。隋唐大运河贯通后，无锡凭借漕运枢纽之利崛起为"中国四大米市"之首，催生金融、纺织等现代产业。在"一弓九箭"的水城格局中，黄埠墩、清名桥等运河地标至今镌刻着文天祥夜泊题诗、海瑞治水的历史印记，也见证着康熙、乾隆南巡的帝王足迹。这里崇文重教之风千年不辍，明代东林书院"风声雨声读书声"响彻云霄，"经世致用"思想延续至今；小娄巷、新街巷深宅里走出百位进士、举人、两院院士和顾宪成、钱锺书等文化巨擘，顾恺之、倪瓒、邹迪光的书画造诣更达到艺术高峰。近代以降，无锡成为民族工商业摇篮：荣氏家族缔造面粉纺织帝国，"小上海"的美誉背后，是敢为人先的开拓精神。酱排骨的浓香甜韵、小笼包的多汁鲜美，孕育出独特的"甜味"文化；艺术家阿炳《二泉映月》的凄婉琴韵与惠山祠堂群的肃穆庄重，共筑精神地标。从泰伯渎的悠悠桨声到物联网新城的科技脉动，无锡始终以水为魂，在守正与创新的交响中，续写着时代新篇。

常州，古称延陵、毗陵，地处江南腹地，是吴文化发祥地之一。常州境内运河全长 45.8 千米，是沟通长江与太湖的重要通道。其历史可追溯至春秋时期，季札三让王位、封邑延陵奠定君子文化根基。运河贯穿城市发展史，自吴王夫差开凿江南运河起，常州成为"襟江带湖"的漕运枢纽，隋唐时期已是"贡赋必经之路"，唐宋时期疏浚改道形成"三河四城"格局，见证商贸繁荣与豆木钱典四大行业兴衰。作为"龙城"，常州孕育了齐梁两代15 位帝王，乾隆御笔"龙城象教"彰显其文化地位。常州人文底蕴深厚，青果巷走出唐顺之、盛宣怀、瞿秋白、赵元任、周有光、史良、刘国钧等近百位名士大家、工商巨擘。苏轼十四次往返终选常州为人生归宿，清代常州词派革新文坛。山水与人文交融，淹城遗址展现独特三城三河形制，茅山乾元观承载道教文化，南山

竹海展示寿文化精髓。近代工业转型中，常州"耻为天下第二手"，从传统梳篦手工业到机械制造、纺织业革新，见证民族工业崛起。运河与龙城双重基因，塑造了常州"勇争一流"的城市精神，在历史长河中始终保持着"常变常新"的发展活力。

镇江古称京口，地处长江与运河交汇处，自古为战略要冲。古运河弯弯曲曲穿过镇江悠悠流淌了上千年，恰似青青的玉带镶嵌在润州古城。三国时期孙权在此筑起铁瓮城，奠定其军事、政治重镇的地位。运河网络纵横交织，"五口通江"的水运体系使其成为漕运枢纽，见证隋唐至明清时期的经济繁荣。西津渡作为千年古渡，既是南北商贸咽喉，又历经宋金对峙等战役，留下韩世忠抗金等历史传奇。镇江文化底蕴深厚，孕育了众多文豪大家：昭明太子萧统于招隐山编纂《昭明文选》，沈括晚年居梦溪园完成科学百科全书《梦溪笔谈》，米芾开创"米氏云山"画派、革新书画艺术，近现代赛珍珠等文化名人也与镇江渊源深厚。镇江自然景观与人文交融，形成"三山一渡"胜景：金山寺承载《白蛇传》传说，焦山如江中浮玉藏《瘗鹤铭》石刻，北固山存遗恨怀古词韵，茅山更是道教"第一福地"。镇江民俗特色鲜明，"长江四鲜"彰显水乡饮食文化，"镇江三怪"（醋、肉、锅盖面）成为城市味觉符号。镇江以兵家必争之地利、漕运之枢纽、文化之魂，铸就了河城千年的传奇。

扬州自古就有"淮左名都"的美誉，春秋时期吴王夫差在此开凿邗沟,奠定其交通枢纽地位,隋唐盛世更是使其成为全国的经济、文化中心。扬州承载着深厚的文学积淀,张若虚的《春江花月夜》、杜牧的《寄扬州韩绰判官》等传世诗篇在此诞生,鉴真东渡更见证了它在中外文化交流中的重要地位。明清盐商经济推动城市发展高峰,催生了"扬州八怪"等艺术流派和扬州学派的学术成就。瘦西湖的烟柳画桥、东关街的市井烟火、邵伯古镇的青石履痕等,如散落的珐琅掐丝,镶嵌在扬州这柄青玉如意之上。作为淮扬菜的发源地,"三把刀"(厨刀、修脚刀、理发刀)技艺体现精致生活美学,"早上皮包水,晚上水包皮"的慢生活哲学传承至今,从古琴广陵派到玉雕剪纸,传统工艺彰显匠人精神。扬州既经历过"十日屠城"的惨烈,又以运河水利枢纽续写了新的时代篇章,获得多项国际荣誉,在古今交融中焕发出独特的魅力。

淮安,地处中国南北地理分界线,以出色的地理禀赋书写着文明交融的神话。其作为"运河之都",自吴王夫差开邗沟通江淮,后人绵绵用力,成为京杭大运河的"天下咽喉"。明清时期漕运总督府驻此,年转运漕粮 400 万石,留下"南船北马"的交通传奇。镇淮楼下那一尊青铜秤砣,清口枢纽彰显的治水智慧,见证着黄、淮、运三水激荡的水利史诗。青莲岗遗址揭示七千年前的稻作文明,枚乘以《七发》开创汉赋新风,吴承恩在河下古镇孕育《西游记》,韩信"兵仙"谋略与周恩来"为中华之崛起而读书"的

誓言交相辉映。周信芳创立的"麒派"京剧与陈白尘的讽刺戏剧，共同塑造了淮安的艺术基因。作为江淮生态明珠，洪泽湖悬湖奇观与亚洲最大水上立交工程并存，现代智能水运接续千年漕运传奇。淮扬菜博大精深，软兜长鱼、文楼汤包承载着盐商雅韵与南北风味融合的饮食哲学。从梁红玉抗金到刘老庄八十二烈士，英雄血脉铸就城市精神丰碑。这座"漂浮在水上的城市"，正以古今辉映的姿态，在新时代续写地理与人文的华章。

宿迁，这座从《水经注》里浮出的古城，三千载光阴在运河的柔波里舒展成蒹葭苍苍的诗行。作为中国唯一拥有隋、唐、清三朝运河主航道的城市，其水运枢纽地位始于春秋陈蔡运河，至元代成为京杭大运河关键节点，清代靳辅开凿中运河更奠定现代运河格局。水脉滋养出两大文化：一是"白酒之都"的千年酒韵，洋河、双沟以绵柔技艺承续楚汉豪情；二是英雄辈出的家国情怀，西楚霸王项羽的剑气、抗日名将杨泗洪的忠魂、炮兵之父朱瑞的智勇，构筑起城市的精神脊梁。作为淮海战役核心区，刘少奇、彭雪枫、新四军四师浴血奋战，革命火种至今在《江山》等文学作品中传承。改革开放后，这座水城完成惊艳转型：京东扎根带动电商集群，年交易额破万亿；"春到上塘"改革首开农村包干先河；中运河水利风景区实现97％生态修复，串联起明代石工墙和现代船闸群。从隋唐漕运码头到当代电商名城，从霸王故里到白酒飘香，宿迁始终在水与火的淬炼中书写着传奇——洪泽湖烟波托起古城倒影,骆马湖月色酿就新时代的蓝色梦想,让这"第一江山春好处"永葆魅力。如今,在一代代人的持续呵护和接续建设下,大运河脉动千年、生生不息,宿迁也在大运河的润泽下焕发更为耀眼的色彩。

徐州,古称彭城,地处苏鲁豫皖四省要冲,京杭大运河与黄河故道于此交汇,造就了"九河绕城、七湖润彭"的灵秀生态格局。作为《尚书·禹贡》记载的九州之一,这里是楚汉文化的摇篮,孕育出刘邦、项羽等帝王,金缕玉衣、汉兵马俑等珍贵文物,彰显着"两汉文化看徐州"的无上荣光。自春秋时吴王夫差开凿邗沟,便以"五省通衢"之态,打通江淮与中原。隋唐大运河的兴盛,更让徐州一跃成为天下粮运中枢,窑湾古镇中盐商的深宅大院,至今仍留存着千年水运的悠悠记忆。云龙山摩崖石刻,铭刻着苏轼放鹤的洒脱逸事。戏马台间,似乎还回荡着楚汉争霸的余韵。户部山明清建筑群错落有致,龟山汉墓布局精巧。步入现代,徐州成功转型为"中国工程机械之都",徐工集团引领高端制造业腾飞。徐州的非遗文化同样蓬勃传承,梆子戏激昂嘹亮,曹氏香包药香扑鼻,万人共赴盛会的热闹场景,尽显彭城儿女的豪情侠义。从彭祖雉羹到地锅炊饼,从《大风歌》的古韵,徐州会战的烽火、淮海战役的号角、运河支队的史诗,到高铁飞驰的呼啸、徐矿集团的凤凰涅槃、淮海地区枢纽城市的浩歌,徐州始终在历史的洪流中,演绎着古今交融的雄浑乐章。

在本书撰写过程中，苏州大学从各个方面为我这位讲座教授提供了鼎力支持和倾力帮助；南京大学出版社王文军社长、蔡文彬先生、高军先生高屋建瓴，提供了诸多支持和指导；大运河江苏段沿岸八座城市市委宣传部、社科联、摄影家协会在数据、史料、图片上提供了系列帮助；"运河八城"的很多名家学者、地方史研究人员和省社科院大运河研究院的专家学者也提供了精心指导；博士生蒯星君也承担了大量工作，在此一并衷心感谢。

八城历史之悠长、文化之厚重、经济之富庶、人物之风流、景物之优美，一本书远远写不完，述不尽。书中挂一漏万、失之偏颇和舛误差错之处，请方家和读者不吝赐教，以便后期再版时勘正。

愿运河的安澜柔波熨平岁月的褶皱，愿八城永远钟灵毓秀，愿八城文脉绵延成不灭的星汉，在四季轮回里，照亮文明的渡口。

张新科　博士、教授、作家

2025 年 4 月 18 日

目 录

苏州金鸡湖畔 / 视觉中国供图

正月三日闲行

[唐]白居易

黄鹂巷口莺欲语，乌鹊河头冰欲销。

绿浪东西南北水，红栏三百九十桥。

鸳鸯荡漾双双翅，杨柳交加万万条。

借问春风来早晚，只从前日到今朝。

壹　苏　州

　　烟雨姑苏总入梦，一城水墨半城波。

　　一想到苏州，不禁让人思绪翩翩，恍若沉醉于一场绮丽非凡的水墨江南梦。唐代诗人杜荀鹤笔下的"君到姑苏见，人家尽枕河"，一语道尽苏州古城的韵味。临水筑家，黛瓦如墨，与水纹波光，相互映现相互濡染着，荡漾过阴晴，流淌了千百年。苏州的水脉，难以简单地以"她"或"他"来界定，其既有长江的汹涌澎湃，奔腾不息，亦有运河的温婉内敛、蜿蜒环抱。城内水道纵横交错，湖泊犹如星辰散落，密布其间，河流、湖泊、滩涂面积占全市土地面积的 34.6%。可以说，"水"是苏州的灵魂，滋养着世世代代的苏州人，更赋予这座城市无穷的灵性与活力。

　　水无常形却多情，雾气轻笼河水，宛若绸缎般柔和光洁，迤逦流向遥远天际，在夕阳的余晖里闪烁着粼粼的光芒；水近听无声，却闻桨声欸乃，与隐约飘来的余音交织成曲，共鸣于灰瓦白墙之间。一曲吴侬软语婉转缠绵耳畔，恰似那绝唱："七里山塘春水软，一声柔橹一销魂。"水本无色，却孕育万物，映照世间千般景致，江畔之花令水波红艳如火，春水碧透，犹如琉璃清澈明净；水自无味，然与茶相遇，便能生出芬芳，透过烟雨朦胧，一盏清茶，也足以品味日月更迭，感悟人生百态。

　　苏州，因水而兴，因水灵秀。运河沟通城际，应城市而变。历史上苏州大运河就曾因城市发展有过三次较大的改道。第一次发生在清朝初年,阊门因过于繁华,船只通行数量远超河道运输能力,于是进行了第一次改道分流,将运河中的漕粮运输河道整体南移。第二次运河改道发生在新中国成立后。1959 年在寒山寺西挖凿了一条 800 米的新运河,裁弯取直以让船舶避开寒山寺。第三次改道发生在 20 世纪 80—90 年代,将运河穿城而过改为绕城而过,链接了新老运河,至此苏州段的运河航道航向基本确定,奠定了今天城河相宜的格局。苏州段运河总长度约 96 千米。随着大运河的贯通,市肆繁盛,蔚为壮观。帝王将相、贩夫走卒、文人墨客,纷至沓来,云集于此。千载流波,悠悠岁月,苏州与运河相依相偎,互荣共生,共同书写着一段段繁华盛景的传奇。

一、相土尝水,象天法地

1. 长洲茂苑古通津

"咣!咣!咣!"沉睡久矣的荒芜之地,青铜钎的响声惊起蛰伏百年的尘土。在芸芸众生中,有位头已染白的男子站在夯土台上。他,振臂一呼,带着军民开山采石、夯土筑基,任由烈日在他的衣衫上灼出盐霜,一座巍峨的主城拔地而起。

他是谁?

伍子胥。

2500 多年前,伍子胥受吴王阖闾之命,象天法地、相土尝水,设水陆城门各八座,筑就了"通门二八,水道陆衢"的壮丽城郭——阖闾大城。公元前 506 年,吴欲伐楚,阖闾复遣伍子胥督率工匠开凿胥溪。同时,伍子胥举荐孙武,两人联手仿效车战之

阵,为阖闾培养出一支纪律严明的水师。胥溪全长约225千米,是目前已知中国最早的人工运河之一,在碧波荡漾中,苏州城与大运河结下了不解之缘。

阖闾死后,其子吴王夫差继位,他仰望着远方的河山,心中生出几分不甘,父王死于与越国的战争中,临终嘱托为他报仇,这份沉甸甸的遗愿,像北方的寒风一样时时刺骨,又时时警醒,在他的心中,永远都是一种耻辱。夫椒之战夫差大获全胜,他暗下决心,誓要北上逐鹿,让吴旗猎猎中原。但征途漫漫,粮草困顿,交通阻滞,难以前行。于是,夫差命工匠开凿邗沟,经苏州望亭、无锡,到常州奔牛镇,终至于孟河,为的是畅通水路,铺好一条称霸天下的大道。当第一铲泥土被轻轻撬起落入历史长河,夫差或许不曾料到,这一铲,不仅掘开一条河,更掘出了一段不朽的传奇,与夫差的生命轨迹,就这样在邗沟里悄然交织。后世将邗沟视为大运河辉煌篇章的序曲,而吴王夫差,则被永远铭记为大运河"第一锹"的挥锹者。

时间来到隋大业六年(610年),隋炀帝杨广登基御宇,虽已实现疆域一统,但南北长期分裂对立的遗痕,暗流涌动,令他内心深处的不安如影随形。南方士族的势力日渐壮盛,颇有与皇权并驾齐驱之势,为稳固这来之不易的统一大局,隋炀帝决意开凿江南运河,以水路为纽带,串联南北,以便实现对南方更为牢固的掌控。基于春秋、秦汉时期遗留的河道遗迹,隋炀帝命人精心疏浚,拓宽江南的水道,使之焕然一新。《资治通鉴》中详载:"敕穿江南河,自京口至余杭,八百余里,广十余丈,使可通龙舟,并置驿宫、草顿,欲东巡会稽。"整条河道如巨龙般纵贯南北,北抵涿郡(今北京之地),西达洛阳,南至杭州,自此苏州运河被纳入大运河水系。唐朝文学家皮日休在《汴河怀古》中感慨道:"尽道隋亡为此河,至今千里赖通波。若无水殿龙舟事,共禹论功不较多。"可见虽然历史上对隋炀帝的评价不乏严苛之词,但无可争辩的是,他所开凿的大运河,利在千秋,成为不可磨灭的功业。

自唐朝安史之乱后,经济重心再度南移,江南首度跃居全国人口之最。昔日苏州之盛况,何以言表?白居易以诗笔为史,道:"十万夫家供课税,五千子弟守封疆。"复又挥毫赞曰:"甲郡标天下,环封极海滨。版图十万户,兵籍五千人。"在《苏州刺史谢上表》中,他还说:"当今国用,多出江南。江南诸州,苏最为大。兵数不少,税额至多。"这些内容无不彰显出苏州在当时的重要地位与繁荣景象。

苏州作为江南运河的中心城市,因河而兴盛,经济日渐繁荣。隋唐之时,大运河在过浒墅关后,踏入苏州这座人间天堂,见证这里人们的经济贸易、交流交往和社会生活。然后自枫桥处优雅转身,向东潺潺流去,与环城河在阊门下温柔交汇,形成今日世人所见的上塘河。当时的河面船只络绎不绝,成为米粮、豆类、丝绸、布匹等各式物产的集散港,此后历经隋、唐、五代十国的沧桑更迭,直至两宋,悠悠岁月中,大运河宛如一位慈爱的母亲,用她甘甜的乳汁,滋养着沿岸的万千生灵,使之生生不息,繁荣昌盛。南宋绍定二年(1229 年),时任平江知府的李寿朋,特命能工巧匠精心雕琢《平江图》石碑,碑图细腻入微地描绘了苏州城在南宋初年历经金军铁蹄蹂躏后,在经年累月悉心修复后,终于重现勃勃生机的壮丽画卷。《平江图》不仅是中国现存最古老、保存最为完好的都市地图,更是苏州古城历史变迁的生动见证。图中生动展现了苏州古城"三横四直"布局的雏形,城内水系纵横交错,河网密布,河街相依相偎,共同编织出一幅水

陆并行的双棋盘格局,造就了苏州"人家尽枕河"的温婉江南风
貌,令人沉醉不已。

平江图 / 视觉中国供图

　　1271年,元世祖忽必烈诏告天下,改国号为"大元",并定都
大都。政治中枢自洛阳转移到大都,使得运河不再需要绕道中
原。加之隋炀帝所凿的通济渠,因黄河连年肆虐,泛滥成灾,终
致淤塞严重,渐趋废弃。但朝廷和军队仍需要江南的粮食和税
赋支持,于是,忽必烈慧眼识才,诏令水利专家郭守敬重修大运
河。郭守敬别出心裁,想出"裁弯取直"之法,摒弃绕行洛阳的旧

道。自此新运河自南而北，起自杭州，途经水城苏州，继而北上直至大都，径直勾连京师与西子湖畔，一举奠定了今日京杭大运河的基本航向。

苏州最鼎盛的时期，无疑是在明清两代。虽说宋代早有"天上天堂，地下苏杭"的美誉流传，但苏州的经济、文化、民生实则是在明清时期达至前所未有的繁荣辉煌。正如《韵鹤轩杂著·戏馆赋》中所咏叹的，"人间都会最繁华，除是京师吴下有"。明代文人王世贞以"天下第一繁雄郡邑"[①]赞誉苏州。当时苏州府所贡粮食，几占全国之十分之一，而苏工苏造，也成为当时文人雅士生活情趣的象征，风靡一时。

1421 年，明成祖朱棣将都城搬到北京，南北漕运应势勃发。自明代中叶起，苏州府城便成为全国最大的交易市场，成为京杭大运河上南北商品的汇聚之地。在此期间，大运河也屡经治理，皆为疏浚排水为主的大小工程，累计有数千次之多，更为苏州的繁荣奠定了坚实的交通基础。明代张内蕴、周大韶所撰《三吴水考》一书中，详载大运河苏州段的三条重要支线：至和塘、元和塘与松江运道。"松江运道由白蚬江西来，出呼鲤泾与运河合，入长洲界，又北经姑苏城，与至和塘运河相合。"明万历四十五年（1617 年），巡抚王应麟主持疏浚苏州城内河流，浚治"三横四直"及玉带河，及至道光四年（1824 年），江苏按察使林则徐，综理江浙水利事务，亲赴太湖流域，治理苏州河、黄浦江及娄江水道淤塞之患。至 1832 年，林则徐任江苏巡抚，与两江总督陶澍携手，合力疏浚浏河、白茆河等河道。其间，林则徐采取"以工

---

① 王世贞原话为："今天下之称繁雄郡者，毋若吾吴郡，而其称繁雄邑者，亦莫若吴邑。"（《送吴令湄阳傅君入觐序》），此处稍加概括。

代赈"之策,招募受灾百姓充当民夫,既修缮河道,又救济灾民,造福一方。水道地利,叠加政通人和,运河方才流泽延绵。

2. 夜半钟声到客船

若将都城比作人的心脏,那密布在中华大地上的无数水道就是滋养都城、维系心脏运转的血管,向这座核心城市输送着生命的血液与能量的补给。粮食是国家稳定、昌盛的基础,历代王朝都深知水道的要义。水道不仅是输送物资给养、滋养都城、保障军需的生命线,更是调节民生所需、促进经济发展的关键所在。依靠水道进行的运输方式,被称为漕运。它涵盖河运、水陆递运与海运三种形式,共同构成了古代中国庞大的物流网络。通过这些水道收集上来的粮食,则被称为"漕粮"。

苏州在隋朝大运河贯通后,成为江南运河中段的交通枢纽。安史之乱后,北方经济元气大伤,而江南则因自然条件得天独厚,渐成一方征粮沃土。得益于江南运河的畅通无阻,苏州一跃成为南北商贸的交汇地。"吴门转粟帛,泛海陵蓬莱",生动描绘了苏州交通之便利,商业之繁荣——船只从吴门出发,满载粟米布帛,穿过茫茫水域,仿佛直抵传说中的蓬莱仙境。而"合沓臻水陆,骈阗会四方",则将苏州的繁华与热闹表现得淋漓尽致,水陆交通繁忙而有序,商贾云集,共同成就着苏州的商业盛景。

唐朝时,苏州枫桥古镇凭借得天独厚的地理位置,坐拥大运河与古驿道交汇之利,加之与城镇紧密相连,自然而然成为米粮、豆类、茶叶、丝绸、布匹等物资的集散重镇。这里群商毕至,热闹非凡,各种物资交汇流通,为枫桥带来了无尽的繁华与生机。到了宋元,枫桥集市声名鹊起,明清两代更是达到了鼎盛的历史高峰,枫桥市场的繁华景象,让人目不暇接。江浙、福建、湖广的漕粮物资,在运往京都的途中,都需要先在枫桥汇集转运,后世民间有谚语"探听枫桥价,买物不上当"。百姓认为在枫桥市场上探听的价格,更为公道。因此在这里买米等物资,自然不会吃亏,足见枫桥的重要地位。如今,苏州枫桥景区漕运展示馆门前,两侧楹联书曰:"输粮运豆漕舫无不汇枫斛,送往迎来驿站大都凭泾河。"站在这里,仿佛能够穿越时空,亲眼见证枫桥那段辉煌的历史。

苏州枫桥景区漕运展示馆楹联 / *视觉中国供图*

　　一座城市若要真正步入发达行列,仅仅倚靠农耕经济的单薄肩膀,听凭天意以谋生计,发展之路势必步履维艰,备受束缚。元明清三代,江南地区渐成全国经济中心,苏州城更是逐步挣脱传统农耕经济的枷锁,迎来商贸与手工业的空前繁荣。在苏州广袤田野间,稻谷盈仓,税赋丰盈。与此同时,商业、耕织与水利,皆如日中天,共同推动了苏州的快速发展。人杰地灵和政通人和诸多因素使得苏州城一跃成为全国人口最多的城市,并成为漕粮上缴的重镇。

　　元代定都大都之后,大运河的走向发生重大变化,较之于隋代,路程缩短了九百余里。此时黄河频繁肆虐,决堤成患,加之部分河段水源枯竭,故元代多倚重海运以通有无。而苏州恰好位于海运与漕运的交汇线上,江海联运使得苏州的两处港口——常熟福山港和太仓的刘家港初露头角,成为重要的交汇枢纽。

　　明代之前,苏州城的中心地带,坐落于城中乐桥附近,那里有一个闻名遐迩的"吴市",作为固定的商品交易场所。苏州城内水道逐渐扩大,到明代中期以后,其长度达到历史之最,犹如生命脉络,滋养着这座古老的城市,也为苏州的商贸发展提供了更加便利的条件。与此同时,城市的商业中心也悄然发生了变迁。古城西北部的阊门地区,因紧邻运河河道,便捷无比,被誉为"天下第一码头"。于是,阊门逐渐成为新的商业中心,吸引了无数达官贵人聚居于此,富商巨贾也从四面八方纷至沓来。清朝画师徐扬,耗时24年绘就《姑苏繁华图》。画卷将苏州古城的繁华盛景,细腻而真实地铺展于世人眼前。画中田间禾稻轻拂,街巷人声鼎沸,码头船来舟往,店铺琳琅满目,山河壮丽绵延;农人耕作于野,工匠悉心制造,商家荟萃熙攘,后生书声琅琅,小厮穿梭其间，一派生机勃勃。曹雪芹所著《红楼梦》也以苏州开篇，生动地描绘道："阊门最是红尘中一二等富贵风流之地。"前朝也是如此。明代极负盛名的才子唐寅在其诗作《阊门即事》中赞叹道："世间乐土是吴中，中有阊门又擅雄。翠袖三千楼上下，黄金百万水西东。五更市买何曾绝，四远方言总不同。若使画师描作画，画师应道画难工。"诗人高启也对苏州赞不绝口，誉其"财赋甲南州，词华并西京"。

除了漕运，明宣德四年（1429 年），户部在苏州城运河边创设了浒墅关，用于征收赋税，号称"十四省货物辐辏之所"。浒墅关一经设立，很快便成为全国大钞关之一。所谓"钞关"，有点像当今的收费站。关卡根据来往船只的载重量、所载货物的性质以及运输路程的远近，精确折算银两，但特殊的是，在钞关缴纳赋税必须使用当时官方发行的大明宝钞。同样，清政府为了加强税收管理，特对部分商品的商路进行了明文规定，明确其必经的钞关关口，从根本上确保了浒墅关等中心钞关的地位。那时，凡意图向苏淞一带运输货物的商人，均须经由浒墅关通关放行。而其余可能规避浒墅关的城镇通道，也被要求协助浒墅关执行缉私任务。面对如粮食、布匹、丝绸、茶叶、海货等种类繁多的商业税收，康熙年间，浒墅关盈余银几乎每年有 20 多万两，最多可至 50 万两，仅次于具有"一口通商"特权的外贸关粤海关和长江上的九江关，成为全国税额最高的五座钞关之一，并长期占据着运河第一关的地位。

二、水巷小桥，姑苏十景

1. 吴门望亭

"长亭外，古道边，芳草碧连天。"

短短几句，勾勒出一幅离愁别绪的绝美画卷。若论诗词之中，何处离情最为浓重，非那长亭莫属。一壶浊酒，三两知己亲朋，古人常于此地依依惜别，将满腔的不舍与眷恋化作杯中的酒，一饮而尽。长亭其实就是官道旁的驿站。在苏州城，也有这么一座长亭，名叫望亭，古名御亭，曾名鹤溪。三国时吴大帝孙权在此修建御亭①，唐贞观年间常州刺史李袭誉取梁庾肩吾《乱后行经吴御亭》中"御亭一回望，风尘千里昏"诗句，改称望亭。望亭坐落在苏州西北，北邻望虞河，西枕北太湖，京杭大运河穿镇而过，是"三水交汇"之地，也是大运河流经苏州的第一站，被称为"运河吴门第一镇"。唐代诗人白居易曾在此送别友人，题诗《望亭驿酬别周判官》，诗云："何事出长洲，连宵饮不休。醒应难作别，欢渐少于愁。灯火穿村市，笙歌上驿楼。何言五十里，已不属苏州。"描绘望亭作为吴地水乡重要驿站的盛景。清朝雍正年间，因望亭镇地形似鹤，且以古问渡桥为背，江南运河为两

---

① 笔者寓目的当代出版物中多有御亭为"吴先主孙坚所立"的说法，盖是误读了北宋朱长文《吴郡图经续记》中"吴先主所立，谓之'御亭'"的记载。实际上，孙坚生前并未称帝，不当用"御"字。古人语境中的"吴先主"指的其实是孙权，如东晋葛洪《神仙传》卷八有"（左）慈见吴先主孙权"之语。古籍中也多有御亭为吴大帝孙权所立的明确记载，可参看明胡震亨《唐音癸签》、清《江南通志》等。

翼,桥两边街道为头尾,因而得雅号"鹤溪"。①

苏州望亭 / 贾传军供图

　　望亭之内,有座知名的纪恩亭,也称皇亭。亭内矗立着一方古碑。据传,清朝乾隆皇帝首次南巡之时,苏州府的官员们恭立于阶下,盼望圣驾光临。有八十岁以上高龄的老人,心怀对浩荡皇恩的感激之情,身着黄马褂,虔诚地跪地迎候圣上。这一番盛景,深深触动苏州百姓,于是他们立此碑以作纪念,碑石亦被称为皇亭碑、皇令碑。

　　最初,望亭仅为一处驿站,静静扼守着苏州的门户,承担着物流中转与招待旅人的功用。岁月流转,至宋代,望亭镇设立,这里逐渐成为农副产品与手工艺品的繁华集散地。更形成了每

---

　　① 《望亭镇志》编纂委员会编:《望亭镇志》,苏州大学出版社,2007年,第514页。

逢农历初四、十四、廿四赶集的传统习俗,人们亲切地称之为"四嘟"。这一风俗穿越数百年时光延续至今,使望亭成为苏州为数不多的传统乡村集市之一。在望亭,太湖文化、稻作文化、良渚文化、崧泽文化的印记被保留至今。望亭自古以来便是稻谷的摇篮。望亭运河两岸,米行、米厂与粮库如星辰般密布,每日里,无数粮食在这里汇聚,又从这里扬帆启航,运往繁华的上海。那时,《申报》上甚至每日专设版面,公布望亭米价的最新行情,足见望亭在当时的重要地位与影响力。时至今日,望亭依旧承担着苏州优质水稻生产的重任,并建有专门的稻香小镇供游人参观学习。每当稻香四溢,金浪翻滚,人们便能感受到那份来自大自然的馈赠,续写着这片土地与稻香的不解之缘。

2. 浒墅寻古

"师傅,去浒(hǔ)墅关!"

"哟,您是外地客吧?"司机师傅目光轻掠过后视镜中的乘客。

"您怎么知道?"乘客心中连连称奇。

师傅嘴角勾起一抹会心的微笑,未再多言,仿佛一切尽在不言中。

这样的情景,在苏州这座古城中,已悄然上演了千千万万次。

浒墅关,其名何解?不少初到此地的外乡朋友,因不解其音,往往被司机师傅一眼便洞穿了身份。"先有浒墅关,后有苏州城。"浒墅关名字的由来,其实包含着一段有趣的历史渊源。明人徐常吉辑《新纂事词类奇》引《吴越春秋》云,秦始皇东巡至此,欲访求吴王阖闾墓中陪葬的宝剑,却见一白虎蹲守墓前,遂拔剑刺虎。白虎掉头西逃,消失在了"虎疁"这个地方。到了唐五代,为避唐高祖之父李虎和吴越王钱镠的名讳,易名"浒墅",

浒墅的名号就这样被立了下来。那么,如今"许墅关"的读音是怎么来的呢?这就涉及汉语的语音流变问题了。古汉语中"浒"和"许"是同音的,所以在宋代的志书中有将"浒墅"记作"许市"的现象。后来两个字的读音发生了分化,"许"字的声母变成了"x",而志书中又有"许市"的记载,阴差阳错,"浒墅关"中的"浒"也连带着读作"xǔ"了。所谓"时有古今,地有南北,字有更革,音有转移",就是这个道理。

古浒墅关素以"八景"著称,分别为昌阁风桅、龙华晚钟、浮桥夜月、渔庄夕照、南河榆荫、白荡菱歌、管山春眺和秦余积雪。其中昌阁风桅最为著名。浒墅士人张宏德与其昆仲,目睹当地水势汹涌澎湃,滔滔直泄,心忧地势风水遭到破坏,致使当地文风难以昌盛,于是,他们慷慨解囊,从运河之畔取土筑基,在丘顶之上筑起一座文昌阁,供奉文昌帝君,祈愿文脉流长,文风鼎盛。乾隆四十九年(1784 年),乾隆帝南巡至此,登临文昌阁,极目远眺,只见风光无限,心旷神怡,"昌阁风桅"四字脱口而出,赞叹之情溢于言表。

谈及文昌阁,不得不提其岸边的董公堤。这是浒墅关张家桥至枫桥铁铃关前的运河西岸塘路,绵延约 10 千米,为南北往来之要道。其历史可追溯至明嘉靖二十二年(1543 年)。当时浒墅关榷关主事董子策,眼见从浒墅关到枫桥寒山寺这一段运河河岸崩塌、损坏严重,便毅然捐资组织修建。明万历二十四年(1596 年),河堤再度受损,此时榷关主事董汉儒,承袭前贤之志,再次组织劳力修整董公堤。据时任长洲县令江盈科所撰《户部谊台董公榷关惠政并捐金修堤纪实》记载:"汇计堤岸稍高,块石修砌处,凡若干丈;堤形湮没,条石夹砌处,凡若干丈……姑苏之人皆嗟叹曰:'此千世之功,利济万人之泽,非尸祝庙祀,其何

以称我民报塞董公之意。'"人们为纪念这两位董姓官员的善举，将这条塘岸命名为董公堤。说来也巧，后至万历四十四年（1616年），榷关主事张铨再度增修董公堤，请人撰写《浒墅关重修董公堤记》以记其事，传记作者也姓董，为名士董其昌。

京杭大运河苏州高新区浒墅关段风光 / 视觉中国供图

3. 枫桥夜泊

唐时一深秋之夜，月色朦胧，寒露凝重，乌鸦在夜色中低吟，叫声凄清幽远，姑苏古城寒山寺外，古朴的枫桥下，一叶扁舟静静地泊在水面上，恍如与世隔绝。

舟中之人，名曰张继，字懿孙，籍贯襄州（今湖北襄阳）。他伫立于船头，望着河面上摇曳的灯火，心绪难以平复。于是，伴着远处传来的悠悠钟声，他挥毫泼墨，写下了那流传千古的佳句："月落乌啼霜满天，江枫渔火对愁眠。姑苏城外寒山寺，夜半钟声到客船。"此诗一出，枫桥之名，流传百世。古枫桥坐落于寒山寺附近，横跨上塘河，形若月牙，为单孔石拱桥，始建于大唐盛世，明崇祯末年与清乾隆三十五年均曾修葺。如今所见之枫桥，额上镌刻着"重建枫桥"四字,乃清同治六年(1867年)重修时所刻。枫桥的盛名,《吴郡志》卷十七有载:"枫桥,在阊门外九里道傍。自古有名,南北客经由,未有不憩此桥而题咏者。"明代诗人高启曾感慨:"画桥三百映江城,诗里枫桥独有名。"唐伯虎亦留下佳句:"金阊门外枫桥路,万家月色迷烟雾。"

枫桥 / 贾传军供图

大名鼎鼎的寒山寺,始建于南朝梁代天监年间(502—519年),初时名曰"妙利普明塔院"。至唐太宗贞观初年,相传名僧寒山子至此,缚茆起居。唐玄宗时,著名禅师希迁(700—790年)于此地创建伽蓝,题额曰"寒山寺"。

关于名僧寒山子,民间有很多传说,其中最广为人知的莫过于他与好友拾得的情谊。相传寒山出家国清寺时,与寺内拾得结缘,成为莫逆之交。拾得自幼命运多舛,被父母遗弃,幸得国

寒山寺 / 视觉中国供图

清寺高僧丰干和尚慈悲为怀,将其救起并赐予"拾得"之名。寒山与拾得志趣相投,两人无话不谈,成为知己。时光飞逝,寒山为悟大道,辞别拾得,踏上云游四方的旅途。拾得为寻寒山,不计山高水长,不分昼夜,踏遍大江南北,但始终未能觅得寒山踪迹。

一日,拾得行至苏州古城,偶闻姑苏城枫桥附近有一座寺庙,寺中有一僧人衣衫褴褛,举止癫狂,形貌与寒山极为相似。拾得心中暗想,若真是寒山,岂可空手相见?此时枫桥附近的荷塘荷花正艳,拾得便摘下一朵红艳艳的荷花,捧在手中,继续前行。寒山闻知拾得前来,心中激动,想拾得饥肠辘辘,便慌忙捧出盛满素饼的食盒,匆匆出门相迎。二人终于在枫桥下重逢,所有的等待和思念在那一刻化作欢乐和无尽的感动。寒山赠食盒,拾得献荷,此情此景,温馨感人。后人感念二人情意深重,以捧荷之拾得象征"和",捧盒之寒山象征"合",合称"和合二仙",寓意和谐美满,团圆幸福。

4. 一丘独秀

远古时期的虎丘曾是海中的小岛,其诞生可追溯至白垩纪。在地壳惊天动地的剧变中,炽热的岩浆如龙腾般喷涌,冷却后凝固成坚硬的火成岩,最终在大海的怀抱中孤独地挺立,成了一座孤岛。星辰变换,沧海渐变桑田,孤岛在无数次的海水轻抚和风沙雕琢下,缓缓升起,化为一座温柔的小山丘,虽仅 34 米,却于波涛间若隐若现,世人因其奇景,赠予了"海涌山"这一雅称。

时光推进至春秋时期,虎丘成为吴王阖闾的避暑离宫。东周敬王二十四年(前 496 年),阖闾在吴越交锋中不幸负伤而后离世。其子夫差追思父王之志,征集十万民夫,筑就了一座宏伟壮观的陵墓。阖闾生前对宝剑情有独钟,夫差便将"时耗""鱼肠"等三千柄稀世宝剑作为陪葬,让它们伴随父王长眠于地下,阖闾墓因此得名"剑冢"。更有传说,陵墓建成三日后,金精化形为一头雄壮的白虎,傲然盘踞于墓上,守护着这片圣地。从此,人们便称此地为"虎丘"。

宋代文豪苏东坡曾言:"过姑苏,不游虎丘,不谒阊丘,乃二欠事。"虎丘古迹繁多、风景幽绝,有"三绝九宜十八景",因而被称为"吴中第一名胜""吴中第一山"。虎丘"三绝"的说法出自北宋朱长文的《蒲章诸公唱和诗题辞》:

虎丘之景,盖有三绝。望山之形不越冈陵,而登之

者见层峰峭壁,势足千仞,一绝也;近临郭郭,蠡起原隰,旁无连属,万景都会,西联穹窿,北亘海虞,震湖沧洲,云气出没,廓然四顾,指掌千里,二绝也;剑池泓渟,彻海浸云,不盈不虚,终古湛湛,三绝也。

"三绝"指山势之奇崛,远眺之妙趣,以及剑池之幽境;而"九宜"则出自明代李流芳的《江南卧游册题词》,为宜月、宜雪、宜雨、宜烟、宜春晓、宜夏、宜秋爽、宜落木和宜夕阳。至于"十八景",原为三十六景之分,包括前山十八景与后山十八景。可惜后山十八景,多已湮没于历史尘埃之中,今人所言"十八景",普遍指的是虎丘塔、剑池、千人石、陆羽井、万景山庄、断梁殿、憨憨泉、试剑石、拥翠山庄、枕头石、真娘墓、孙武练兵场、望苏台、海涌桥、生公讲台、二仙亭、别有洞天和致爽阁。

虎丘山风景 / 视觉中国供图

　　山上的云岩寺塔，傲然挺立，又称虎丘塔，它不仅是虎丘的灵魂所在，更是苏州古城不可或缺的标志性建筑。自古以来，便享有"未见苏州城，先见虎丘塔"的美誉。作为中国现存最古老的砖塔之一，云岩寺塔以砖为主材，内部结构却巧妙地采用了楼阁式的仿木结构，七级八面，高达 47.7 米，尽显古代建筑的精妙。然而，因塔基土质不均，塔体自明代起便逐渐向西北倾斜，成为世界著名的斜塔之一，并赢得"中国第一斜塔"与"中国的比萨斜塔"的称号。虎丘塔历经风雨沧桑，七度遭劫，屡毁屡建。

5. 平江旧梦

　　"一条平江路，半座姑苏城。"

　　每当提及"平江"二字，苏州那独有的韵味便如画卷般在心头缓缓展开。《宋史》中记载，早在宋太祖开宝年间，苏州便已设立"平江军"，及至宋徽宗政和三年（1113 年），"平江军"更名为"平江府"。尽管历史的流转让名称几经更迭，但苏州那份独特的风韵却始终如一。平江路全长 1 606 米，南北纵贯，南端起于干将东路，蜿蜒向北直至白塔东路，与东北街悄然相接。这条老街，历经 2 500 余载春秋的洗礼，古韵悠长，延续着唐宋以来"水陆并行，河街相邻"的城市格局，小桥流水，人家错落有致，江南水乡的绝美景致，在这里得到了完美的保存，成为苏州古城中保存最完整的历史文化街区。

　　走在平江路的青石板上，巷弄交织间小桥座座、流水潺潺，市井生活的烟火气与凭吊历史的柔情糅合在一起，每一步都能听到历史的回响。行至悬桥巷二十七号，一座古色古香的宅院出现在眼前，这就是洪钧的故居桂荫堂，这是他出仕后营建的宅邸。

平江路 / 视觉中国供图

　　洪钧，一个在历史长河中也许并不那么显赫的名字，但提起《孽海花》，想必大家都不会陌生。该书作者曾朴正是根据洪钧与名妓赛金花的往事，写成了"清末四大谴责小说"之一。洪钧（1839—1893年），字陶士，号文卿，江苏吴县（今苏州）人，同治年间，一举夺魁，登上状元宝座，后官至兵部左侍郎。洪钧曾被任命为驻俄、德、奥、荷四国的清廷大臣，显示出外交上的卓越才能。

　　据传，在洪钧任内阁学士期间，因母丧归乡，偶遇在秦淮河畔卖唱的赛金花，那时她名叫傅彩云。洪钧对她一见倾心，次年便说服家中大夫人与二夫人，纳赛金花为三姨太。大夫人更为她安排了"第七进"房，以示尊重。1887年，当清政府委派洪钧出使俄、德、奥、荷四国时，洪钧的正室夫人不愿随行，洪钧便将诰命服饰借予赛金花。于是，赛金花以公使夫人之名，随洪钧出使四国。在此期间,她不仅学会了英语、法语、德语三国语言,还周旋于上层交际圈,成为名副其实的交际花。然而,洪钧载誉归国后,55 岁时便因忧思成疾,暴病而终。赛金花在他离世后,化名"曹梦兰",于上海重操旧业。如今,漫步在平江路上,望着那座古色古香的桂荫堂,仿佛还能感受到这些人和事的余温。那段才子佳人的故事,也如同这平江路一般,永远地留在人们的心中。

6. 水陆盘门

盘门,古称蟠门。周敬王六年(前 514 年),吴王阖闾命伍子胥筑阖闾大城,盘门为吴都八门之一。据传,为求征战顺利,吴国借阴阳五行玄妙,象天法地,于门上高悬木制蟠龙,欲借凛然之气震慑越国,保疆土安宁,加之此地"水陆相半,沿洄屈曲"的独特地理风貌,而得盘门之名。

盘门的构造匠心独运,尤其是元代加建外层城墙后,城门内外二重,中间巧妙布局"瓮城",如同一个战略堡垒,内可容纳兵将百人以备不时之需,战略意义非同小可。水城门与陆城门紧密相连,同以砖石筑就,牢不可破。无论水路还是陆路,城门皆配以精巧闸门,借盘车之力轻松操控升降,既方便行人与舟楫往来,又大大增强城池的防守能力,可谓一举两得。

时至今日,盘门的总体布局仍保留着元末明初的古朴风貌。水陆两门南北交错并列,总平面呈曲尺形,这种独特的布局方式在中国古城门中极为罕见。盘门也是中国唯一一座保留完整的水陆并列古城门,珍贵无比。想当年,盘门一带繁华仅次于阊、胥二门,早在唐宋年间,此地便已成为南北交通的要冲,车水马龙,加之瑞光禅院香火鼎盛,吸引无数文人墨客前来游览,留下

了许多脍炙人口的诗篇。宋朝诗人范成大有《晚入盘门》诗,描绘盘门的街景,诗中写道:

> 人语嘲喧晚吹凉,万窗灯火转河塘。
>
> 两行碧柳笼官渡,一簇红楼压女墙。
>
> 何处采菱闻度曲,谁家拜月认飘香。
>
> 轻裘骏马慵穿市,困倚蒲团入睡乡。

字里行间,见证盘门作为交通枢纽的兴盛。宋靖康之变后,建炎三年(1129年)二月,金兵突袭扬州,赵构惊惶弃城,逃往苏州避难。金兵虽勇猛,却不善水战,终鸣金收兵,暂息烽火。但次年金兵卷土重来,直指平江(即苏州),从盘门处破城而入。一时间,烧杀抢掠,盘门区域沦为人间炼狱,昔日繁华,尽付灰烬。及至清咸丰十年(1860年),太平军势如破竹,攻打苏州。清军溃败之际,纵火焚城,盘门再遭劫难,遂逐渐沉寂,虽历经沧桑,幸而众多古迹犹存,成为人们凭吊往昔的见证。

在盘门内,矗立着一座宝塔,名曰"瑞光寺塔"或"瑞光院塔"。此塔背后的瑞光寺,初名"普济禅院"。吴赤乌四年(241年),康居国的高僧性康远渡重洋,来到吴地传教,深受孙坚夫人吴氏的敬仰。当时,东吴大帝孙权在位,为讨母亲欢心,遵母命为性康大师建造寺庙,以报母恩。赤乌十年,性康大师圆寂,孙权为彰显其高尚风骨,特旨于寺庙空地之上,建造一座高达13层的宝塔,命名为报恩塔,此即为瑞光塔的雏形。而今,我们所见的瑞光塔,是北宋景德元年(1004年)至天圣八年(1030年)间所建。清咸丰年间,瑞光禅院在太平天国运动的烽火中毁于一旦,唯瑞光塔屹立不倒。

盘门 / 视觉中国供图

"盘门三景"中的最后一景为吴门桥,是苏州护城河上的一座桥。南连盘门大街南端,北接盘门景区,是苏州南城门"步入吴门第一桥",因此得名吴门桥。吴门桥是苏州市区内现存最高的单孔石拱古桥,桥身绵延 66.3 米,始建于北宋元丰七年(1084年)。不过今日之吴门桥,是清代同治年间重修而成,拱形优雅,如彩虹般横跨水面,南北两侧坡道各设 50 级步阶,皆以整块条石精心铺就,气势恢宏,尽显古朴风韵。千年前的车马喧嚣仍在耳畔,吴门桥不仅是一座桥,更是苏州古城文化与历史的见证者,以其独有的姿态,诉说着苏州的悠悠岁月与无尽风华。

7. 横塘驿站

横塘,一个自带诗情画意的名字,究竟是位于苏州的温柔水

乡,还是南京的繁华市井中?当我们轻轻翻开古诗那泛黄的书页,无数颗心便在字里行间泛起层层涟漪,对横塘的疑惑如同薄雾一般,轻轻笼罩在心头。然而,横塘不过是一个江河堤岸的雅称,见于多地,唯独苏州一处,最引诗意。苏州的横塘古驿位于胥江和大运河交界处,三面环水,亦是大运河沿线为数不多的水陆驿站。横塘驿地处通往石湖、太湖的水路要隘,是古代传递官府文书的人员以及往来官吏中途歇宿之驿。驿站始建时间不明,现存驿亭建筑为清代重修,亭子左右柱上还留有一副对联:"客到烹茶旅舍权当东道,灯悬待月邮亭远映胥江。"

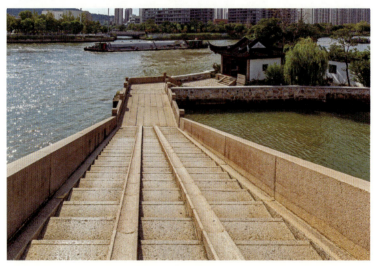

苏州横塘驿站与彩云桥 / 视觉中国供图

在横塘古渡上,有多少文人墨客留下他们的足迹和诗篇,无人知晓。青年时期的范成大,闲居吴县故里,站在这里,望着碧绿的春水和屹立的石桥,心中涌起无限感慨,喃喃咏出七言《横塘》:"南浦春来绿一川,石桥朱塔两依然。年年送客横塘路,细雨垂杨系画船。"春水依旧碧绿,石桥依然屹立,然而那些亲密无间的友人,却已星散四方,海角天涯,再难重逢。

北宋著名词人贺铸曾幽幽地叹息道:"凌波不过横塘路。但目送、芳尘去。""一川烟草,满城风絮,梅子黄时雨。"字字句句,缠绵悱恻,愁绪万千。因那句"梅子黄时雨",贺铸被赋予"贺梅子"的雅号,而驿站附近的横塘镇,也因此增添了一座"梅子桥",那段愁绪千古留存。

或许是横塘的水太过旖旎,引得袁宏道笔下的《横塘渡》亦是柔情似水:"横塘渡,临水步。郎西来,妾东去。……吹花误唾郎,感郎千金顾。妾家住虹桥,朱门十字路。认取辛夷花,莫过杨柳树。"横塘,这个充满诗意与情感的地方,已经超越了地理的范畴,成为文学史上一个永恒的象征,承载着无数文人墨客的柔情与梦想。在这里,每一滴水都仿佛蕴含着故事,每一块石都仿佛记录着过往。横塘以那独有的魅力,永远被镌刻在人们的心中。

8. 石湖五堤

石湖是太湖湖湾之一,与七子山一起构成苏州古城四角山水的西南角。元末明初诗僧释妙声《衍道原送行诗后序》曾这样描述:"吴郡山水近治可游者,惟石湖为最。山自西群奔而来,遇石湖而止。"这群奔而来的山,便是横山。相传,石湖的形成与春秋吴越争霸有关。勾践卧薪尝胆,"十年生聚,十年教训",惨淡经营,于周元王元年(前475年)出兵讨伐吴国。此番征战,勾践率军于横截山脚凿石开渠,却意外发现湖底遍布巨石,石湖之名,由此而来。又有一说,石湖之名,源自湖底一神器——石磨。

传说昔日湖畔,有一对贫寒渔民父子相依为命。一日,二人饭后小憩,不慎将筷子落入水中。其子顺流而下寻觅,竟得一石磨。经一番探究,发现这块磨盘一经转动,便有米粮汩汩而出,绵延不绝。村中恶霸闻讯,贪婪心顿起,强行夺走磨盘。岂料磨盘一转,天空骤变,雷鸣轰隆,恶霸应声倒地,屋宅亦化为一片湖泊。自此,人们称此地为"石磨湖",简称石湖,流传至今。

石湖 / 视觉中国供图

　　石湖五堤中,吴堤、越堤以纪念吴越文化而名,杨堤和范堤则分别纪念隋朝大臣杨素和南宋著名诗人范成大,石堤以石湖命名。范成大自号石湖居士,人称范石湖。他早年就寄迹石湖,42岁时开始营造石湖别墅。这座别墅不仅是他退隐的居所,更是其邀请姜夔等文友相聚的精神绿洲,他为石湖留下了不胜枚举的诗文作品。他笔下的石湖,如"晓雾朝暾绀碧烘,横塘西岸越城东"般绚丽多彩,又如"荒寒未办招君醉,且吸湖光当酒泉"般意境深远。范成大赋予石湖以个性色彩,石湖自范成大而著称于世,至今在石湖东北隅的上方山有范公祠。而石湖中现存的天镜阁,本是范成大石湖别墅中之一景,其具体位置已湮没于历史的长河中。清乾隆二十二年(1757年),总督尹继善于湖上重建"湖心亭",到嘉庆元年(1796年),知府任兆炯再修此亭时,忆及石湖别墅内之"天镜阁",遂以此名命之,使这一历史名胜得以延续其风华。据说,此处四面环湖的"湖心亭",还是金庸《天龙八部》中燕子坞的原型,也就是姑苏慕容的隐逸居所。

9. 宝带串月

宝带桥,亦雅称长桥,是我国现存古代桥梁中最长的多孔石桥,全长316.8米,宛如一条绮丽的宝带,亘于大运河与澹台湖之间的玳玳河口,与古运河并肩而行。作为中国古代十大名桥之一,宝带桥不仅承载着厚重的历史文化,更以独特的月下景观吸引着无数文人墨客前来观赏。乾隆下江南,从阊门乘船至此,留下诗作:"匪伊垂之玉有条,两湖春水绿如浇。印公豪敚苏公物,飞作吴中第一桥。"

谈及桥名来源,就不得不提一个人——唐代苏州刺史王仲舒。他怀着发展漕运的宏愿,矢志在运河之上修桥,然而资金匮乏,困难重重。为筹集建桥资金,王仲舒带头筹款,并解下腰间宝带捐赠,此举传为美谈。苏州富商士绅听闻此善举纷纷捐款,建桥资金很快就凑齐了。石桥终成,人们为深切缅怀这位慷慨无私的官员,遂将此石桥命名为宝带桥。又有一说,宝带桥得名,是因为桥形似宝带,轻浮于水面之上,每当微风拂过,桥身倒影轻轻摇曳,宛如宝带在水中起舞,令人陶醉。

观赏"宝带串月"是苏州人特有的民间雅趣,每逢中秋之夜,皓月高悬,清辉洒落,月光穿透宝带桥桥孔,映照在桥下的水渠上。此景幻化出一孔一圆月的奇景,五十三轮圆月交相辉映,像

一条镶嵌在运河岸边的珠链,这串"明珠"闪烁着夺目的光芒,美得让人心醉,许多诗人都曾为之留下过传世之作。乾隆皇帝曾在《过宝带桥有咏》中写下"金阊清晓放舟行,宝带春风波漾轻"来赞誉,英国人马戛尔尼更是在其所著《乾隆英使觐见记》中,盛赞其为"奇观"。

宝带桥 / 贾传军供图

10. 四河汇集

苏州吴江区的平望镇,依水而筑,缘水而盛。平望之名始于西汉建平年间,至今已有2 000多年的历史。相传,平望因"天光水色,一望皆平"而得名。唐代的大书法家颜真卿,任湖州刺史游平望时,在《登平望桥下作》中留下"登桥试长望,望极与天平"的感叹。京杭大运河在这里分流为三,化作江南运河与颐塘河,分别深入浙江湖州、嘉兴、杭州三片富饶之地。在古代陆路交通未便之时,平望便已成为江浙沪地区的水陆交通枢纽,唐代即设驿站于此,北宋时更是商贾云集,巨舶往来,物产丰饶,百姓富足。平望犹如江苏的南大门,历来为兵家必争之地,和平时期则汇聚江南各路珍奇与四方风情,造就平望京杭大集的繁华。若置身于宋朝的平望,想必更能深切体会"苏湖熟,天下足"的生动意蕴。而至清朝,康熙与乾隆两位帝王南巡途经此地,驻足于古运河南侧的驿站,并留下《入平望题》等诗作,为这片土地更添龙脉之气与文墨之香。

如今的京杭大集涵盖平望古镇运河边的核心段司前街、群乐旅社、老粮仓、安德桥、小九华寺等景点。其中安德桥是平望的地标。安德桥亦称平望桥,初建于唐朝大历年间(766—779年),颜真卿那首诗正是登此桥而作。桥后经数代重修,现存之桥为清同治十一年(1872年)由水利工程总局精心重建,横跨大运河与颐塘河交汇处,全长 49.8 米,宽 4.5 米,矢高 9.3 米,跨度 11.5 米。桥南,巍然矗立着一座宏伟的庙宇,便是小九华寺,原名东岳庙,相传为纪念地藏菩萨诞辰而建该寺,初创于大唐盛世,后于明万历年间重建,彼时占地百余亩,殿堂楼阁 300 余间,是苏州地区名寺。更令人瞩目的是,1904 年,我国佛教领袖太虚大师,正是在这苏州平望小九华寺,拜士达和尚为师,出家修行,而后闭关普陀,游化中外,誉满江南,留下了一段段释门传奇佳话。

苏州平望古镇安德桥 / 视觉中国供图

三、方寸之间，文人雅趣

1. 桃花坞里桃花庵

提到江南四大才子,可谓无人不知无人不晓,四大才子凭借其非凡的才华与传奇的人生经历,给后世留下了无尽的遐想。艺术家通过缤纷的笔触和镜头,力图勾勒出那几位性情洒脱、风流倜傥的才子形象。就像人们最先联想到的,一定是周星驰主演的《唐伯虎点秋香》,那无疑是众多人青春回忆中一抹亮丽的色彩。在人们的美好遐想里,唐伯虎总是身着一袭洁白无瑕的长衫,手执一柄素雅的折扇,举手投足间尽显儒雅俊秀与风流不羁。

受影视作品影响，很多人误以为江南四大才子是唐伯虎、祝枝山、文徵明和周文宾。实际上，"江南四大才子"的称号源于"吴中四才子"，指的是唐伯虎、祝枝山、文徵明、徐祯卿四人。

唐寅的名气最大，他晚年写过一首《题西洲语旧图》赠予好友："醉舞狂歌五十年，花中行乐月中眠。漫劳海内传名字，谁信腰间没酒钱。书本自惭称学者，众人疑道是神仙。些须做得工夫处，不损胸前一片天。"

唐寅的一生是清醒的，也是沉沦的。唐寅，字伯虎，又字子畏，号六如居士，别号桃花庵主、鲁国唐生、逃禅仙吏等，南直隶苏州府吴县人。明代时，他以画家、书法家、诗人之名闻于天下。唐寅祖籍晋昌，即今日之山西晋城一带，故每于书画落款处，署"晋昌唐寅"四字，以示祖源。北宋时，唐氏一族南徙，于南京、苏州落地生根，以商贾为业，世代传承。唐寅诞生在苏州府吴县一隅，父唐广德，经营一家小酒馆，虽生活平淡，却亦温馨和谐。唐寅天赋异禀，才智过人。他广阅群书，于绘画之道，更是情有独钟。随着年龄的增长，他拜入名画家周臣门下，潜心钻研画艺，技艺日益精进。及至 16 岁，唐寅于苏州府试中独占鳌头，名声大噪。此后十年间，他沉浸于书海，广泛交游，与沈周、张灵、文徵明、王鏊等名士结为知交，更共同发起了"古文辞运动"，在文坛、画坛上崭露头角，声名鹊起，成为一方俊杰。

然而，命运之神却在他 24 岁时，骤然翻云覆雨，父亲唐广德、母亲丘氏、妻子徐氏相继离世，而出嫁未久的妹妹亦在夫家香消玉殒，一连串的打击如晴天霹雳，令唐寅深陷悲苦之境。他揽镜自照，见华发已生，心中百感交集，泪水如泉涌般倾泻而下，遂写下"清朝揽明镜，元首有华丝。怆然百感兴，雨泣忽成悲"之

佳句,以抒发其内心深处的无尽哀思与苍凉之感。

　　他出门远行,寄情山水,在历经一番漂泊游历后,唐寅毅然决然,要以一年之功,全力备考科举,"试捐一年力为之,若弗售,一掷之耳"。此言虽显狂放不羁,且备考期间,他因在苏州府学纵情酒乐,几乎丧失了乡试的宝贵资格。然而,天赋异禀的他,终在 29 岁时,以南直隶乡试首名的辉煌成绩脱颖而出。而后他怀揣着满腔热血与壮志,与江阴人徐经携手进京,共赴会试之约。

　　徐、唐二人与主考官程敏政过从甚密,以致外界传扬二人有买题之举,程敏政因此被弹劾,徐、唐二人下狱,此即弘治十二年(1499 年)的科场舞弊案。唐寅入狱后,被贬为史,从此与科场无缘。归家后,他心中愤懑难平,挥毫写下"僮奴据案,夫妻反目。旧有狞狗,当户而噬"之句,以抒发其内心深处的无尽怒火与不甘。自此,唐寅心灰意冷,丧失了昔日的进取心,开始游荡于江湖间,将满腔热血与才华,尽数倾注于诗画中。唐寅的山水画艺术成就斐然,一方面在于他打破门户之见,对南北画派、南宋院体及元代文人山水画均有所涉猎与汲取,尤其深受南宋李唐、刘松年等院体画派的影响,同时兼学宋人笔法之严谨雄浑、风骨的奇峭峻拔;他的人物画如仕女图形象生动准确,神韵独具,令人叹为观止。

　　明正德四年(1509 年),唐寅在苏州城北的宋人章庄简废园址上,精心构筑了桃花坞,内设有学圃堂、梦墨亭、竹溪亭、蚊蝶斋等雅致建筑。他所作的《桃花庵歌》淋漓尽致地表达了彼时的心情与境界:"桃花坞里桃花庵,桃花庵下桃花仙;桃花仙人种桃树,又摘桃花卖酒钱。……别人笑我太疯癫,我笑他人看不穿;不见五陵豪杰墓,无花无酒锄作田。"明嘉靖三年(1524 年),唐寅走完了他传奇的一生,享年 55 岁,最终葬于桃花坞之北,与这片他深爱的土地永远相伴。

谈及生平际遇,唐伯虎之外,其余三位才子皆身居官职,各有建树。祝枝山官至应天府通判,文徵明则在 54 岁时被授予翰林院待诏之职,而徐祯卿以文名扬世,进士及第,终至大理寺左寺副之位。

祝允明(1461—1527 年),字希哲,号枝山,明代书法大家,出身长洲(今苏州)儒学世家。弘治年间举人,历任兴宁知县、应天府通判等职。祝枝山书法集众家所长,融晋唐法度与宋元意趣,形成"刚健含婀娜"的独特书风。小楷得钟繇古拙之气,《前后出师表》藏日本东京国立博物馆;狂草承张旭笔意,《前后赤壁赋》现藏上海博物馆。其主持纂修的《正德兴宁志》手稿现存苏州博物馆。祝枝山性情豁达,酷爱游历山水,一生趣事逸闻不断,为戏曲创作提供了丰富的灵感,在《王老虎抢亲》等戏曲作品中,他常被塑造为足智多谋、乐善好施的形象,深受观众喜爱。

文徵明(1470—1559 年),是"吴门画派"的奠基人。幼年口吃,11 岁始能言。自弘治八年(1495 年)至嘉靖元年(1522 年),九赴乡试皆不第。54 岁以岁贡生身份赴吏部试,终获翰林院待诏之职,世称文待诏。三年后辞官。文徵明学文于吴宽,学书于李应祯,学画则师从沈周。他画艺精湛,山水、花卉、人物皆擅长。他有小楷三绝:《琴赋》题款自谦"老眼昏蒙"却笔法精微;《草堂十志》被奉为小楷临习范本;《千字文》手卷藏于故宫博物院,体现出"温润秀劲"的典型书风。所绘青绿山水《万壑争流图》,现藏南京博物院;《惠山茶会图》则是记录与蔡羽等文人雅集的纪实画作,透出文人清趣,开创"茶事图"新范式。文徵明于

1559 年逝世，为"吴中四才子"中最长寿者。

徐祯卿（1479—1511 年），诗学成就突破地域局限，与李梦阳、何景明等并称"前七子"，共倡"文必秦汉，诗必盛唐"的复古运动，成为明代文学转型的关键人物。钱锺书《谈艺录》书名就源于他的诗论著作。徐祯卿天性聪颖，自幼便对文学有着敏锐的洞察力。弘治十八年（1505 年）中进士，却因"貌寝"（《明史》载）不得入翰林，改授大理寺左寺副。他的楷书作品《题〈钓月亭图卷〉》藏于台北"故宫博物院"，故宫博物院藏其《题唐寅〈王公拜相图〉》行书。后期，他信仰道教，研习养生之道。然而，天妒英才，明正德六年（1511 年），他卒于京师，年仅 33 岁，著述有《迪功集》《翦胜野闻》等。

2. 闲情犹怀家国梦

苏州，这座以水为魂的城市，在悠悠岁月中孕育了无数杰出人物，春秋更迭，弦歌不断，"人杰"与"地灵"在此交相辉映，共同编织出一段段传奇佳话。昔日孙武隐居穹窿山结庐，著有石破天惊的《孙子兵法》；三国名相顾雍以其高风亮节，赢得了"宰相肚里能撑船"的千古美誉；唐代书法家张旭挥毫泼墨，笔走龙蛇，留下"草圣"的不朽佳话；晚唐隐士陆龟蒙，才子风华，独步一时；田园派诗人范成大以笔为犁，歌颂自然之美，诉说民风，留下了一篇篇佳作；更有文学家、政治家范仲淹，他忧国忧民的情怀，像烙在历史长卷中的深邃印记，闪耀在历史的长河中。及至明清，金圣叹、顾炎武、沈复等人，各领风骚，其才情与人格，为后世所景仰，传颂不衰。

步入近代，苏州之光依然熠熠生辉。科学家吴健雄、程开甲、何泽慧、陆士嘉等睿智之士，以科学智慧的灯塔照亮了时代的前行之路;社会学家费孝通对社会变迁做出独到的观察和分析,揭示了中国社会变迁的奥秘;教育家叶圣陶、汪懋祖培养英才无数,为国家的富强奠定了人才基础;建筑学家贝聿铭以世界之眼见证了苏州儿女的智慧与才华;苏州的曲艺名伶、非遗大师蒋月泉、王芳、宋水官、姚建萍、陈平、顾剑清、陈希安、陆祖铭、薛雅琴等,都是璀璨的明星,他们将苏州的艺术成就推向了巅峰,为世界所瞩目。如果没有苏州,没有苏州人,江苏甚至中国人文科技的天空都将黯淡不少。

"各美其美,美人之美,美美与共,天下大同"是费孝通先生的人生信条,他是中国乡村振兴的先驱,矢志不渝引领中国农民走出贫困深渊。1910 年 11 月 2 日,费孝通先生诞生于苏州吴江县。1928 年,高中毕业的他踏入东吴大学的殿堂,初时就读医学预科。然而,时局动荡不安,内忧外患交织,经济萎靡,加之新潮思想的冲击,费孝通先生遂毅然转向社会学领域。他在《经历·见解·反思》中自述心路历程:"我不再满足于仅仅帮助个人治疗身体上的疾病的这个目标。人们的病痛不仅来自身体,来自社会的病痛更加重要。所以我决心不去学医为一个一个人治病,而要学社会科学去治疗社会的疾病。"他以故乡吴江的开弦弓村为蓝本,精心撰写了《江村经济》。此书一举将人类学之研究视野,从"异域"转向"本土",从"原始文化"转向"经济生活",着重探讨社会制度之变革。它让世界透过一个小小的窗口,窥见中国农村的缩影。著名社会学家马林诺夫斯基对此赞誉有加,称其为"人类学实地调查和理论工作发展中的一个里程碑"。改革开放后,费孝通先生一边执教鞭,一边继续深耕社会学与人类学领域。1983 年,73 岁的他当选为第六届全国政协副主席。他确立了中国社会学的实证风格,并肩负起中国社会学

重建总设计师的重任。

吴江江村(开弦弓村) / 吴七轩供图

近些年来,苏州的文学传统得以延续,作家陆文夫、范小青、苏童、叶弥、何建明等人,以笔墨书写苏州风情。更令人称奇的是,许多非苏州籍的作家,如郁达夫、施蛰存、苏青、钱锺书、杨绛、叶兆言、余秋雨等,亦纷纷在苏州寻找灵感,或书写关于苏州的佳作,使得苏州的文化韵味更加丰富多彩。在苏童的细腻笔触下,苏州的百年老街是一长长的灰石路,炎炎夏日里泛着铁锈般的红晕,却在寒冬腊月之时呈现青灰的色调。范小青则以温婉的笔触,描绘了苏州小巷中那片低矮而古朴的民居,青砖黛瓦龙脊,开着豆腐干天窗或老虎窗,透露着往昔的生活气息。何建明眼中的苏州,魅力不在于石桥横跨老城区、穿行在水边,也不在于古典园林的精雅别致,而在于林荫河湖交织,产业园所展现的万千气象和勃勃生机,是现代与自然和谐的交响。叶兆言笔下的苏州盘门,如一位深闺中的佳人,鲜为人知,它将古老运河的碧波,悄悄引入城市的每一个角落,滋养着大地的脉络,它借着这条古老的运河,悄悄地向外传导。余秋雨则以中国文化的一方宁静园来比喻苏州,让人向往。可以说苏州这座城市人杰地灵,文化艺术光彩夺目,更吸引了无数文人墨客前来寻觅灵感源泉,以独特的韵味和风情创作,让人流连忘返。在这里,历史与现代交织,文化与科技交融,自然与人文和谐共生,共同谱写着苏州这座城市的华彩篇章。

3. 窗竹影摇书案上

宋景祐二年(1035年),范仲淹任苏州知州的第二年,就将府学与文庙巧妙地融合在一起,这里的"府学"指的是官府办的学校。范仲淹的这一创新举措,使得各地纷纷效仿,从而有了"天下之有学自吴郡始""吴学之兴始于文正范公"的赞誉流传,也使苏州成为"东南学宫之首,江南学府之冠"。

从前,家长们中间一直传颂着一句话:"全国教育看江苏。"作为省内数一数二的经济重镇,苏州的现代教育又在何时起步呢?答案可以追溯到1900年的光绪年间。那时,美国基督教监理会在苏州创办了一所大学——东吴大学,它不仅是中国教育近代化的一个缩影,还是20世纪初中国首所民办大学,是苏州大学的前身。苏州大学老校门上镌刻着"养天地正气,法古今完人"的校训。上半句出自《孟子·公孙丑上》,下半句出自南宋文天祥《正气歌》,据说是当年孙中山先生送给蒋介石的一句话,后来被蒋介石转赠给了学校。

历经百年的沧桑与积淀,苏州大学向社会各领域输送了超过三十万的精英人才,诸如全国人大常委会原副委员长许德珩、

周谷城、费孝通等，全国政协原副主席赵朴初、钱伟长等，还有如李政道这位诺贝尔奖得主，以及倪征燠等法学界的佼佼者，更有杨铁梁、查良镛（金庸）等香港知名人士，乃至谈家桢、刘建康等多位两院院士，都曾在这所学校或其前身接受教育或执教。

或许正是苏州孕育了无尽的灵秀与才情，引得众多学府竞相在此植根落户，共沐吴侬软语与江南烟雨之润泽。这里不仅有本土的苏州大学与苏州科技大学，更吸引了国内外诸多高等学府的青睐，纷纷携手设立分校区，如中国人民大学苏州校区、南京大学苏州校区、东南大学苏州校区、西交利物浦大学、昆山杜克大学等，还有常熟理工学院、苏州职业大学等一大批本地本专科院校，让思想、文化、技术的河流在这里汇聚成海。

4. 弄潮儿向涛头立

苏州之所以能够成就今日之辉煌，并非仅仅因为其经济实力雄厚，还得益于苏州人在生活与事业的点点滴滴中均脚踏实地的品质。

张家港，这个曾经叫沙洲的地方，从常熟、江阴边角公社整合而来，就是由过去被戏谑为"苏南边角料"的地方聚合而成的。然而1992年，张家港市委振臂一呼："工业经济超常熟、外贸超吴江、城市建设超昆山，各项工作争第一！"此言一出，犹如平湖投石，激起了无穷的波澜，让原本名不见经传的小城瞬间成为万众瞩目的焦点。面对外界的关注和自身的局限，张家港人没有退缩，而是以一种"团结拼搏、负重奋进、自加压力、敢于争先"的张家港精神，闯出了一条"乡镇企业异军突起"的奇迹之路，并最终向高质量发展县域经济的样板转型。

苏州工业园区 CBD / 视觉中国供图

　　昆山，又称"鹿城"，东临上海、西依苏州。最开始仅是一个农业县，工业产值在苏州六县常年垫底。1978 年，昆山的财政收入仅为 0.35 亿元，工业配套也仅仅有一家化肥厂、一座化工厂和三家农具制造厂。然而"敢"之一字，深深镌刻在昆山人的血脉之中，成为他们破茧成蝶的不竭动力。首开土地有偿使用制度改革先河、首开举办外商独资企业先河、率先实行综保区增值税一般纳税人资格试点改革；全国第一个封关运作的出口加工区、全国县级市第一个留学人员创业……正是这些不胜枚举的创新实践与无畏尝试，为昆山开辟了一片崭新天地。自改革开放以来，昆山的经济如同插上了翅膀，实现了超过 2 000 倍的惊人飞跃。这是一条"敢闯敢试、唯实唯干、奋斗奋进、创新创优"的"昆山之路"，昆山以后来者居上的姿态，在时代的浪潮中熠熠生辉。

　　苏州工业园区之于苏州的意义，堪比硅谷之于加利福尼亚，

中关村之于北京。1994 年,中国与新加坡两国政府携手共同开辟了 278 平方千米的土地,其中中新合作区独揽 80 平方千米,在苏州城东金鸡湖畔矢志打造一个"以高新技术为先导、现代工业为主体、第三产业和社会公益事业相配套的具有一定规模的工业园区"。因为汲取了新加坡的宝贵经验,园区在开发初期,便摒弃了单一工业发展的传统路径,转而秉持"以产业集聚引领人口汇聚,以人口汇聚促进商业繁荣"的核心理念,实现了生产、生活与生态的和谐共生,开创了"借鉴、创新、圆融、共赢"的独特"园区模式"。

苏州作为中国现代工业发展的标杆城市,凭借开放包容的营商环境、国际化的产业生态和持续创新的科技动能,形成了"高端引领、多元协同、智造赋能"的现代工业体系。作为长三角核心制造业基地,苏州以电子信息、装备制造、生物医药、先进材料四大千亿级产业集群为支柱,叠加新能源、人工智能、纳米技术等新兴领域,构建了全球瞩目的产业链生态。国家级开发区苏州工业园区和昆山经济技术开发区等平台汇聚超万家高新技术企业,吸引微软、华为、三星、强生等世界 500 强研发中心落户;本土培育的全球化纤巨头恒力集团、创新药领军企业信达生物、光伏新能源龙头协鑫集团等企业更在全球产业链中占据关键地位。

四、梦中江南,活色生香

1. 苏工之美

提及苏工,其范畴之广,自宏伟的园林建筑至细腻的织锦玉雕,种种手作皆涵盖其中。苏工,不仅是一方地域的产物象征,更是苏州匠人精益求精工艺态度的体现,以及他们灵秀审美标准的结晶。在中国古典园林中,"江南园林甲天下,苏州园林甲江南"之誉,绝非虚言。苏州古城区,方寸之间,却汇聚了拙政园、狮子林、留园、环秀山庄、沧浪亭、网师园、可园、耦园、东园、退思园、启园、五峰园、艺圃等数十座园林。

苏州园林,堪称中国式雅致生活的典范,精髓在于诗情画意的营造。它们不仅是主人对山水湖石巧妙利用的智慧结晶,更是个人志趣与品味的高雅彰显。自然美与人工美的和谐交融,是苏州园林最为独特的魅力。漫步于园林之间,游客既可沉醉于如山水画卷般的美景之中,又可细细品味那人工雕琢的精致痕迹。这种别具一格的结合,使得苏州园林既保留了自然的原始之美,又不失人工的精巧之妙。苏州园林之美,更在于叠山理水的巧妙点缀,而非简单的对称布局。亭台楼阁、草木花石、桌椅门窗,每一处布置都独具匠心,既不雷同也不对称,却多了几分灵动与生机。这样的设计理念,使得每一座园林都独具特色,充满诗意与画意,仿佛一幅幅立体的山水画卷,引人入胜,令人陶醉。

诸园林中,最为著名的莫过于拙政园。拙政园不仅是苏州现存规模最大的古代园林,也是我国四大名园之一(其余三园分别是颐和园、承德避暑山庄、留园),成为时下热门的网红旅游打卡胜地。拙政园占地广达七十八亩,历史可追溯至明嘉靖年间,原为御史王献臣的私邸。王献臣因厌倦宦海沉浮,毅然归隐山林,于大弘寺旧址拓土建园,并借晋代潘岳《闲居赋》中"灌园鬻蔬,以供朝夕之膳……此亦拙者之为政也"之意境,命名为"拙政园"。此园由文徵明参与经营,历经十六年精心营造,绵泽今世。

苏州园林 / 视觉中国供图

拙政园以水景著称,山水相依,亭榭错落,水面广阔,岛山连绵,共同勾勒出一幅典型的"平远山水"画卷。水,无疑是拙政园的灵魂所在。园中每一扇窗棂皆独一无二,精雕细琢,光影错落间,好像可以窥见古人伏窗远眺之景,瞬间回归数百年前的宁静时光。此外,拙政园中的花木亦是园中一绝。园内遍植梅花、竹子、荷花等各色花卉树木,四季更迭,花木各展风姿,为游人带来无尽的视觉享受与诗意遐想。

苏工另一瑰宝,非织锦莫属。苏州被誉为锦绣之乡、绫罗之地,自古以来便是我国丝绸产业的聚集地。早在唐宋时期,苏州便以其卓越的丝绸生产技艺和庞大的产业规模,成为我国丝绸生产的中心;至明清两代,依托苏州织造署,这里更是宫廷织造与民间丝织产销两旺,"东北半城,万户机声"用来形容家家织锦的盛况再合适不过。

谈及织锦,宋锦更是其中的佼佼者。因主要产地位于苏州,故又称苏州宋锦。其历史源远流长,可追溯至春秋时期,那时吴国贵族已在生活中大量使用织锦,彰显其尊贵身份。至北宋时期,苏州的织锦技艺得到了全面提升。南宋时期,随着苏州作院的成立,宋锦作为一种质地精美的织锦新品种应运而生,绽放出更加璀璨的光芒。

宋锦质地坚柔,色泽华丽,图案设计极富美好寓意,蕴含着深厚的文化内涵,因此被赋予中国"锦绣之冠"的崇高赞誉,它与南京云锦、四川蜀锦、广西壮锦并驾齐驱,共同被誉为我国的四大名锦,代表着中国织锦技艺的巅峰。宋锦的魅力不仅仅局限于华服之中,它还被巧妙地制成各种充满趣味的生活小件。小巧玲珑的挂件、实用雅致的手帕、精美细致的香囊绣以牡丹纹、

苏州博物馆苏绣 / *视觉中国供图*

莲花纹、定胜纹……每一纹样，皆似匠人心语，诉说着无尽巧思与匠情。

除了织锦之外，苏工玉雕在文玩市场之中亦是珍宝。作为玉雕艺术发源地，苏州曾深受皇家青睐，被指定为玉雕供应之处。乾隆初年，苏州织造便已拥有自己的玉作，专为皇家琢碾玉器，此传统一直延续至清末。道光年间，虽国力渐衰，玉器制作大为减少，然代表皇家道统之玉宝、玉册，仍由苏州玉器作坊承制，足见其地位之重要。"清代玉器手工艺的中心是苏州专诸巷，这里集中了许多能工巧匠，他们继承了前明的琢玉技巧，并实行专业分工、协作配合，技术精益求精，创制了难以计数的优秀作品"①，更显苏州在皇家玉雕制作中的核心地位。正因如此，有清一代，苏州玉雕发展迅猛，商号林立，声名显赫。

苏州琢玉工艺，历来以技艺精熟、造型新颖而著称。明宋应星《天工开物》有载："良玉虽集京师，工巧则推苏郡。"此言非虚。苏州工匠使得玉雕题材多样、造型优美、雕琢细腻，形成了独特的艺术风格。其中以仿古工艺最为著名，如螭龙、貔貅等经典题材一直流传至今，深受世人喜爱。如今，从苏州本地成长起来的玉雕艺人，依然最为擅长此类题材，继续传承和发扬着苏州玉雕的卓越技艺。

2. 苏菜之精

苏州，自古以来便是富饶之地，亦是遐迩闻名的鱼米之乡。此地的名士富商，居住需显格调，衣着讲求品质，饮食自然亦须考究，在这样的背景下，苏州的饮食文化逐渐形成了独特的风味

---

① 杨伯达：《清代宫廷玉器》，《故宫博物院院刊》1982年第1期，第50页。

与魅力。曾任江苏省作协主席的陆文夫在《美食家》里写道："简朴并不等于简单，经济实惠还得制作精细。"

苏式点心精巧，讲究少食多滋味。民国时，陆鸿宾在《旅苏必读》中记道："点心店凡四种，如面店、炒面店、馄饨店、糕团店。面店则有鱼面、肉面、虾仁面、火鸡面；炒面店则有炒面、炒糕，看夜戏回栈，尚可喊唤来栈；馄饨店则有馄饨、水饺、烧卖、汤包、汤团、春卷；糕团店则有圆子、元宵、年糕、团子、绿豆汤、百合汤。"以糕团店为例，时有黄天源、颜聚福、乐万兴、谢福源、柳德兴五户，颇有名气，民间有"黄颜乐谢夹一柳"和"四根庭柱一正梁"之说。① 城内外，点心茶食坊肆星罗棋布，虽是街市寻常之景，却蕴含不凡意趣。若苏州人邀你"吃点心"，却呈上一碗馄饨，请勿讶异，因在苏州，"点心"之列亦囊括小面条、小馄饨。苏州面食声名远播，传统面馆的面与浇头需分购，一碗面可配数种浇头。如三虾面、蟹黄面、爆鳝面等包含珍贵时令生鲜，欲品其味，需掐准时辰。而枫镇大面、焖肉面、奥灶面、大排面、爆鱼面乃至素鸡面，亦各有千秋。

苏州菜肴，口感清淡而略带甘甜，暗合"不时不食"之道。一年四季，二十四个节气更迭，苏州人的餐桌上，春华秋实，夏雨冬雪，皆化作舌尖上不同的风味。《晋书·张翰传》记载了一则逸事。张翰，吴县人士，于洛阳为官，因秋风起而思恋家乡莼菜与鲈鱼之美，遂作《思吴江歌》："秋风起兮木叶飞，吴江水兮鲈正肥。三千里兮家未归，恨难禁兮仰天悲。"终因思乡情切，辞官归里。

---

① 邵万宽:《民国时期我国面点风味特色探究》,《扬州大学烹饪学报》2013年第4期,第8页。

爆鱼奥灶面 / 视觉中国供图

　　苏州人四季品鲜,春日里,"荒林春足雨,新笋迸龙雏",家家户户炖上一锅腌笃鲜,堪称"春时第一鲜"。此时,野菜亦重登餐桌,以"七头一脑"为主,"七头"乃枸杞头、马兰头、荠菜头、香椿头、苜蓿头、豌豆头、小蒜头,"一脑"则为菊花脑,盎然春意,尽在一盘之中。

　　民间有谚:"立夏尝三鲜。"三鲜又分为地三鲜、树三鲜和水三鲜三种。苏州的地三鲜,乃蚕豆、苋菜、蒜蓉;树三鲜,为樱桃、枇杷、杏子;水三鲜,鲥鱼、刀鱼、河豚各具风味。苏州人四季食肉,亦有讲究:春食酱汁肉,秋品扣肉,冬享酱方,而夏日,则以荷叶粉蒸肉最为清新,其味"鲜、香、爽",令人回味无穷。间或一碗枫镇大面,色泽清雅,酒香淡淡,与面香交织,即便是炎炎夏日,也能令人食欲大增。

"九月团脐十月尖,持螯饮酒菊花天。"阴历九月、十月,正是品蟹佳期。阳澄湖蟹,以个体肥大、肉质丰满著称,九月母蟹,蟹黄满溢,肉质细嫩;十月公蟹,蟹膏丰腴,肉质紧实肥美。章太炎夫人汤国梨寓居吴中时,曾感慨"不是阳澄湖蟹好,人生何必住苏州",可见阳澄湖蟹在苏州人心中的地位。秋季苏州,尚有"水八仙"之说,皆为苏州特产,如茭白、莲藕、水芹、芡实、茨菰、荸荠、莼菜、菱角,各具风味,尽显水乡风情。

至于冬季,食羊肉是传统习俗。藏书镇、东山镇、双凤镇、桃源镇,皆有食羊肉之俗,其中"藏书羊肉"最为著名,其历史可追溯至明清时期。"藏书羊肉"的特色在于烧法,传统上以白烧、红烧为主。烧羊肉的锅,必用杉木木桶,当地人称之为"盆堂"。据传,以此木桶烹煮羊肉,口感细嫩,且能去腥膻。虽已有更为便捷的不锈钢桶,然仍有不少店家坚守木桶传统,以续百年之味。

3. 昆曲之雅

谈及昆曲,人们的心绪不由自主地飘向《牡丹亭》中面若桃花、情窦初开的杜丽娘,耳边似乎还能回响起她在满园春色中流露出的那声轻叹:"不到园林,怎知春色如许?"昆曲,别称昆腔、昆剧,原名"昆山腔",发源于元末明初的苏州府昆山县,与起源于浙江的海盐腔、余姚腔和起源于江西的弋阳腔,并称为明代四大声腔,同属南戏系统。自14世纪形成后,昆曲历经杰出戏曲音乐家魏良辅等人的精心改良,逐渐风靡全国,形成了南北曲韵巧妙融合的"水磨调"。这一独特唱腔首次用于演绎梁辰鱼的传奇剧本《浣纱记》,开启了昆曲的新纪元。

自明代中叶起,昆曲传奇如春风拂面,迅速席卷大江南北,独步中国剧坛,领风骚近六百年。昆曲艺术深邃而全面,糅合

唱、念、做、打等多种表演元素，其曲词典雅华丽，行腔婉转缠绵，表演细腻入微，被誉为"百戏之祖"。昆曲的表演艺术，讲究的是"声到、乐到、舞到"的和谐统一。而昆曲之雅，更在于其文的深邃。它追求"文采"与"本色"的巧妙融合。如《牡丹亭》中所吟："原来姹紫嫣红开遍，似这般都付与断井颓垣。良辰美景奈何天，赏心乐事谁家院？……朝飞暮卷，云霞翠轩；雨丝风片，烟波画船。锦屏人忒看的这韶光贱！"

昆曲之雅，雅在声乐。行腔优美，以缠绵婉转、柔曼悠远见长。在演唱技巧上注重声音的控制、节奏速度的顿挫疾徐和咬字吐音的讲究，场面伴奏乐曲齐全。有言"调用水磨，拍挨冷板"，"水磨腔"这种新腔奠定了昆剧演唱的特色，具体表现为放慢拍子，延缓节奏，以便在旋律进行中运用较多的装饰性花腔，声调清柔委婉，并对字音严格要求，平、上、去、入逐一考究，每唱一个字，注意咬字的头、腹、尾，即吐字、过腔和收音，使音乐布局的空间增大，变化增多，其缠绵婉转、柔曼悠远的特点也愈加突出。昆曲之雅，雅在演员表演一招一式皆有章法。它有诗的意境、画的风采，熔诗、乐、歌于一炉，一唱三叹，曲终而味未尽。昆曲唱演和欣赏的最佳形式，从来就是粉墙花影，三五知己，花前品茗，梅下饮酒，丝竹盈耳，拍曲应和，情兴倍添。昆曲之高者必具书卷气，其表演、文学、音韵、音乐，乃至一板一眼，皆经过了百年间的细细琢磨。①

白先勇先生曾说，"昆曲无他，得一美字"。岁月流转，审美观念更迭，昔日辉煌的传统戏曲，在年轻一辈的心田里，渐渐失

---

① 李玲：《昆曲之雅：发展进程中的"双刃剑"》，《戏剧文学》2008年第7期，第31页。

去它那摄人心魄的魅力。目睹昆曲日渐衰微，白先勇心生不忍，遂倾心打造了青春版《牡丹亭》，以此作为昆曲重焕新生的桥梁。他秉持着这样的原则："尊重传统，但不因循传统；利用现代，但不滥用现代。"在忠实保留昆曲独特的美学韵味与传统身法精髓的同时，白先勇慧眼识珠，挑选一批青春洋溢的演员，巧妙地将现代灯光、服饰、化妆与舞台美术融入其中，使得古典与现代在舞台上和谐共生。他又将原剧冗长的五十五折精简至二十七折，调整了叙事节奏，却未改动原作一字一句，尽显匠心独运。连续三天的演出，如梦似幻：第一天梦中情，第二天人鬼情，第三天人间情。青春版《牡丹亭》一经问世，便激起了观众心中的强烈共鸣，为昆曲的复兴播下了希望的种子。它不仅向世人展示了昆曲的独特魅力，更展现了中国人内心深处最为精致细腻的情感世界、生命哲学与审美追求。

4. 评弹之趣

苏州评弹其实是"评话"与"弹词"的合称，是吴语传统曲艺形式。评话也称"平话"，可追溯至宋代说话艺术，以口叙述，不涉丝竹，俗称大书。每至讲演时分，一人独步舞台，娓娓讲述金戈铁马的历史传奇与侠肝义胆的英雄豪杰故事。后来，平话艺术渐次分化，南成"评话"，北化"评书"，各领风骚。至于弹词，则因演唱者自操乐器伴奏而得名，传至江南后，与苏州方言精妙融合，遂成苏州弹词。弹词之趣，在于说唱并重，世人亲昵地称其为小书。表演者上手持三弦，下手抱琵琶，自弹自唱间，演绎出无数爱情佳话与社会百态，细腻入微，动人心弦。这两种艺术形式在清乾隆年间蔚为大观，历经两百余载，依旧不减当年风采。

苏州评弹，无论是评话还是弹词，皆以对"噱"字运用之妙著

称。此"噱",乃是逗趣与雅谑之灵魂,它寓风趣于谈吐之间,融滑稽于描绘之中,穿插于表演之际,令人捧腹,妙趣无穷。评话的语言由第一人称即说书人之言辞与第三人称即故事中人物的对话交织而成。第一人称之讲述占据主导,其语言被称为"表";第三人称之对话,则被称为"白"。表与白皆以散文为主,侧重于说而非唱。在表演方式上,几近固定的内容谓之"方口";即兴发挥,以适应不同听众之需求,谓之"活口"。语言节奏铿锵有力或节奏分明的谓之"一口干"或"快口";反之,则为"慢口"。至于弹词,则主要有马调、徐调、沈薛调、俞调、周调、杨调等流派。苏州弹词之演出形式,分为单档(一人)、双档(二人)和三档(三人)等多种,其传统书目皆为鸿篇巨制,如《三笑》《玉蜻蜓》《描金凤》《白蛇传》等,广为流传,深受喜爱。而在演唱长篇之前,所加唱的与正书内容无直接关联的短段,则被称为"开篇",为整场表演增添了一抹别样的风采。

行走在古城中,偶然步入书场,一盏清茶袅袅生香,伴随着三弦、琵琶的轻柔拨动,悠扬的曲调缓缓流淌。如今聆听一曲评弹,已不再是本地老者的专属,众多年轻游客亦慕名而来,沉浸在这古老艺术的魅力之中。尤为神奇的是,即便未能全然理解吴地方言,人们仍能在评弹那独特的腔调里,心领神会,共鸣悠长。

无锡夜色 / 无锡市委宣传部供图

泊伯渎

[元]赵孟頫

秋满梁溪伯渎川，尽人游处独悠然。
平墟境里寻吴事，梅里河边载酒船。
桥畔柳摇灯影乱，河心波漾月光悬。
晓来莫遣催归棹，爱听渔歌处处传。

贰　无锡

　　江南在世人心中总是"甜美的""柔和的"。

　　一如提及无锡，唇齿间似乎总萦绕着"甜"字。无锡人对甘甜之味，情有独钟，仿佛已融入骨髓，成为这座城市独特的韵味。但无锡城却非只有甜，它倚着太湖的波澜壮阔，汲取水的灵韵与力量。与同样依水而建、毗邻相依的苏州相比，无锡展现出截然不同的风华。若说苏州是深闺之中温婉细腻的小家碧玉，每一寸都透着精致与柔情，令人心生怜爱；那么无锡，则更像历经岁月沉淀的佳人，秀气之中更添了几分坚忍与精明，风骨傲然。

　　无锡人的气质可远不止于甜，还有一种动人的质朴。这份质朴铸就了"吴文化的发源地""中国民族工业与乡镇工业的摇篮""苏南模式发祥地"。它滋养了无锡读书人"家事国事天下事事事关心"的博大胸怀，孕育了"实业救国"的担当精神，激发了"四千四万"中蕴含的奋进之志。无锡人，精明而不失温润，既承袭着吴人尚武的遗风，兵法谋略了然于胸，又传承着锡商之智，审时度势，勇于开拓，敢为人先。同时，无锡人还深谙忠孝之道，惠山祠堂内，180位先贤英魂汇聚，各大家族的家风家训，无不强调立身立德、修己以敬。这些共同塑造了无锡这座城市独有的文化气质，那是一种超越甜腻表象，深植于骨髓的坚韧与雅致，如太湖之水，平日弱水清澈，风雨中却也是激荡扬波。

　　俗话说，"一方水土养一方人"。无锡的运河两岸，总有一道身影在老辈无锡人的记忆深处萦绕——他时而穿梭于河畔曲折的巷陌之间，时而伫立船首，以琴音抒怀。世人初识其貌，唯见一副墨镜遮目，透出异于常人的孤傲神色；或深感其艺，被那超凡脱俗的琴技、歌词间针砭时弊、直击黑暗的凛然正气所震撼。无论何种印象，瞎子阿炳都已成为运河上的不朽传奇，深深镌刻在无锡人的心田，成为这座城市不可磨灭的记忆。

谈及无锡段运河，其渊源不可不述。无锡运河是京杭大运河的重要组成部分，分为古运河（分东段和西段，形成闭环）和新运河两段。它北接长江，南达太湖，全长40.8千米，纵贯无锡城区，北起常州与无锡交界的五牧（今属洛社镇），南到无锡与苏州交界的望亭，是无锡干线航道网的主轴与核心，拥有京杭运河全线通航条件最好、船舶通过量最大、社会经济效益最为显著的区段，是名副其实的"黄金水道"。

无锡古运河城区段是中国大运河南方城区段的典型段落，河段以北端黄埠墩为起点，在江尖处自然分汊：西南向支流沿西门桥、西水墩一路蜿蜒，经"水弄堂"文化景观中著名的跨塘桥，最终延伸至城南下甸桥；东北向支流穿越莲蓉桥历史街区，过羊腰湾工业遗址带，于清名桥与西南支流再度交汇，形成总长约14千米的环形水道，完美诠释了《无锡县志》所载的"运河绕郭"，构建出无锡古城"龟背形"环城水系的城市格局。沟通城区南北水关的"穿城运河"与"抱城运河"形成的"一环一直"，正似阿炳手中的胡琴。而那弓弦中所震荡的悲喜，不正是这片城河之间的烟火祸福！自吴桥蜿蜒而过，经黄埠墩、三里桥、西水墩、南禅寺、南门，直至清名桥，长约6千米的中心河段，淋漓尽致地展现了江南水乡独有的韵味与风情。昔日，无锡运河的流向巧妙地依循"龟背"之形构筑的"一弓九箭"的独特布局，见证了无

锡古城的历史变迁与兴衰。随着时代的进步与城市的发展,古
运河作为航运通道的功能逐渐显现出其局限性。于是,在1958
年初,无锡市政府对穿城老运河进行改线,新运河应运而生。与
此同时,惠山之下,人工湖映山湖被开凿而出,八箭河因此而被
填塞,旧城内外原有的护城河亦渐次消失于历史的长河之中。
自此以后,大运河无锡段的面貌焕然一新,仅余环城运河静静流
淌,往昔"穿城而过"的景色,虽已成为过往云烟,却也在人们心
中留下了永恒印记。

一、千里运河独一环

1. 江南水弄堂

伫立于太湖之畔,那无垠、浩渺的水面,将思绪引向三千年
前的无锡……

无锡并非一直都是秀丽的。彼时这片土地还叫梅里。刚刚
经历洪水肆虐、堤岸溃裂等天灾,四处沼泽泥泞,丘陵连绵起伏。
百姓以渔猎山伐为生,生产力极为原始低下。

改变,要从一对兄弟说起。

这对兄弟从岐山周原启程,穿越千山万水,抵达梅里。他们
仿效当地土著的习俗,文身断发,以示同心。兄弟二人将周原的
先进农耕技术与文化,与江南水乡的风貌结合,引领当地居民开
凿河流,确保灌溉之利;又筑起"鸭城""麋城",饲养禽畜,丰富生
活所需;更大力发展种桑养蚕之业,冶炼青铜器,使这片土地焕
发出前所未有的生机与活力。于是,百姓归心,千家相随,共拥
其兄为王,史称"勾吴"。这二人,便是周族首领古公亶父之长子

泰伯与其弟仲雍。史称泰伯"穿浍渎",开挖"一渎九泾",所形成的滚滚河流就是后来的泰伯渎(今伯渎河)。如此一来,河道"长八十七里,广十有二丈"的泰伯渎,就成为我国历史上最早的人工运河之一。如今,我们再次站在太湖之畔,回望那段古老的历史,不禁感叹于无锡的沧桑巨变。千余年前的泰伯渎还在静静流淌着,但曾经的泥泞与荒芜早已不复存在,取而代之的是一片片繁华的城市景象和生机勃勃的水乡风情。泰伯对江南文化的影响是中原文明与江南本土文化融合的起点。他不仅推动了江南物质文明的发展,更塑造了其精神内核,使吴地逐渐从边缘走

伯渎港 / 无锡市梁溪区委宣传部供图

向中华文明的核心圈层。泰伯的"至德"精神和文化交融的实践，成为江南后来在政治、经济、文化上崛起的重要因素。

无锡的历史发展离不开运河。水，是这座城市的主题。

春秋时期，烽火连天，战骨遍野，吴地长久以来被中原诸邦视为南蛮之地，备受轻视。然而正是在这样的背景下，吴王寿梦的登基为吴国带来了转机。他励精图治，兴修水道，组建起一支威震四方的水军，誓要争霸天下。寿梦驾崩后，历代吴王皆承其遗志，不辍疏浚、挖凿水道。这条承载着吴国兴衰的水道，被称为吴古故水道，见证了吴国的崛起与辉煌。相传，兵法大师孙武曾率领水军征伐楚国，他们所行的正是这条吴古故水道。当年，伍子胥逃至吴国后，向阖闾举荐孙武，二人将吴人水上的优势，淋漓尽致地运用于军事之中，开创了一段传奇。公元前512年，伍子胥贡献"三师疲楚"之奇策——将大军分为三部，轮流实施突袭，一师至，敌必全军出动，敌出则我军归，敌归则我军复出，使楚军奔波于道路而疲惫不堪。屡次骚扰以疲惫敌军，多方误导以迷惑敌军。待敌军疲惫不堪之时，再以三军全力出击，必能大获全胜。于是，吴军兵分两路，伍子胥统领陆军，孙武则率领水师出征，吴王阖闾亦随水师同行。经过数年的疲楚，孙武仅用三万兵马就牵制了楚军二十多万，千里奔袭，五战五捷，柏举之战更是创造了又一个以少胜多的奇迹。在吴国胜楚的长期战争中，水军、水运、水道厥功至伟。

古时无锡、江阴、常州三地交界之处，曾有一片浩瀚无垠的水域——无锡湖。因湖面莲花竞放，故名芙蓉湖。唐代诗人李绅赋有《却望无锡芙蓉湖》一诗："水宽山远烟岚迥，柳岸萦回在碧流。清昼不风凫雁少，却疑初梦镜湖秋。"无锡湖是太湖平原之上，太湖之外首屈一指的大湖。然而，湖虽壮阔，却水位极浅，沼泽连绵十数里,致使耕地稀缺,土质瘠薄,水患频仍。

战国时期,春申君黄歇受封江东,以梅里故吴墟为都邑。黄歇初至江东,眼见百姓多依水而栖,然芙蓉湖水浅易涨,雨季一至,水位陡升,屋舍尽淹,民生凋敝。黄歇目睹此景,心生怜悯,遂决意治理无锡湖。据《越绝书》记载:"无锡历山,春申君时盛祠以牛,立无锡塘。""无锡湖者,春申君治以为陂,凿语昭渎以东到大田。田名胥卑。凿胥卑下以南注大湖,以写西野。"

可见,"无锡"的得名自黄歇"立无锡塘"起。书中"陂"与"塘",皆指"堤岸"。黄歇号召百姓,共筑堤岸,使湖河分明,各归其道。同时,又于无锡湖东南侧,开凿一河,名曰"语昭渎",使河流先经苏州胥卑,再折而向西南,汇入太湖,成为无锡湖泄水的重要通道,泽被一方。

步入隋唐盛世,永济渠与邗沟相连,大运河如巨龙般全面贯通南北,吴古故水道也在此时被温柔地揽入运河水系的怀抱。无锡,悄然迎来属于自己的大运河时代。隋大业八年(612 年),利津桥(又名通济桥、大市桥)落成。这也是史籍记载跨无锡运河的第一座桥,自此无锡运河沿东西两邑发展的格局初步形成。若登高望远,被悠悠运河水轻柔环绕的无锡城,形若一只悠然凫于古运河上的灵龟,静谧而祥和。

民国时期,著名剧作家周贻白作诗曰:"九支羽箭一张弓,十道河流八路通。是处楼台皆近水,无边风月橹声中。"一首《竹枝词》道尽无锡的水韵和城市样貌。无锡因运河而兴盛,城市规模不断扩张,向运河的东、南侧跨河发展。同时,南、西、北三座水关的开辟,使得原本的直河(弦河)改道,由北水关流入,南水关流出,无锡运河逐渐呈现出"穿城而过"的形态。直到宋朝,无锡运河的繁荣达到历史上的第一个高峰。周贻白诗中的"一弓",

无锡龟背图 / 视觉中国供图

指的是东城的护城河,也称弓河。城中直河亦称弦河,因其若弓弦,将古城一分为二,东西对望。"九支箭",则形象地描绘了连接弓与弦之九条箭河,如箭在弦,蓄势待发。古时无锡流传着一句谚语:"九箭通,出三公。""三公"指中国古代朝廷之鼎足重臣,司马、司徒和司空。这句谚语不仅道出无锡河道独特的布局,更道出"水"为无锡地脉文魂的重要支撑。运河如母亲般滋养无锡世代的百姓，她以丰盈的水流灌溉着这片土地，孕育着无锡的繁荣与生机。

然而，历史上的运河并非总是风平浪静。当战争的阴云笼罩，这位慈爱的母亲也不得不面临与子女的分离之痛。明嘉靖年间，倭寇如豺狼般频繁侵扰东南沿海，四处寻找着可趁之机，无锡也未能幸免。当时的无锡县令王其勤，甫一到任，便遭遇一场突如其来的危机。为抵抗倭寇，王其勤临危不惧，果断下令关闭运河，以切断敌人的水上通道。同时，他振臂高呼，号召百姓共同修筑城墙。他们用坚硬的砖石，替换了原本脆弱的土城墙，筑起一道坚不可摧的屏障。经过数日的艰苦奋战，终于有效遏制了倭寇的入侵。然而，这胜利的背后，却也付出了沉重的代价。运河的水关，因战争的需要而不断缩小，直接影响了城中直河上的漕船通行。这段历史彻底改变了无锡运河的主航道，使其出现了"一段三线"的独特格局。从此，运河以一种"环城而过"的姿态，静静地流淌着……

2. 漕粮米市兴

"唉咯仑顿桥，要吃馒头三里桥。"

清末民初的无锡，稚童们哼唱着这首民谣，蹦蹦跳跳地穿梭在老三里桥的巷陌间。他们抬头仰望，蓉湖楼巍然屹立于河畔，美得令人心醉。这座依河而建的楼阁，三开间四进，三层木构，是孩子心中最神秘的地方。听说，那里的馒头松软可口，让人回味无穷；又听说，那里是品茶的好去处；还听说，那里总是人来人往，有富商贵胄，也有贩夫走卒。在孩子们的想象中，蓉湖楼就像是一个话本里的奇幻世界，藏着大人们不为人知的秘密与

交易。

是，也不全是。

蓉湖楼并非仅仅是一个品茶吃点心的所在。每日上午八点以后，二楼便悄然变身为粮行与客商洽谈的场所，成为当时有名的"粮食交易中心"。那时候，无论是远道而来的外地客商，还是本地的粮食贩夫，无人不知"蓉湖楼"的大名。

其实，"蓉湖楼"的红火源于全国四大米市之首——无锡米市的兴盛。历朝历代，仓廪实而社稷安，粮食经营都被视为国本基业。可自唐中叶后，全国经济中心南移，大部分的粮食产地都集中在南方，但都城仍居北地，"南粮北运"自然必不可少，统治者为此也颇费心思。时至元代，无锡渐崛起为江南地区向京师输送漕粮的枢纽要地，那时无锡运河两岸设立了亿丰仓、丰积仓等粮仓。待到明朝，无锡的粮仓承担起存储"白粮"的重任。所谓"白粮"，是上等白粳米与糯米的统称，皇室祭祀、仪典，皆需大量使用。这些"白粮"需先汇集无锡，再转运至淮安仓。而昔日沼泽遍布的芙蓉湖，历经数次治理疏浚，终化身为沃野平畴。"有钱、有地、有技术"，农耕条件得天独厚，无锡的米以精耕细作、品质卓越而声名鹊起。万历年间，无锡的米市便已初具规模。

到了清代，无锡成了漕粮的采购地和集散地，每年从这里输出的漕米数量惊人，有 100 多万石。无锡米市的繁华，凡目睹者，无不心潮激荡。走在北塘那二三里长的路上，两旁粮行密布，初时已有 80 余家，到了最繁盛之时，更是有 140 余家，可谓盛况空前。若立于蓉湖楼二楼小窗旁，放眼望去，可见水道浩渺，波光粼粼，桅杆如林，直指苍穹。长街之上，人流如织，摩肩接踵，堆栈密集，错落有致，一派忙碌之景。

三里桥 / 无锡市梁溪区委宣传部供图

　　米市的繁荣,宛若一股不息的春潮,赋予其他产业益然生机。在民间,四大码头——"米码头""布码头""丝码头"以及"钱码头"之名如雷贯耳。前三者其意自明,无须赘言。而"钱码头"则是指典当行、钱庄、银行等,类似金融业的雏形。光绪二十二年(1896年),莲蓉桥畔钱庄林立,数目已逾20家之众。时至1907年,无锡迎来金融史上的崭新纪元,标志性事件便是信成银行无锡分行的成立。

　　信成银行不但承袭了传统银行业务的精髓,更蒙清政府垂青,特赐发行钞票的殊荣。经营上,"凡有洋银满一元以上,不论多寡,不论士农工商,男女老少,均可存储生息,确实可靠,永保无虞"。此番创举,首推一元即可开户之制,彻底颠覆了昔日银庄仅为富贵阶层服务的陈规陋习,大幅降低银行服务的门槛,开

创了华资银行小额存款的新纪元;银行内部,特设储蓄专柜,人们将手头闲钱存入银行之举蔚然成风,不仅悄然改变了民众传统的储蓄习惯,更如磁石吸铁,巧妙地将社会上的闲散资金聚集起来,随后被精准地导向农、工、路、矿等百业的实业家,雪中送炭,为他们带来了急需的资金,有效满足了早期无锡民族工商业者在资金周转上的迫切需求。据统计,信成银行无锡分行在放贷业务上达到了鼎盛,金额最高时竟达 50 余万银圆之巨,这对无锡缫丝业的蓬勃发展起到了不可估量的推动作用。民族资本家荣德生先生,便是在这样的背景下,于 1910 年向由周舜卿先生创办的无锡信成银行及李裕成钱庄借贷 8 万两白银,方才得以顺利赎回振新纱厂,书写了一段民族工业自救图强的传奇。

至 1942 年,莲蓉桥边,银行与钱庄的数量已攀升至 42 家,它们共同织就一张庞大的金融网络,使无锡跃升为苏南的金融心脏。当然除了这四大码头之外,还有"书码头""鱼码头""食码头""菜码头""酱码头"……这些码头,不仅为无锡这座小城注入了无尽活力,更使得人间烟火气在此汇聚、升腾,愈发浓郁。它们如同坚实的基石,奠定了无锡民族工商业发展的雄厚基础,也为无锡经济的蓬勃发展注入了源源不断的动力。

二、无边风月橹声中

1. 江南第一山

在无锡,惠山之名如雷贯耳,无人不晓,妇孺皆知,俨然成为地标。惠山古镇与江南诸多古镇气质迥异,它并不以细流涓涓、小桥横卧而著称:这里山峦叠翠,泉水叮咚,园林雅致,寺庙庄严,古建筑群错落有致,祠堂巍峨……自清朝康熙二十三年(1684年)至乾隆四十九年(1784年)的百年间,康熙与乾隆两位皇帝,分别多次来到惠山。乾隆南巡时还一度称赞惠山为"江南第一山",在他看来,"惟惠山幽雅闲静",是江南最佳的去处。

要说惠山最吸引乾隆帝的是什么,非"天下第二泉"——惠山泉莫属。乾隆皇帝喜好风雅,每每南巡,必亲至惠山寺,在天下第二泉畔,以竹炉烹煮清泉,细品茶香。惠山泉,旧称漪澜泉,藏于惠山第一峰白石坞之麓,紧邻惠山寺大殿。唐朝大历末年,由无锡县令敬澄遣人精心开凿而成。其名源于"茶圣"陆羽当年品评天下名泉,赞曰:"江州庐山康王谷谷帘水第一,常州无锡县惠山石泉第二。"有趣的是,尽管康熙、乾隆、刘伯刍等帝王名士屡次评选名泉,榜首之位更迭频繁,惠山泉却始终稳居次席,甚至比一些榜首名泉更加为人所熟知。惠山泉水清冽甘甜,汇聚成上、中、下三池。上池呈八角之形,乃泉水之源;中池则为方形,水口方正;而下池,坐落于漪澜堂前,池边龙头据传为龙生九子中的螭吻,构成"螭吻飞泉"的胜景。池前漪澜堂,曾是文人雅士集会品茗之地,苏东坡亦曾在此留下"还将尘土足,一步漪澜堂"的佳句。

关于惠山泉还有一则趣闻。唐朝时期,有一位历经宪宗、穆宗、敬宗、文宗四朝的老臣,名曰李德裕,位居丞相。此人不仅政事娴熟,更对茶道情有独钟,讲究至极。他深信,一壶好茶,需得上等茶叶与绝佳山泉水的完美融合。听闻"天下第二泉"的名号,李德裕心向神往,下令封装二泉水,派遣八百里快骑,昼夜兼程,送抵京城长安。只为能在那一盏茶中,品味到江南的清泉之味。此举在当时引起不小的轰动,唐朝大诗人皮日休,更是将此事与当年杨贵妃驿递荔枝的奢华之举相提并论,作诗讥讽道:

"丞相常思煮泉时,郡侯催发只忧迟。吴关去国三千里,莫笑杨妃爱荔枝。"李丞相的奢靡豪举自然不足为训,但其对"第二泉"盛名之仰慕,却颇有不少共鸣者,比如话本故事中的唐伯虎。

天下第二泉 / 无锡市委宣传部供图

　　穿过"天下第二泉"的潺潺流水,便步入香火炽盛、古韵悠长的惠山寺。皮日休曾形容惠山寺景色:"千叶莲花旧有香,半山金刹照方塘。殿前日暮高风起,松子声声打石床。"惠山寺是无锡十大禅宗寺庙之首,始建于南北朝时期,距今已有1 500多年历史。据传,昔有西域高僧慧照,不辞辛劳,跋涉千山万水来此弘道。因慧照大师弘法利生,原名西神山的惠山("慧"与"惠"通)遂被更名,以志纪念。盲人音乐家阿炳,正是在这惠山寺畔,"二泉"泠泠之侧,灵感迸发,谱就了传世名曲《二泉映月》。

　　惠山古镇依山傍水,在民间看来,这是一处风水绝佳的福地,故而此地汇聚成了规模恢宏的古祠堂群落。祠堂在国人心中是追思之所,亦是寻根之处,家国情怀在祠堂文化中得以深刻体现。惠山祠堂群不同于寻常的先人祖宗祠,其中很多为名贤祠,历代祠堂在古镇中总数逾百,它们跨越了自唐至民国的漫长岁月,囊括 80 个姓氏的荣耀,近 200 位历史名人的光辉。漫步其间,恍若穿越时空的隧道,与古人进行一场跨越千年的对话。泰伯之贤、春申君黄歇之智、范仲淹之忧乐天下……这些历史人物仿佛打破千年的时空壁垒,在这个独特的空间里,以他们深邃的目光和无限的智慧大爱,静静地护佑和引导着后世子孙。

2. 兰若黄埠墩

南宋理宗宝祐四年(1256 年)春,无锡运河上黄埠墩附近,一叶扁舟悠然缓行,仿佛荡漾在画中。舟首伫立着两位翩翩少年,他们的心神早已穿越袅娜的水汽,预先步入临安城的绮丽繁华,沐浴在那春风得意马蹄疾的无尽畅快之中。少年胸藏凌云之志,心系四海八荒,虽前路茫茫,却满心憧憬,相信在即将参加的科考中,自己能如惊雷破晓,一鸣惊人,功名加身,为国效忠。年长些许的少年则更形沉稳,之后在殿试中拔得头筹,高中状元,自此踏上了宦海浮沉的人生旅程。

德祐元年(1275 年)春,元军如猛虎下山,大举犯南,南宋朝廷犹如风中残烛,举步维艰。昔日意气风发的少年,早已被岁月染白双鬓。他力抗群议,多番执笔上书,誓死主张抗争到底,守护他曾深情吟咏,而今风雨飘摇的江山。可惜眼下腐朽的朝廷已容不下一个气节高尚的君子,排挤与陷害如影随形,直至元军铁蹄东进,长江上游烽火连天,朝廷才急诏各路兵马勤王护驾,然而却响应寥寥,无人敢担此大任。时任赣州知府的他,手捧诏

书,泪如雨下。他难忘那日在船头立下的报国誓言,不顾亲朋好友之劝阻,毅然决然倾尽家财,广纳四方仁义之士,组建起一支万余人的义军,义无反顾地发兵勤王。行军途中他再度踏足无锡,望着昔日小岛,物是人非,心中五味杂陈,感慨万千。转眼德祐二年春,又是一个春天,却是他命运中的寒冬。

他,战败了。

不知是造化弄人,还是命运无常,曾经那个策马扬鞭、状元及第的风流才子,如今却身陷囹圄。在被元军押解前往大都的漫长行程中,为防止有人劫囚,元军将船只停泊于黄埠墩的水域之上。这个人,便是流芳千古的爱国英雄——文天祥。据说文天祥路过黄埠墩时,无锡的黎民百姓无视元兵的阻挠与鞭笞,犹如潮涌般密集地跪伏在运河两岸,悲痛的哭泣声响彻云霄,撼动人心。面对这一幕,文天祥内心激荡起无尽的感慨。于是,满怀悲壮与心碎,他即兴吟咏那首《过无锡》:

> 金山冉冉波涛雨,锡水茫茫草木春。
> 二十年前曾去路,三千里外作行人。
> 英雄未死心先碎,父老相从鼻欲辛。
> 夜读程婴存国事,一回惆怅一沾巾。

黄埠墩的由来,跟"战国四公子"春申君黄歇有关。黄歇游学博闻,擅长辞辩。楚考烈王元年(前262年),以黄歇为相,封为春申君。黄歇明智忠信,宽厚爱人,以礼贤下士、招致宾客、辅佐治国而闻名于世。黄歇为政之时,疏通河道,抑制水患,政绩显赫,深得民心。当地人纷纷以其姓或号为许多山、水、地方命名,如浙江吴兴的黄浦、江苏江阴的申港、黄田港,而无锡芙蓉湖的黄埠墩也因此得名。江南地带本多河流,芙蓉湖水面广阔,但因长期缺乏管理,淤泥堆积,水流不畅,每到雨季便泛滥成灾,给周边村庄带来巨大损失。黄歇在湖中心小岛驻扎下来,组织人力物力,指挥疏通工程。后来,这个小岛就被命名为黄埠墩。

此外,还有许多跟黄埠墩有关的神话传说。一说是运河中的黄鳝精被压在墩下。黄鳝精本居住在运河之中,一天幻化为书生在树下读书,王母娘娘四女儿彩云路过,被书生专注读书的样子所吸引,于是赠予彩帕以示爱意,两人因此相识相爱。后来,两人的恋情被天庭发现,彩云被迫离开人间,而黄鳝精被镇压在黄埠墩下。二说黄埠墩驮在一条黄鳝精的脊背上,黄鳝精保护着黄埠墩,因此水涨墩起,大水淹不了它。之所以对黄埠墩如此小心保护,是因为古时候住在这个岛上的一位老婆婆曾救过它的命,故有人称黄埠墩得名跟黄鳝精有关。

这,仅为孩童喜欢听的民间逸事。现实中,黄埠墩也难逃水患侵扰。黄埠墩之所以能吸引无数文人墨客,并非仅凭虚无缥缈的神话,而是因"三帝二相一青天"的足迹曾在此留痕。所谓"三帝",指的是吴王夫差、康熙和乾隆三位帝王;"二相",则是前文所述的黄歇与文天祥两位贤相;"一青天",则是指清正廉明的海瑞大人。

据古籍记载,吴王夫差是首位踏足此岛的帝王,在北上争霸讨伐齐国时,偶经此地,大宴群臣,鼓舞士气,最终凯旋,留下了一段佳话。时至清代,康熙御驾亲临小岛,当时夜幕已悄然降临,而岛上却灯火辉煌,犹如白昼。运河两岸,炊烟袅袅升起,与灯火交相辉映,细观之下,仿佛点点星火散落人间。面对此情此景,康熙帝心有所感,题下"兰若"二字,寓意此地为心灵空闲处,超脱尘世喧嚣。及至乾隆盛世,帝王六度南巡江南,对黄埠墩情

黄埠墩 / 无锡市报业集团供图

有独钟,四次挥毫题词以志其情。返京之后,乾隆帝犹念江南之美,遂命人于颐和园昆明湖之南,仿照黄埠墩之形制,筑建一墩,名曰"凤凰墩",并亲自赋诗云"渚墩学黄埠,上有凤凰楼",以表达对江南美景的无限眷恋与追忆。

而今,黄埠墩不仅珍藏着康熙、乾隆两位帝王亲笔题写的匾额,也存有明隆庆四年(1570年)一代清官海瑞所题"环山临水第一楼"的匾额。此外,岛上还矗立着一座"正气楼",专为纪念南宋忠臣文天祥而建。

这座历史悠久的小岛,见证了无数英雄豪杰的风采和智慧。他们在这里留下了自己的足迹和故事,使得黄埠墩成为一个充满传奇色彩的地方。如今,黄埠墩作为一个著名的旅游景点,每年都有大量的游客来参观游览。同时,这里也是无锡市民休闲娱乐的好去处。在繁忙的工作之余,人们可以来到这里散步、品茗、聊天,享受江南佳处独有的岁月静好。

3. 风月清名桥

马蹄嗒嗒,在驿道上疾驰。

至少从宋朝开始,千里加急的文书与琳琅满目的商品,就开始在这条古街上往来不绝。这条街成为无锡陆地连接苏州、扬州的官驿道,而街旁相伴并行的古运河则为水驿道。

这条街,便是无锡最具风情与韵味,也最能代表无锡历史文化的瑰宝——南长街。现在的南长街,是原南长街、北长街的合称,总长 5.5 千米,出无锡南门向南,与城北无关;"南上塘"与"南下塘"一起,沿运河两侧向南伸展,与鳞次栉比的房屋,一起构成运河无锡段独特的"水弄堂"景观。

自古以来,南长街便是无锡商市与工商业辉煌历史的见证者。此地是无锡人间烟火气最为浓郁的地方,各色商铺汇聚,热闹非凡。昔日行走于此,可见药铺悬壶济世,粮行米香四溢,戏院锣鼓喧天,茶馆人声鼎沸,更有理发铺子为附近居民和往来行人悉心整理着容颜。无锡有句老话流传至今,"上塘十里店铺连,下塘十里窑火燃"。明朝时,烧窑业在此悄然兴起,炉火熊熊,映红了半边天际;清朝年间,造船业又崭露头角,船只穿梭于古运河之上,载着无锡人的梦想与希望,驶向远方。及至民国时期,这里更是成为我国早期民族工商业的摇篮,食品加工、缫丝、纺织等企业如雨后春笋般纷纷涌现……

南长街上有一道著名的桥,名叫"清名桥"。明代万历年间,这座桥由寄畅园主人秦燿的两位公子慷慨解囊,捐资筑就。两兄弟名太清和太宁,桥名便巧妙地取自他们名字中的各一字,初

称"清宁桥"。到了清代道光年间,因避讳当朝皇帝旻宁之名,桥名悄然更易,化为"清名桥",民间亦亲切地称其为"清明桥"。清名桥两侧桥拱旁,曾镌刻着一副意境深远的楹联,可现今字迹模糊,再难辨识,唯余空白,引人无限遐想。传说之中,乾隆皇帝六次南巡,竟十二次踏足无锡,每一次都必经清名桥下,仿佛是一段不解之缘,将帝王与古桥紧紧相连,为这座桥平添了几分传奇色彩。其实,南长街不光只有清名桥,它一共有九座桥梁,大公桥也是其中较为出名的一座。步入民国后,南上、下塘两岸,丝厂林立,共计十三家之多。而当时丝厂女工往往需要乘船过河才可到丝厂上工。1929 年,一振艺丝厂的女工在乘船时失足落水,香消玉殒。厂主许稻荪为安抚人心,遂倡议集资建桥,以绝后患。荣宗敬、荣德生兄弟闻讯,动用"千桥会"的善款相助,修筑成了这座践行公义的大公桥。

清名桥 / 无锡市委宣传部供图

4. 佳绝桃花源

"震泽春深涨碧漪,净涵天影漾玻璃。遥增越峤千寻阔,顿减吴山数尺低。"碧波荡漾,天若明镜,山峦辽阔,而吴中则于这浩渺水色间,悄然矮了几分,平添数尺空灵之感。明代文人冯善,以诗绘此景,尽展太湖春涨的绝美风华。"太湖春涨"为"无锡八景"之一,成为文人墨客心中魂牵梦绕的景致。

太湖西北处,藏了一个赏景胜地,名曰鼋头渚,被誉为"太湖第一名胜"。这里南倚太湖,北绕梅梁湖,三面环水,宛如仙境。湖中巨石,突兀而出,形似鼋首昂扬,故得此名。鼋者,龙首、龟躯、虎爪、凤尾。鼋头渚的主要景点包括充山隐秀、鹿顶迎晖、鼋渚春涛、横云山庄、万浪卷雪、湖山真意、十里芳径、太湖仙岛、江南兰苑和樱花谷。当年大文豪郭沫若在登渚游览时,也为之倾倒,赋《蠡园唱答》赞曰:"太湖佳绝处,毕竟在鼋头。"此言一出,

鼋头渚 / 视觉中国供图

"佳绝"之名便不胫而走,流传至今。

鼋头渚外有一宝界山,西汉末年,王莽篡夺帝位,欲以权势诱丞相司直虞俊归心,但虞俊忠贞不渝,坚拒王莽,恳求放归无锡故里。奈何王莽心狠手辣,终赐毒酒,虞俊饮鸩之际,慷慨陈词:"愿为汉鬼,不能事两姓。"后遗体安葬于宝界山之侧。待光武中兴,刘秀登基,为彰虞俊之忠义,特赐朱红宝幡,覆其坟茔,悬于山巅,这便是"朱衣宝界"的出处。到了南朝萧梁时期,广福庵在此兴建,因其依山傍水,建筑于鼋头渚峭壁之上,凌空欲飞,蔚为壮观,又称峭岩寺。

景区之内,尚存诸多名胜古迹。明代,东林党领袖高攀龙曾悠然漫步湖畔,留下"高忠宪公濯足处"遗迹。时至清代,无锡知县廖纶题下"包孕吴越"与"横云"二词,镌刻于临湖峭壁,与山水共存。及至民国初年,无锡商会会长杨翰西,于 1916 年购得太湖之畔 60 亩荒地,筑就私家园林。自此,鼋头渚周边成为达官贵人竞相营造私家园林与别墅的胜地,太湖别墅、小蓬莱山馆、退庐、陈园(若圃)、郑园等纷纷落成。

除去自然、人文景观,鼋头渚还经常举办丰富多彩的文化活动。每年的樱花节期间,樱花谷内的樱花盛开如云,吸引大量游客前来观赏。漫步在花海之中,仿佛置身于一个粉色的梦幻世界,令人陶醉不已。同时,鼋头渚还注重传承和弘扬传统文化。在景区内,游客可以看到许多传统手工艺品的展示,如刺绣、剪纸、泥塑等。这些手工艺品不仅体现了当地人民的智慧和创造力,也让人感受到传统文化的魅力。在节日期间,鼋头渚还会举办一些特色民俗活动,如舞龙舞狮、划船比赛等。这类活动充满了浓郁的地方色彩,让游客和市民在欢乐的氛围中感受到无锡的风土人情。

5. 蠡湖蠡园景

江南有一美人，名唤西施，本名施夷光，也被世人称为西子。据说，她常至浣纱溪边浣洗纱衣，溪畔因她而得名西施滩。当西子于溪畔浣纱之时，那清澈见底的溪水，宛如一面明镜，将她的绝世容颜映照得分外妖娆，更添一抹朦胧美，美得令人心醉神迷，恍若梦境。溪中的鱼儿，偶有幸窥见此等倾城之色，皆自感形秽沉潜水底，不敢再跃出水面。

当年，吴越交战，越王勾践败退至会稽山，身陷吴军重重围困之中。万般无奈之下，勾践只得向吴国乞和，自身则入吴为质，以换取一时之安宁。归国后，勾践日夜不息，卧薪尝胆，同时采纳智臣文种所献"伐吴九术"，试图用美人计来迷惑夫差。而寻找美人这一重担，则交给了当时的越国大夫范蠡。

范蠡在苎萝村遇到西施，惊为天人。后来，西施忍辱负重，以身救国，被越王勾践献给吴王夫差，成为吴王最宠爱的妃子，使吴王逐渐放松对越国的控制。史学上对西施完成使命后的最终去向众说纷纭，文学作品的描绘亦然，如《越绝书》中所载："西施亡吴国后复归范蠡，同泛五湖而去。"唐代诗人杜牧曾深情地写道："西子下姑苏，一舸逐鸱夷。"宋代大文豪苏东坡也在词中抒发对这段传奇故事的感慨："五湖闻道，扁舟归去，仍携西子。"由此可见，世人大多倾向于相信西施最终是与范蠡携手共度余生。相传，西施与范蠡乘船离开后，一同来到太湖北岸的五里湖畔，发觉这里山清水秀，景色宜人，仿佛人间仙境。于是他们便在此隐姓埋名，过上了与世无争的隐居生活。范蠡养鱼种竹，还被称为"渔父"，在此完成了《养鱼经》。当地的百姓因这段传奇的故事，便将这片美丽的湖泊命名为蠡湖，以此作为永恒的纪念。

　　世人现在所看到的蠡园，是由原来的蠡园、渔庄（赛蠡园）两处园林合并而成。前者由福新面粉业的掌舵人王禹卿于1927年建造，后者由陈梅芳建造。蠡园位于蠡湖湖畔，因缘际会，得湖之名，赋园之灵。园中有四季亭、南堤春晓、渔庄砖刻、千步廊、晴红烟绿水榭、层波叠影、云字假山等景。其中南堤为虞循真所建，千步廊建于1952年，层波叠影建于20世纪80年代。蠡园中最引人入胜的是"真水假山"的绝妙搭配。真水，自然是五里湖碧波荡漾、清澈见底的湖水；而假山，则是以太湖石为骨，精心堆砌成形态万千的造型，宛如天作，令人叹为观止。漫步于湖畔小径，只见桃花嫣红，柳丝翠绿，交相辉映，如诗如画。亭台

蠡园／视觉中国供图

楼阁错落有致,近桥远楼,在夕阳的余晖下倒映于水中,构成了一幅宁静而幽美的画卷,时间仿佛在此刻凝固。碧水悠悠,如镜如绸,倒映着万物的美丽;绿植葱茏,生机勃勃,秀美之气扑面而来,让人心旷神怡。一座座精美的小桥横跨水面,宛如飞虹卧波,一块块独特的太湖石点缀其间,造景之妙,令人叹为观止。置身于此,仿佛步入一个远离尘嚣的世外桃源,所有的烦恼与忧愁都随风而逝,只留下无尽的宁静与美好。

6. 千年陶都情

无锡下辖一座城,名叫宜兴。宜兴以紫砂闻名遐迩,那些出自名家之手的紫砂壶,每一把皆价值不菲,正所谓"人间珠宝何足取,宜兴紫砂最要得"。梅尧臣曾吟咏:"小石冷泉留早味,紫泥新品泛春华。"此句流传千古,细腻描绘了文人墨客以紫砂陶壶烹煮香茗的雅致场景。

何谓紫砂?历史可追溯至明代。最早的紫砂壶名叫"供春壶",乃明代正德至嘉靖年间龚春(亦称供春)的杰作。相传明朝正德与嘉靖两朝交替时,有位名唤"供春"的书童,伴吴姓东家于金沙寺内潜心向学。在繁忙之余,他从寺中一位老和尚那里,习得制作紫砂茶壶的精湛技艺,迅速超越师长而成就业界佳话。这位书童所制的紫砂茶壶,被世人亲切地称为"供春壶",在当时便享有"供春之壶,胜于金玉"的赞誉。以此壶轻抿香茗,茶的原韵得以淋漓尽致地展现,色、香、味三者相融,使得茶汤愈发醇厚,芬芳满室,令人陶醉。以龚春为代表的宜兴紫砂匠人,善于从日常生活的细微之处捕捉灵感,巧妙地将绘画之韵、雕刻之工、陶艺之巧融为一体,精心打造出形态各异、风格独具的紫砂壶。这些紫砂壶,不仅是实用之器,更是艺术之作,展现了匠人

们的高超技艺和无尽创意。而宜兴紫砂壶的原料,则蕴含紫泥、绿泥、红泥三种,在民间素有"富贵土"美称。其中,紫砂陶土尤为珍贵,被尊为"五色土",昔日曾有过"土与黄金争价"的盛况。

在宜兴,还有一片出名的竹海,位于该市西南 31 千米的湖㳇镇境内,绵延苏、浙、皖三省,纵横八百余里,形成了一片翡翠的海洋。这片竹海体现了中国竹景、竹情、竹文化的"气节",像梁朝诗人刘孝先所歌颂的那般:"竹生空野外,梢云耸百寻。无人赏高节,徒自抱贞心。"

竹海之中,翠竹密布,占地数万亩,其规模之宏大,堪称华东之首,故而得名"竹海"。置身于竹海深处,仰望苍穹,只见林荫蔽日,曲径蜿蜒,引领着游人探寻幽境;而当游客登上岭巅,俯瞰则见竹浪翻滚,气势恢宏,令人心旷神怡。在这仙山竹海之中,仿佛可以摘取云絮,坡岭上的亭台楼阁,更是先得朝霞之韵。清风徐来,竹叶沙沙作响,这风声与竹声交织在一起,再配上丛林深处传来的鸟鸣,共同营造出一种前所未有的宁静氛围。在这片竹海中,有一处名为镜湖的湖泊,湖面平静如镜,波澜不惊。湖中生活着被誉为"活化石"的桃花水母,为这片竹海增添了几分神秘与奇幻。在湖东岸,还设有一座专门供游人观赏水母的水母亭,让人在欣赏美景的同时,也能感受到大自然的奇妙与伟大。在山泉喷涌之处,镌刻着"太湖第一源"的字样,让人不禁心生感慨,浩瀚无垠的太湖,其源头竟然只是这一缕从石缝中渗出的清泉,怎不令人对大自然的鬼斧神工充满敬畏与赞叹?

三、崇文重教文化兴

1. 一里路上十进士

古人将人生四喜列为:久旱逢甘霖、他乡遇故知、洞房花烛夜、金榜题名时。

前三喜或多或少皆含外界恩赐之偶然,唯金榜题名一喜,是实实在在全凭个人勤勉与才智铸就。

自科举考试诞生,金榜题名便是莘莘学子梦寐以求之事。无论是出身簪缨累世的显赫之家,还是寒门微末的清贫之户,放榜之日,学子皆是心弦紧绷,情愫难抑。唐代孟郊有一首《登科后》:"昔日龌龊不足夸,今朝放荡思无涯。春风得意马蹄疾,一日看尽长安花。"道尽了考生的甘苦。唐宋以来,江南士族聚集,读书风气兴盛,而无锡更是才子辈出,历史上共有 540 名学子荣登进士榜,素有"一榜九进士""六科三解元""一里路上十进士"的美谈。

李绅是无锡史上第一个进士。

他的《悯农》流传千古,共有两首。一首是"春种一粒粟,秋收万颗子。四海无闲田,农夫犹饿死"。另外一首名声更大,"锄禾日当午,汗滴禾下土。谁知盘中餐,粒粒皆辛苦"。这两首诗不仅在当时产生了广泛的影响,而且对后世也有着深远的意义,成为反映农民生活、揭示社会矛盾的经典之作,被后人广为传诵和引用。李绅曾位居大唐宰辅,诗作被后世传诵不衰,但其行止却饱受世人质疑,毁誉参半。真相究竟如何?历史的答案往往并非一目了然。

李绅幼年随父李晤举家迁往无锡,定居梅里祗陀里。不幸的是,父亲早逝,留下他与母亲相依为命。母亲以经义教诲,悉心培育,15岁时前往惠山求学,埋头苦读,寒暑不辍。他初时借住于古刹惠山寺,与寺中鉴玄禅师结下深厚的情谊。待经济稍宽裕后,他便在寺旁搭建了一间简陋的房舍,作为自己静心研读的天地。他亲切地将惠山唤作"家山",晚年重游故地,感慨万分:"上家山,家山依旧好。昔去松桂长,今来容鬓老。"

读书时,李绅诗才横溢,在书法上也颇有造诣。他两次科举考试落榜,但在此期间结识了元稹、白居易等人,并得到了韩愈的举荐。直至第三次科考,他终于金榜题名,得中进士,这一年,他已35岁。为官之后,李绅刚正不阿,在任期间严惩了许多贪官污吏,也因此招致不少人的非议。据史书记载,他在汴州担任刺史时,当地先遭大旱,后又接连发生蝗灾、水灾,李绅竭尽全力,为改善百姓生活而殚精竭虑。白居易曾描述,当他离开河南前往他地任职时,百姓们纷纷前来送别,"动以万辈,皆呜咽流涕,如婴儿之别慈母焉"。

后世对李绅之非议,多源自对"司空见惯"一词的误解和误传。刘禹锡由和州刺史承召回京后,曾作有一诗《赠李司空妓》:"高髻云鬟宫样妆,春风一曲杜韦娘。司空见惯浑闲事,断尽江南刺史肠。"这首诗表达了刘禹锡的深切忧虑,揭露了当时官场的奢靡之风,以及这种风气对普通百姓生活的负面影响。世人以为这是刘禹锡对李绅的讽刺,实则是以讹传讹的谣言。查检史料可知,李绅生平并未担任过司空一职,且刘禹锡在京任职时,李绅则贬官外任,二人根本不可能在京都有交集。谣言的源头可追溯至唐代笔记小说家孟棨的《本事诗》。这不禁让人感叹人言可畏。

无锡的第一个状元是谁呢？

宋代的蒋重珍。

他赴京赶考时已是不惑之年，41岁毅然参加科考，竟一举夺魁，成为无锡历史上首位状元。

蒋重珍一生，实非坦途。他状元及第之时，正值宋宁宗十六年（1223年），南宋后期，国运式微，积弊难除。在这样的背景下，蒋重珍被安排了一个相对清闲的职位——同签判建康军。若说官职不紧要也就罢了，五年之后，他又遭母丧，回乡丁忧，哀毁骨立。52岁，已是知天命的年纪，蒋重珍被任命为安吉知州，并代理刑部侍郎之职。虽饱受不公，但蒋重珍始终胸怀天下，勤勉于政，为官清廉，堪称楷模。据传，在任期间，他日夜操劳，竟因过度疲惫而昏厥，其忠诚勤勉，可见一斑。

2. 鸿儒谈笑文脉长

要问无锡文脉所系，首推已有900年历史的小娄巷。小娄巷始于宋代，盛于明清。历史上曾出过1名状元、13名进士、15名举人以及80位秀才，真正做到了"谈笑有鸿儒，往来无白丁"。后人把小娄巷称为"才巷"，也是无锡的文脉所在。

在小娄巷这条历史悠久的巷弄里，流传着众多佳话，其中四大家族——谈、王、秦、孙，尤为引人注目。谈及历史渊源，谈家无疑是这条巷弄中最早定居且声名最为显赫的望族。据史料记载，宋元明清四代间，谈氏家族中涌现了9位进士及众多杰出人物，如谈恺、谈复、谈修、谈悌等。值得一提的是，电视剧《女医明妃传》中女主角的原型谈允贤，便是谈复的孙女。她是历史上真实存在的一代女医。

在这处巷弄中，还有一座少宰第，其主人是无锡史上继蒋重

小娄巷 / 无锡市梁溪区委宣传部供图

珍之后的第二位状元郎——孙继皋。坊间流传着一则趣闻,说孙继皋曾在谈氏家族最负盛名的学府万备堂中苦读十年。某日,谈家家主偶见门槛石阶上,一稚童以骑马之态嬉戏,口中还自诩为"状元骑马"。他不禁哑然失笑,戏言道:"倘若你真能一举夺魁,高中状元,我便将此宅邸赠予你。"孙继皋金榜题名后,谈家人欲履行昔日之诺,孙继皋却谦逊地婉拒这份厚重的馈赠。最终,他以市价购得万备堂的部分房产,于小娄巷安然定居。其后代孙揆钧、孙国璋等亦在科场有所斩获,使得这条小巷文脉得以延续至今。

昔日乾隆帝南巡,于寄畅园中召见无锡"九老",其中便有秦家秦敬然与秦东田二人,及至民国时期,秦家后人秦毓钧,更是以一支妙笔,成为《申报》与《时报》的主笔。他的文字犀利而深刻,成为那个时代舆论的风向标。而小娄巷中的王家,亦是人才济济,近代以来,一连走出了三名中国科学院院士——王序、王迅和王选。"一门三院士"的事迹激励着一代又一代的无锡后生,追求知识,探索真理,为国担责。

"风声雨声读书声声声入耳,家事国事天下事事事关心。"

这副对联出自无锡另一处文脉之地——东林书院。它创建于北宋政和元年(1111年),其创始人为思想家、教育家杨时,书院声名远播,引得四方学子纷至沓来,竞相求学。然而,随着教学体系的僵化,书院渐失昔日辉煌,走向衰败。及至明朝万历年间,朋党之争愈演愈烈,无锡籍官员顾宪成因勇于直言,遭贬谪归乡。他胸怀壮志,却无从施展,唯有将满腔热忱倾注于那座已显破败的书院。顾宪成慷慨出资,大兴修缮。书院的讲堂紧邻着潺潺溪流,四周被苍翠的古木环绕,绿意葱茏,生机勃勃。这如画的景致,与庐山东林寺的胜景相合,因此得名"东林书院"。顾宪成于讲学之际,言辞犀利,针砭时弊,深得众多有识之士的推崇与敬仰。他们纷纷会聚于东林书院,共议时政,抨击沉疴旧病,声声振聋发聩。一时之间,东林书院犹如一座灯塔,照亮江南士人的天空,吸引无数士子前来交流思想,赢得了"天下言书院者,首东林"的美誉。而"一榜九进士""六科三解元"两块匾额也高悬在东林书院正心亭内。

3. 画心写意歌传情

在中国绘画史上,顾恺之无疑是一个绕不开的重要人物。他不仅将我国绘画从宗教与政治的束缚中解放出来,更将其提升至理论的高度,提出"迁想妙得""以形写神"等深刻理论,使绘画开始具有独立的审美价值,为中国画的发展奠定了坚实的基

础。因此,后人尊称其为"中国画祖"。东晋太傅谢安对顾恺之的绘画赞誉有加,称其作品为"有苍生以来未之有也",而唐代著名画家与绘画理论家张彦远亦感叹道:"自古论画者,以顾生之迹天然绝伦,评者不敢一二。"这些赞誉足以见证顾恺之在绘画领域的天赋与才华。

顾恺之,字长康,出身江南望族,乃东晋晋陵人。他才华横溢,被誉为"三绝"——才绝、画绝、痴绝,其中"最绝的"当属绘画。《洛神赋图》是其代表作之一,此画根据曹植的《洛神赋》精心绘制而成,可惜原作已佚失。现存的五卷《洛神赋图》,皆被专家鉴定为宋代的摹本,尽管如此,它们依然散发着顾恺之独特的艺术魅力,让后人得以一窥他绘画艺术的精妙绝伦。顾恺之擅画女性,传世的《女史箴图》是依据张华所写的《女史箴》一文而画,画中女史神韵生动,衣裙飘飘,天人之姿的形象跃然纸上。这种飘逸轻盈感源于他紧劲连绵的笔法,后世赞誉为"高古游丝描"。

顾恺之后的千年岁月里,无锡的画坛迎来一波又一波高潮。"元四家"之一的倪瓒,以淡逸简约的画风开创了新的艺术境界;王绂以"明朝第一"的墨竹技艺,独步画坛,令人瞩目。及至20世纪初至中后期,无锡画坛更是群星璀璨。徐悲鸿、吴观岱、胡汀鹭、贺天健、丁宝书、诸健秋、吴冠中、钱瘦铁、钱松喦、程及等大师相继崭露头角,直接撑起了中国画坛的半壁江山。

绘画必与文学相依相伴。无锡涌现的文人雅士,除却李绅之外,还有《霍小玉传》的作者蒋防,笔下生花,情韵悠长;"流光容易把人抛,红了樱桃,绿了芭蕉"的名句吟咏千古的蒋捷;与纳兰性德、曹贞吉共享"京华三绝"之誉的清代词家顾贞观;以一曲《天雨花》为女性自我解放发声的清代弹词女作家陶贞怀。陈维崧修纂《明史》，字字珠玑，史笔如铁；刘半农创新"她"字用法，为汉语添彩，意义非凡；国学大师钱穆，博古通今，影响深远。而钱锺书先生，更是文学巨匠，与夫人杨绛的故事，传为美谈。现代人习惯用"围城"来隐喻婚姻，那句"围在城里的人想逃出来，城外的人想冲进去"的经典之语，便是出自钱锺书的巨作《围城》。钱锺书生于无锡，长于无锡，自幼便才思敏捷，拥有过目不忘的惊人记忆力。但他性情中的"不羁"之色，似乎早在幼年便已初露锋芒，时常对古今人物品头论足，无所顾忌。为教诲他谨言慎行，其父钱基博先生特为其改字"默存"。如此性情中人，加之少年天才的傲骨，自然免不了几分任性。1929 年，他以外语与国文双科第一的骄人成绩，考入清华大学。随后，钱锺书赴英国牛津大学深造，中西合璧的知识体系不仅开阔了他的视野，更形成他直率坦诚、嬉笑怒骂皆能化为锦绣文章的独特风格。

以笔写意，以画绘心，以歌传情。乾隆年间，无锡东乡的田野间，乡民勤勉耕作，不畏酷暑严寒。为遣时光，也为自得其乐，他们口中哼唱起无词的小调，轻盈悠扬，名曰"东乡调"，抑或是"东乡小曲"。后来，这些曲调受口头文学之滋养，与宣卷、道情及弹词等说唱艺术相互交融，逐渐蜕变，向"滩簧"之境迈进。昆曲以曲牌体著称，而锡剧则属板腔体，唱腔迥异，风格独树。锡剧之音，源自吴语系，以唱为主，曲调优雅，宛如江南水乡之清风明月；昆曲则更偏苏州方言，细腻温婉。王嘉大、姚澄、梅兰珍、王兰英、王彬彬、周东亮等名角演绎的才子佳人故事脍炙人口，《珍珠塔》《双推磨》《孟丽君》《红花曲》等锡剧名戏在江南家喻户晓，经久不衰。尤其需要提及的是，锡剧中女性角色，如花旦、青衣，在表演中占据举足轻重的地位，发挥着不可替代的作用。锡剧历经二百余年风雨，与越剧、黄梅戏并称为华东三大剧种，如

今更被列入国家级非物质文化遗产名录,熠熠生辉。

4. 二泉映月天下知

1937 年 10 月,无锡古城不幸遭遇日军的无情轰炸,昔日繁华的火车站与北塘街,转瞬之间,化为一片凄凉的废墟,断壁残垣,碎石瓦砾,铺满了这座古城。陆路交通,已然断绝;轮渡之舟,悉数被征。绝望之中,无锡的黎民百姓,只得选择那蜿蜒曲折的内河,以一叶扁舟,载着满心的惊恐与不安,或逃往乡间以避战祸,或远赴上海寻觅一线生机。

在这纷乱逃难的人群之中,有一对夫妇彼此紧紧相依,步履蹒跚。男子装扮独特,引人注目:礼帽之下,是一副被黑色墨镜遮挡了的眼睛,马褂加身,怀中抱有一物,形状奇异,被布紧紧包裹,隐约透出二胡的轮廓,那是他心中唯一的慰藉。此人便是阿炳,无锡城里无人不晓的街头艺者。然而,谁又能知晓,这位艺人的前身,竟是一位遁入太虚境界的道士。他诞生于雷尊殿畔的"一和山房",父亲华清和乃雷尊殿的主持道长,母亲则是一位姓秦的孤寡女子。这特殊的身世,注定了阿炳的童年异于常人,幼时便被送往乡间,直至八岁方得回归雷尊殿,接受教诲。阿炳不知华清和乃自己生父,常以"师父"相称。十岁那年,他有幸得见道教天师张恩溥,被赐予道名——华彦钧,从此,他的命运与音乐结下了不解之缘。童年时期,阿炳便展现出惊人的音乐天赋,无论是学唱识谱,还是敲锣鼓经、诵道教经韵,皆游刃有余。初学笛子时,师父要求他迎风而吹,笛尾更挂上铁圈与秤砣,以锤炼腕力。更有甚者,师父还将二胡换上粗弦,阿炳的手指常被勒得鲜血淋漓,却未曾有过丝毫退缩。几年后,小有名气的阿炳开始参加斋戒法会进行演奏,被人称作"小天师"。生活本该顺风顺水下去,可惜老天捉弄天才,华清和去世,临终告诉阿炳身世。一日之内,阿炳失去师父也失去了自己的血亲。

阿炳一个人孤独地游荡着,他的房产被浴室老板看上,老板设计让其沉醉于声色犬马与大麻中,终有一日,他蓦然惊觉,世界已遁入无尽的黑暗之中,眼睛瞎了。失明的阴霾笼罩,迫使他流离失所,唯余街头一隅,以二胡为伴,卖艺糊口。世人常言,苦难乃艺术灵感的源泉。于是他拉着二胡,不仅弹唱着坊间最新的资讯,更勇敢地揭露社会的阴暗与丑恶,字字句句皆是拳拳爱国之心的回响。面对权贵羞辱、军阀强权和日本人的刺刀,他从未有过丝毫的屈服,即便遭受毒打,甚至身陷囹圄,亦不改其志。阿炳的影响力之大,老无锡尽人皆知。国民党政府唯恐颜面无存,遂禁止他于固定之地说唱新闻,更有一日,竟当众摧毁他的二胡与琵琶,此举无疑是对一位高傲艺术家的致命羞辱,令阿炳心灰意冷,卧病在床。

时至 1950 年夏,一位旧识悄然出现在阿炳的世界。来者是中央音乐学院的杨荫浏教授,欲为阿炳录制乐曲。昔日,杨教授曾向阿炳学习琵琶和梵音锣鼓。若非偶然间听闻一曲《二泉映月》备受触动,或许两人此生再无重逢之日。更令杨教授惊叹的是,阿炳的艺术修为已至炉火纯青之境。于是,他下定决心,誓要记录下这震撼灵魂的天籁之音。

然而,当杨教授怀抱那历经千辛万苦方得手的钢丝录音机,伫立于阿炳面前时,心中却翻腾起一股难以名状的复杂情感。阿炳依旧栖身于那座低矮而简陋的小屋,四壁萧然,除了几件陪伴他度过无数日夜的乐器外,再无他物装点。那副墨镜,一腿已失,仅靠着细绳的缠绕,勉强挂在耳畔,像是他坎坷人生的缩影。病痛的无情侵袭,使他的身躯日渐消瘦,更令人心痛不已的是,

阿炳在生活的重压下早就将乐器束之高阁。杨教授苦口婆心，以情动人，终于说服阿炳。在妻子的搀扶下，阿炳颤巍巍地走出小屋，步入熟悉的街头，操起借来的二胡与琵琶，仿佛又回到往昔那段卖艺为生的日子。经过两日苦练，录音之日终于如约而至。阿炳调弦定音，深吸一口气，指尖在琴弦上轻盈跳跃，刹那间，如同银瓶乍破，一股扣人心弦的旋律流淌而出，直击在场每个人的心灵深处，让人沉醉不已……

曲终，众人皆沉浸在那美妙的旋律中，久久不能自拔。阿炳录制了五首曲目，虽然不甚满意，却与杨教授相约数月后再加以完善。杨教授归校后，将阿炳的作品在学院及当地电台广为传播，《二泉映月》因此风靡全国，成为无数人心中的经典。然而，未及两人再次相聚，阿炳便因病辞世，留给后世无尽的遗憾与深深的哀思。当年，日本著名指挥家小泽征尔听到原版《二泉映月》后，泪流满面地说："这样的音乐应该跪下来听。"

无锡锡惠公园阿炳墓地 / *视觉中国供图*

四、薪火相传血色红

1. 东进序曲

沪剧《芦荡火种》和京剧《沙家浜》家喻户晓,描写的是江南抗日义勇军东进的故事。

1937 年 11 月 25 日,无锡沦陷。日军在无锡城内肆意烧杀抢掠,竟将屠杀手无寸铁的无辜百姓视作一场比赛与游戏。这座昔日的繁华天堂,瞬息间沦为人间炼狱。面对这突如其来的灾难,地方各路武装力量,无论其归属与倾向,皆挺身而出,主动抗击日军。但遗憾的是,始终未能有一支规模宏大、训练有素的队伍,与日军展开一场决定生死的较量。

1939 年 2 月,周恩来亲临皖南新四军军部,传达中共六届六中全会精神。他带来了新四军"向北发展,向东作战,巩固现在阵地"的战略方针。新四军第一支队司令陈毅,早有东进之意,闻此消息,立即率领部队挺进茅山。无锡成为他们第一个落脚点和前进的基地。1939 年 5 月 1 日,新四军第六团在团长叶飞率领下,以江南抗日义勇军(简称江抗)的番号,毅然决然地踏上东进的征途,投身于抗日洪流,誓以血肉之躯筑起民族屏障。

在烽火岁月中,江抗不仅以铁血铸就抗争的丰碑,更深知"团结就是力量",他们积极与地方游击队展开诚挚商谈,旨在汇聚涓涓细流,壮大抗日的洪峰。1939 年 6 月末,随着战略部署的调整,江抗总指挥部告别梅村,移师阳澄湖畔。随后,江抗如同锐不可当的利剑,继续东进至昆嘉青。沿途他们以一往无前的气势,屡败日伪,战绩辉煌,所到之处,敌人闻风丧胆,抗日之

火熊熊燃烧,直逼上海近郊,展现了中华儿女不屈不挠的抗争精神。然而,战场风云变幻莫测,至 10 月初,面对战局的新动向,江抗审时度势,作出了战略性撤退的决定。他们先撤至西石桥,稍作休整后,再度踏上征途,最终抵达扬中,进行深入的整训与蓄力。此番撤退,非为退却,而是为了更好地积蓄力量,恰似冬日蛰伏,以待来日更猛烈的反击。江抗的每一步行动,都是对民族大义的坚守,对胜利曙光的执着追求。在历史的长河中,他们的英勇与智慧,将永远闪耀不灭的光芒。

2. 黎明曙光

战斗,从来不仅限于沙场之上兵戈相向的激烈交响,更是关乎信念与人心的无声较量。在历史洪流中,每一份个体的力量虽仅如微光般闪烁,但当它们汇聚一处,却能爆发出移山倒海、改天换地的惊人力量。无锡和平解放的壮丽篇章,正是由无数民众以心血和汗水共同写就的。

1949 年初春,寒意犹存,但万物复苏的迹象已悄然显现,人心亦在此时觉醒。面对未来的分岔路口,无数人在抉择中徘徊,内心风起云涌,难以平静。有人选择抛售家业,携资远赴东南亚与港澳台,以求避世之安,而更多的人,则对这片祖祖辈辈繁衍生息的土地充满不舍与眷恋,他们在这片土地上扎根太深,情感太浓,难以割舍。在犹豫与摇摆之间,他们的目光不约而同地聚焦在无锡商界巨子荣德生身上,渴望从他那里捕捉一丝关乎未来的信息,期待他以智慧与远见引领大家走出迷雾。

早在 1949 年春节,荣宅便见证了一场不同寻常的会见。先前,中共华中二地委与钱孙卿、荣德生搭起沟通的桥梁。他们恳请这两位商界领袖动员无锡的同仁,呼吁市民不逃不迁,誓死守护工厂、街市与学校,为即将到来的时局变迁筑起一道坚不可摧的防线。同时选派代表前往苏北解放区,共谋无锡解放。在此背景下,钱孙卿与其子钱钟汉等人踏着冬日的余晖,步入荣宅。一场关于无锡未来命运的商讨,在此悄然展开。这次见面后,同年 2 月 17 日,钱钟汉等三位代表,肩负无锡工商界与荣德生的重托,踏上了前往苏北解放区的秘密征途。在那里他们受到中共华中工委领导人陈丕显、管文蔚、包厚昌等人的热情接见。每一次交谈都如同春风化雨,为无锡的解放播撒着希望的种子,每一次握手都仿佛在为无锡的未来铺设坚实的基石。钱钟汉归来后,即刻向钱孙卿与荣德生详尽汇报此行的所见所闻,宛如一幅幅生动的画面,在他们的眼前徐徐展开。

随后,荣德生迅速采取三项举措:一是设宴款待亲朋好友,以公开而坚定的姿态,表明绝不迁移工厂的立场;二是在《人报》上郑重发表声明,"荣氏工业机构决不迁往国外",无锡商界的爱国热情由此被点燃;三是乘车巡视无锡的街头巷尾,以实际行动稳定民心。与此同时,钱孙卿也在地方上层人士中积极传播党的政策,消解疑虑,更组织起工商自卫团,担负起护厂护城的重任,严防国民党在撤退时的破坏行径,守护无锡的安宁与繁荣。

1949 年 4 月,无锡解放后,钱孙卿不辞辛劳,与各厂商紧密协商,成功筹得十万石军粮,为南下的部队提供了坚实的后盾,兑现了钱钟汉在淮阴所许下的庄严承诺。党组织派来的三名联络人员,起初匿于钱家老宅的梅花书屋里,后来在钱钟汉的精心掩护下,安全转移到上海医院,以病人的身份巧妙避开了特务的严密监视。

3. 学府风云

在梁溪区南长街 598 号,梧桐树掩映下,坐落着一座二层青砖小楼,门楣"培南小学"四字系按历史影像复刻。这座始建于 1928 年的特殊校舍,由南水仙庙改建而成,1937 年因无锡沦陷被迫停办。1941 年春,地下党员邱宝瑞受命重建校园,通过改组校董会自任校长,以办学为掩护开展情报工作。他凭借家族关系网,成功获取汪伪政权经济部署、日军驻防等核心情报,更借中学部扩建之机拓展情报渠道。1946 年 4 月,无锡城工委改为中共无锡工作委员会,周克任书记。无锡工委将培南小学作为地下党的立足点,无锡工委领导和一些地下党员都以教师身份为掩护,开展党的地下工作。周克后来说:"找到了邱宝瑞,打开了无锡的局面。"培南小学作为红色基地,为中国共产党在无锡的发展壮大作出了重大贡献。

1947 年,另外一个红色基地在荣巷群益小学成立。一年后,群益小学更名为公益小学,校长荣蓉之利用自己的身份和社会关系,成立党支部,建立地下据点,并利用办学的名义为党组织筹措大量经费,使学校成为无锡工委开展活动的重要阵地。从 1947 年 7 月到 1949 年 2 月,荣蓉之通过扩大招生范围,增设班级,狠抓教育质量。先后掩护了周克、诸敏、高山、周晓华、庄静波、范文贤等领导干部。同时,通过安排暨南大学进步学生费念仁、江南大学党支部书记陈秉基等 20 多人在校任教,不仅成功地隐蔽保护了党的骨干,也使学校在地方上的声誉有所提高,公益小学成为中共无锡党组织安全可靠的秘密活动场所。1948 年夏天,荣蓉之根据上级党组织指示,要在学校建立一个"秘密接收站",然而党组织经费捉襟见肘,于是荣蓉之去上海向父亲荣方舟借了十两黄金,再通过二哥荣本仁购到一台军用收听机,就这样,在她和家人的努力下,接收站建立起来了。接收站每晚7点半定时收听延安电台播发的新华社电讯稿,再刻写、油印,十来天出一期小册子。内容主要是传播马克思主义思想,宣传中国共产党的路线、方针、政策,分析国内外时局,号召人民同国民党反动派作斗争等,在当时斗争宣传中发挥了重要作用。

从历史悠久的培南小学到充满故事的公益小学,这些场所不仅在过去为地下党工委提供了极为隐蔽且至关重要的活动基地,更在今日成为无锡这座城市红色记忆中不可磨灭的一部分。无锡,这座融合古典与现代的城市,以"古运河党建风景带"为核心设计,深入挖掘并精心培育运河沿线丰富的红色文化资源。在这条风景带上,培南小学等遗址被赋予了新的生命与使命,它们被精心打造成红色文化专线上的重要节点,成为传承红色基因、弘扬革命精神的文化阵地。

五、风云际会工商城

1. 锡商起风云

2024年,无锡第四次蝉联全国大中城市人均GDP第一。

罗马之城,非朝夕之功可筑。回溯无锡工商业的发展,其滥觞需追溯至范蠡这位传奇人物。世人皆知范蠡忠肝义胆、伴越王共赴吴国为奴的壮举,但他弃官后的生涯,却鲜为人知。范蠡,实属中国古代下海经商第一人。相传范蠡弃官后,携家带口,与弟子、门客悄然遁入齐国,易名鸱夷子皮,于海边购得沃土,亲自耕种,兼及渔猎、盐业,所获颇丰。范蠡经商,不拘泥于

琐屑算计,不沉溺于剥削聚敛。遇天灾之年,谷物歉收,他不仅减免地租,更接济灾民。年初之时,他便与农商立下契约,约定年末收购之事。若市价上扬,范蠡则依时价而购,反之,则严守契约,不欺不诈,诚信昭昭。不过数载,范蠡已跃居齐国首富,家财万贯,富甲一方。后人颂其"富而行其德",尊其为财神、商圣、商祖。

而后的运河时代,无锡成为漕粮运输的中心,河面舟楫常年往来如织,昼夜不息,满载着粮食、布匹与丝绸,穿梭于碧波之上。但是,无锡何时悄然迈向近代工业化的征程?还需从一对兄弟的传奇故事道来。时光回溯至1847年,一位名唤杨延俊的才子,金榜题名,与后来声名显赫的李鸿章同榜及第,二人一见如故,私谊笃厚。后来杨延俊之子杨宗濂与杨宗瀚,兄弟俩皆为才俊,一同效力于李鸿章麾下,深受器重。及至1895年,杨宗濂携手三弟杨宗瀚,回归无锡,创办纺织厂,名曰"业勤",取自古训"业精于勤荒于嬉"。兄弟二人采用股份制架构,从民间集资,又引进英国先进动力机械。业勤纱厂的成立标志着近代工商业从此在无锡兴起,杨氏也成为无锡第一个创办工商企业的家族。

1937年,无锡工业产值居全国第三,仅次于繁华的上海与岭南明珠广州,因此获得"小上海"的美誉。棉纺织业、缫丝业与粮食加工业,这三大支柱产业如同三根擎天巨柱,稳稳地支撑起无锡的工业天空。而杨、周、薛、荣、唐蔡、唐程六大民族工商业巨头相继崛起:薛氏家族,创办历史悠久的永泰丝厂,成为丝业界的翘楚;周氏家族,掌舵人孤身勇闯上海,开设信成银行,展现了无锡商人的胆识与魄力;唐氏家族,开设庆丰纺织厂、丽新纺织印染厂和协新毛纺织厂,书写纺织业的传奇;荣氏家族,更是以茂新面粉厂为起点,构筑起茂新福新申新总公司的工商巨厦。

这些锡商巨子,以他们的勤劳与智慧,打造了一个又一个传奇的民族工商业品牌,为无锡的工商业发展奠定了坚实的基础。如今,申新三厂、振新纱厂、茂新面粉厂、九丰面粉厂等,仍定格在运河畔,诉说着往日的荣光。

永泰丝厂旧址 / 无锡市梁溪区委宣传部供图

荣氏家族在无锡的四大家族中,应该是名气最大的一个家族。毛泽东曾说:"荣家是我国民族资本家的首户。在国际上称得起财团的,我国恐怕也没有几家子。"荣宗敬、荣德生兄弟为荣氏企业的创业者,在无锡留下了申新纺织、茂新面粉等大量的工业遗产,同时也留下了梅园和荣巷老街等景点。一般人对荣德生的了解,往往源自中学历史课本中"面粉大王""棉纱大王"的称呼。荣氏家族以面粉与棉纱为主营,自豪地宣称"包揽中国人的衣食",在民国时期,已赫然成为江南地区首屈一指的民族资

本家。抗日战争中，荣氏企业虽遭受重创，损失难以估量，但荣氏家族成员坚守民族气节，誓不与日伪为伍，其铮铮铁骨，令人敬仰。无锡荣巷是荣氏家族的摇篮，坐落于城西一隅，自明代正统初年，荣氏先祖便携忠厚传家之美德，自金陵迁居于此，逐渐繁衍成上荣、中荣、下荣三个自然村，直至民国初年，方正式建镇。20世纪初，荣氏兄弟的面粉厂迎来了前所未有的黄金时代。北方战乱频仍，面粉需求量激增，北方商贾不远千里，驾舟南下求购，荣氏兄弟敏锐地捕捉到了这一千载难逢的商机，从而赚取了丰厚的回报。至抗战前夕，荣家的面粉厂已扩展至12座，生产能力约占全国民族资本面粉厂生产总量的三分之一，同时，在苏、浙、皖等省份设立了19处棉麦采购与纱粉经销机构，此外，还创办了9家纺织厂，其商业帝国之庞大，犹如一棵参天大树，根深叶茂，遮天蔽日。荣氏兄弟虽出身平民，却凭借坚韧不拔的毅力与实业救国的崇高理想，成为中国新兴企业家阶层的杰出楷模。他们以实际行动践行经世致用、务实笃行的思想，大力发展民族工商业，最终赢得了"面粉大王""棉纱大王"的崇高赞誉。而后，荣德生之四子荣毅仁，承继父辈遗志，矢志实业，逐渐成长为荣氏家族企业的领航者。新中国成立后，他满怀热情地投身于新中国的建设事业；改革开放春风拂面，他更是全身心地投入建设中国特色社会主义的伟大征程中。从民族工商业者的杰出代表到国家领导人，他在多个岗位和领域都发挥了举足轻重的作用，为中国特色社会主义事业作出了不可磨灭的贡献。其人生轨迹，犹如一部波澜壮阔的史诗，激励着后人不断前行。

步入二十世纪七八十年代，无锡人的心田深处，都镌刻着不朽的精神烙印——"四千四万"精神。这是改革开放历程中形成的精神符号，犹如一股永不枯竭的动力之泉，激励着每一位无锡儿女勇往直前。这一精神最初被概括为："走遍千山万水，说尽千言万语，想尽千方百计，吃尽千辛万苦。"

时光荏苒，二十世纪九十年代后，"四千四万"精神在无锡逐渐定型，以无锡为代表的"锡商"精神也频频被提及。无锡人民以其超凡的胆识与智慧，铸就了"神州第一郊""华夏第一县""天下第一村"的传奇佳话。无锡，以"苏南模式"为墨，绘就了一幅气势恢宏的致富图卷，彰显了无锡人民的非凡魄力与卓越智慧。

2. 无锡的味道

甜，这个字眼，无疑是每个无锡人心头那抹温柔的白月光，它不仅仅是味蕾上的享受，更是情感与记忆的载体。而这份甜蜜的兑现，自然非糖莫属。在无锡，糖不仅是调味剂，更是赋予食物灵魂的关键。糖醋排骨、梁溪脆鳝、无锡小笼、肉酿面筋、玉兰饼、酒酿圆子……一道道令人垂涎的美食，若少了糖的巧妙点缀，便如同失去灵魂的精美外壳，空有其表而缺乏内在的神韵，这无疑是对美食艺术的一种极大亵渎。

谈及无锡人对甜的钟爱，著名文学家汪曾祺先生曾毫不掩饰地表达出他的看法："都说苏州菜甜，其实苏州菜只是淡，真正甜的是无锡。"

小笼包常见，为何无锡的小笼包却天下闻名？无锡人习惯把小笼包叫作"小笼馒头"，精髓必须是"夹起不破皮，翻身不漏底"。在制作小笼包时，精选猪肉与蟹黄为馅，再辅以酱油与白糖的巧妙搭配，这二者的比例，正是无锡小笼包区别于其他地方小笼包的奥秘所在。无锡小笼馒头，究竟起始于何时？较为公认的说法是创制于清同治二年（1863 年），拱北楼面馆匠心独

运，开创先河。一开始是以大笼蒸就鲜肉小馒头，馅料中巧妙融入鲜肉皮冻，成就了"皮薄卤满"的绝妙风味，一时间，声名鹊起，风靡苏锡常、沪宁杭诸地，成为食客口中津津乐道的佳肴。至1935 年，崇安寺"皇亭小吃"有位名叫祝大三的小老板，因摊位空间所限，灵机一动，弃大笼而取小笼蒸制，由食客自己到窗格前端回。此后，"小笼馒头"之名便传开了。

无锡小笼包 / *视觉中国供图*

金庸小说里有这样一段描写："（段誉）信步而行，突然间闻到一股香气，乃是焦糖、酱油混着热肉的气味……阵阵酒香肉气从酒楼中喷出来，厨子刀勺声和跑堂吆喝声响成一片。"无锡人倘若读到此处，都会会心一笑，这分明就是肉骨头！何为"肉骨头"？其实就是酱排骨，在宋朝时它叫"肉骨头"。有一则有趣的传说：一日，无锡城内生意最好的一家酒楼，一位手拿蒲扇、衣衫褴褛的和尚前来化缘，掌柜小气，给了一块肉骨头，以为和尚不食荤腥，不想和尚百无禁忌直接吃光。这个和尚便是济公。他将身上搓下的泥球掷入锅中，说："好心人必不会吃亏。"次日清晨，当掌柜揭开大锅准备熬肉时，一股前所未有的香气扑鼻而来。锅中的排骨色泽诱人，鲜甜的肉香浓郁扑鼻。这个传说虽然玄乎，但无锡的酱排骨算是一代代传承下来了。

酱排骨最正宗的作品，当属中山路偏南的三凤桥排骨。白糖用量比精盐用量多了 20 多倍，而肉选用的是猪肋排或草排，肉质细嫩，是制作酱排骨的最佳选择。排骨需先经腌制，使滋味深透肌理，再以红米粉"轻施粉黛"，为其披上绯红外衣。随后，配以八角、桂皮等天然香料，一同投入锅中，慢火熬煮，直至香气四溢。而在这熬煮的秘方中，最不可或缺的，便是那已有百余年历史的老汤，这是三凤桥排骨与众不同的独门秘籍。

玉兰饼是甜的还是咸的？若仅凭惯性思维揣度，恐怕便要错了。玉兰饼虽冠以花之名，内里却是地道的"肉中豪杰"。那黏糯的糯米皮，宛如轻纱般包裹着紧实饱满的肉馅，圆润丰腴，经油炸而金黄璀璨，外皮酥脆，油香四溢，其口味更是融合鲜、咸、甜之精髓，令人回味无穷。清道光年间，玉兰饼由无锡孙记糕团店匠心独运而创制，因正值玉兰花开之际，故得此雅名。其实，玉兰饼最初创制时是将玉兰花切成丝，揉入糯米粉中的，馅

酱排骨／视觉中国供图

心也只有甜馅。后来随着人们口味的变化慢慢改良,放入玉兰花瓣和咸甜兼备的肉馅。玉兰饼制作时,精选糯米粉,以沸水调和,揉捏成小块,再塑成饼坯;馅心则包罗万象,既有菜猪油之醇厚,豆沙之甜蜜,鲜肉之鲜美,更有玫瑰之芬芳,芝麻之馥郁。而后,将其置于平底锅中,以油煎烙至金黄。玉兰饼之品质,以外皮香脆、内壳软糯、甜咸交融、香味扑鼻为佳。肉馅需事先精心调制，佐以各式香料，再包裹于糯米粉和成的粉团之中，而后下锅煎制。煎好的玉兰饼，色泽金黄诱人，外皮酥脆，内里香甜，成为江南一带人们早餐桌上的常客，与粥或泡饭搭配食用，既美味又饱腹，实乃人间一大乐事。

玉兰饼 / 视觉中国供图

常州鸟瞰图 / 汤德胜供图

常 州

［元］陈 孚

毗陵城西渔火红，家家夜香烧碧空。
荻花离离季子冢，枫叶索索春申宫。
鸡声人语三十里，大船小船浪相倚。
鹚鹕一双飞上天，人在舵楼弄秋水。

叁　常　州

乡愁是什么？

乡愁是心中一枚小小的邮票，是一张窄窄的船票。

故乡在哪里？余光中在诗行里寻找故土，是母乡的乳香、舅乡的炊烟、妻乡的灯火，叠合成诗人凝视江南的窗口。

江南，二字轻吟，一股淡雅的韵味便悠悠然荡漾在心田。她不仅仅局限于地图上那片鱼米之乡的地理描绘，河流绕村、人家枕水；她是心灵深处的一种情愫，是一种悠然自得的生活哲学，以恬淡之姿，细品人间的细微美妙，静享岁月馨香。或许，正是常州那份不事张扬的低调，才让白居易发出"江南名郡数苏杭"的喟叹，忽略了常州含蓄内敛的美。常州之韵，恰似水墨画中轻描淡写的一笔，不声张，不炫耀，却在不经意间，流露出生活的和煦与市井的烟火气息，让人沉醉，不愿醒来。

常州，古名延陵，别称龙城，地处江南腹地，素有"三吴重镇、八邑名都"的美名，其建城历史可追溯到春秋时期。宋人谓之"三吴襟带之帮，百越舟车之会"，清人赞其"扼金闾咽喉，联江浙脉络"。毛泽东在庐山云海中遥想三吴白烟，曰："三吴，古称苏州为东吴，常州为中吴，湖州为西吴。"

常州的山水人间，恰如其分地以"一江萦绕，一河穿城，一山巍峨，四湖镶嵌"来勾勒神韵。北枕浩瀚长江，城中运河穿流而过，金坛茅山挺拔峻秀，耸入云霄；而太湖、滆湖、长荡湖、天目湖,则如碧玉般嵌在这片土地上。值得一提的是,大运河常州段,濒临太湖、滆湖与长江,成为江南运河中独一无二的连江通湖的水脉,故而被人们称为"襟江带湖"之地。大运河常州段自西向东,从奔牛九里入境,绵延至横林古槐滩出境,全长达 45.8 千米,上连丹阳京口,下接无锡洛社,由西北向东南贯穿市区。其中,江南运河常州城区段,从连江桥西畔悠悠启程,至东方大桥东岸缓缓流出,全长 23.4 千米。这一段运河,不仅被列入世界遗产大运河的 27 段河道之一,更成为我国第 46 项世界文化遗产。

大运河常州段城区段水系图 / *常州社科联供图*

自春秋时期吴王夫差开凿江南运河,常州就成了重要的交通枢纽,城池"依运河水而生,引运河水而筑",在城市扩张的过程中,运河也随着城池的不断扩大而多次向南改线,最终形成了"三河四城"的古城格局。所谓"三河",指的是古运河、明运河和

关河。自元朝起,常州城历代均依托运河发展,相继形成内外子城、罗城和新城的"四城"城厢布局。①

　　青果巷、前后北岸、毗陵驿、石龙嘴、米市河、豆市河、乌衣浜、横林、会馆浜……可以说,常州的地名大多与运河有关,运河见证着常州乃至江南地区悠久历史与文化的沉淀。在众多的地名之中,青果巷不仅是常州的一张亮丽名片,更是常州文脉所在。昔日,笔者曾执笔创作一部名为《青果巷》的话剧,该剧以青果巷的改造项目为纲,穿插从这里走出的一位位杰出人士——史良、刘国钧、周有光、赵元任、瞿秋白等人,演绎了"一条青果巷,半部常州史"的意蕴。这不仅是对青果巷历史的一次深情回望,更是对常州乃至江南文化的一次崇高致敬,让人在品味历史韵味的同时,也感受那份恒久常新的文化共鸣。

一、运河之眼,一望千年

1. 襟江带湖,三河四城

奔牛。

一个听起来有些怪怪的地名。

据传,在 2100 年前的西汉,有一头金光熠熠的牛犊,自山东石池直奔丹阳(那时还叫曲阿)而来。然而,途中一道栅栏横亘前路,迫使金牛猝然狂奔,于是,这片土地便得名"奔牛"。此情此景,宋咸淳年间所纂《毗陵志》亦有记载:"汉时,有金牛出山东

---

① 刘倩、肖明:《运河文化带影响下常州历史城区的叙事性场景营造》,《建筑与文化》2023 年第 10 期,第 224—226 页。

石池,到曲阿,入栅断其道,牛因骤奔,故名。"公元前495年,吴王夫差雄心勃勃,欲北上争霸,遂开凿了一条运河,以便水师北上畅通无阻,同时便于沿途征集粮食加入运输队伍。这条运河从苏州望亭开始,流至常州奔牛,继而连通孟河以出长江,全长85千米余。这条河段也是常说的吴古故水道的一段。

周敬王二十六年(前494年),即夫差继位次年,一场震撼春秋的水战,在历史长河中掀起了滔天巨浪。吴王阖闾不幸战死后,夫差昼夜不息,厉兵秣马,誓要踏破越国为父报仇。于是,在太湖夫椒水域,吴越两国水师上演了一场空前的对决,这便是大名鼎鼎的"夫椒之战"。战鼓擂动,波涛汹涌间,吴军以摧枯拉朽之势大败越军,致使越军残部仅余五千,仓皇退守会稽山,而吴军则乘胜追击,直逼越都会稽城下凯旋收兵。"夫椒"之地到底在哪呢?如今历史尚不可考,一说在浙江绍兴市北,另一说在无锡马迹山,而马迹山在古时则属常州武进所辖。不禁令人遐想,当年夫差在夫椒水域纵横驰骋,复仇之心炽热时,是否曾忆起常州城的第一任主人,他的叔祖——季札?

春秋乱世,周天子威严扫地,诸侯并起,烽火连天。吴王寿梦有四子,长子诸樊、次子馀祭、三子馀眜、幼子季札。其中季札以贤名远播,深得父王寿梦之心。寿梦病榻之上,念及季札之才,欲破例传位,然季札坚守礼制,谦辞不受。于是,寿梦遗诏:"兄终弟及,依次相传。"寿梦溘然长逝后,诸樊继位,丧期满岁,欲让位于季札,季札却再次婉拒,毅然"弃其室而耕"。后诸樊战死巢邑,二弟馀祭继位。公元前547年,季札被封于延陵(今日常州)。这是常州有文字记载的第一个名称,季札也因此被称为延陵季子。然世事无常,馀祭继位未几却遭暗杀,三弟馀眜继立。但馀眜也未能久享王位。此时季札虽理应承

继王位,却三次辞让,心无系念。于是,馀眜之子公子僚趁机"自立为君",未料被诸樊之子公子光遣心腹专诸于宴席间以鱼肠剑刺杀身亡。公子光何人?他便是后来大名鼎鼎的吴王阖闾,吴王夫差之父。面对一系列变故,季札淡然处之,谓众人曰:"苟先君无废祀,民人无废主,社稷有奉,国家无倾,乃吾君也。吾敢谁怨?哀死事生,以待天命。非我生乱,立者从之,先人之道也。"

越王勾践受战败之辱后,委身吴国为质,归国后卧薪尝胆,身旁谋士范蠡献上一策——开凿运河,以疏浚诸河之水,减轻洪涝灾患,更为越国水路伐吴铺设坦途。现今无锡境内的武宜运河,又名武宜漕河,是与宜兴东蠡河的统称,源头北起常州江南运河的石龙嘴,向南穿越武进区,最终在无锡宜城与荆溪相汇。

时间到了610年,隋炀帝敕开江南运河。追溯运河畅通之前,大约在齐梁时期,奔牛当地就已筑堰以资水利,但因地势东昂西倾,奔牛堰在面对洪水时,力有不逮,难以满足泄洪之需。隋炀帝遂在此地巧设闸口,以此来蓄水节水,古人称其为斗门。奔牛闸的位置是常州运河的咽喉,不仅衔接长江与太湖两大水系,更成为漕运往来的关键枢纽。然而奔牛闸随着时代的更迭而日渐荒废,及至北宋元祐年间,苏东坡途经此地曾作诗"东来六月井无水,仰看古堰横奔牛",感慨眼前的荒凉之景。到了南宋嘉泰二年(1202年),赵善防在常州权知军州事时,重修了奔牛闸。南宋诗人杨万里在《过奔牛闸》诗中写道:

春雨未多河未涨,闸官惜水如金样。
聚船久住下河湾,等待船齐不教放。

忽然三板两板开,惊雷一声飞雪堆。

众船遏水水不去,船底怒涛跳出来。

下河半篙水欲满,上河两平势差缓。

一行二十四楼船,相随过闸如鱼贯。

陆游也曾在《常州奔牛闸记》中记录了一句流传千古的名谚"苏常熟,天下足"。足见当时奔牛闸在漕运、民生、军事上举足轻重的地位。在唐宋年间,常州运河历经无数次疏浚与精心治理,舟楫往来,络绎不绝,孕育出一派商贸繁荣之景,镇因河兴,蔚为壮观。

历史上,常州运河三次改道,宛如一部鲜活的城市变迁史,细细诉说着常州城与运河共生共荣的变迁轨迹。元至正元年(1341 年),常州运河首次改道的大幕缓缓拉开,时任常州路判官的朱德鳞,因见运河穿城之困,水浅而不敷舟行,遂于前河南九里处凿开城南渠,巧妙分流,使得船只得以双通道悠游城中,水路复归畅通。此番措施使得运河漕渠自青果巷南迁至城外,青果巷漕渠与城南渠并存。时光荏苒,至明万历九年(1581 年),城南渠因狭隘淤积,时常梗阻。时任常州知府穆炜,得富豪乡绅相助,率众于城南渠以南重辟新运河,始自土龙嘴,穿越广化桥,直至舣舟亭与古运河相汇。此段新河,人称"明运河"。岁月更迭,及至 2004 年,常州市政府深思熟虑,终定大运河南移之策,新运河应运而生。自此,常州城依河而建,河随城迁,河城相套,构成了独具特色的"三河四城"壮丽图景。

常州城千年古运河 / 汤德胜供图

2. 贡赋必经，江通南北

"三吴襟带之邦，百越舟车之会。"这句话，常被用来形容常州的枢纽位置。常州，北倚浩荡长江，南则环抱滆湖碧波，东南连接着太湖，且上接京口，下达锡苏，地理位置得天独厚，自隋唐以来,便赫然成为东南要冲。

西晋永嘉年间(307—313年),历史见证了首次大规模的人口南迁。此前,"八王之乱"持续十数年,加之华北旱蝗交加,生灵涂炭,致使"白骨蔽野,士民存者百无一二"。民间流传谚语:"永嘉世,九州空;余吴土,盛且丰。"为躲避战火与天灾,士族民众纷纷南渡,史书载,九十万民众背井离乡,只为一线生机。中国科学院谭其骧院士考证,此番移民洪流取向"则江南以今之江宁、镇江、武进一带为最,江北以今之江都、淮阴诸县地为最",其位置就在今日的淮河与常州间。永嘉南渡为江南地区带来中原先进的技术和文化,大批名门望族的举家迁徙也为日后常州文化、经济的发展作出了不可磨灭的贡献。

粮食是百姓赖以生存之基,同时也被视作封建社会的统治基石。隋文帝杨坚开国后,眼见关中与黄河流域人口密集却饱受水旱之灾,饥荒如影随形。南北朝时期留下的饥荒问题,成为朝廷的燃眉之急。因此隋代于全国水路沿线广设粮仓,同时,江南等丰饶之地承担起输粮北上的重任。常州恰似一座桥梁,巍然矗立于这南北漕运的咽喉之处,成为转运粮食的核心枢纽。及至明清,常州城半数收成皆慷慨北献,以充国用。

唐代官员孟简是著名水利专家孟诜之孙,两度任常州刺史期间,毅然疏浚孟渎,引长江水接运河,以便于漕运。这一举措使得常州运河转运量由起初之百十万石,渐次攀升至三百余万石。白居易泛舟南运河时,不禁赞叹:"平河七百里,沃壤二三州。"及至宋代,常州的转运量更攀至巅峰,年逾七百万石,也一跃成为宋朝主要的粮食生产区,足见常州漕运重镇的地位。鉴于吞吐量庞大,宋朝于常州特设江浙、荆湖、广西、福建路都转运使司,世称漕司,总揽一路财政大权,囊括税赋征收、上供朝廷、

灾荒赈济等诸般事务,遂成地方与中央沟通的桥梁,肩负传递州县民情于朝廷的重任。至明正统十二年(1447年),巡抚周忱首建木桥,民间俗称"仓桥",以通南北。而后,于明成化十七年(1481年),巡抚王恕与知府孙仁,于原木桥基础上修建三孔石拱桥,命名为"广济桥",而"西仓桥"的俗名也在民间流传至今。

漕米的转运,犹如一股活流,催生了常州地区豆业、木业、盐业与丝绸业等诸多行业的繁荣。明代中叶以来,常州旱地颇多,黄豆因耐旱性强,跃升为常州城内仅次于水稻的重要粮食作物。及至清同治初年,豆业已蔚然成市,市集之多尽显繁荣之象。清朝至民国,豆市河宛如一位静默的见证者,记录常州豆业一个多世纪的辉煌与沧桑。清末民初,常州商市形成了"豆、木、钱、典"四大行业并立的格局。光绪、宣统年间,常州榨油业的鼎盛,更将豆市推向了四大行业之首,那时,全县油坊林立,总数达八十之众。豆市河自怀德桥起始,至锁桥止,沿岸密布数十家豆行,两岸黄豆堆积如山,金光闪闪,蔚为壮观。然而,常州豆业的兴盛,绝非仅仅依赖于丰饶的产量,其独创的明盘交易制度,更是功不可没。透明公正的交易方式,不仅奠定了常州豆业在全国大豆市场的价格引领地位,更吸引来四方客商。然而,随着抗日战争打响,常州豆业在日军的炮火下,渐渐走向了衰落。

常州的木业在清朝时期,因运河的疏浚与解禁,逐渐步入鼎盛阶段,崛起成为常州经济的支柱性产业之一。常州的木业兴盛离不开两大要素:一则,木材在长途运输中,得益于水质的独特滋养;二则,低廉的运输成本为其奠定了坚实的基础。木材运输,需长时间沉浸于水流之中。常州运河水源来自长江,水质虽浑黄含沙,初观之下似存瑕疵,却有养护之效。木材在此水中静卧数天,依旧能保持初伐时的黄亮色泽。而苏州、无锡等地的水

系来自太湖,虽清澈见底,但木材久居其中,易长满青苔,致使皮壳发黑,失去最初的模样。随后,《辛丑条约》签订以及漕运方式发生翻天覆地的变化,木材由河运悄然转向了海运。这一历史性的转折,使得常州段的木排禁令废除,为木材的流通开辟了崭新的通途。尽管常州并非木材的故乡,但凭借上述两大因素,江西、安徽等地的上等木材如潮水般涌来,汇聚于常州。于是,常州逐渐崭露头角,成为苏南地区木材集散地。同豆业一样,常州木业在日军侵略时期遭到毁灭性打击。1937年,日军试图从水陆两路进攻南京,为避免国共两军通过水路反击,毁灭了城内所有的木排,木业因此遭到重创。

在木业蓬勃兴盛的浪潮中,常州的钱业与典当行业也被催生,焕发出勃勃生机。常州西瀛里曾是运河畔的一脉驿道,商铺鳞次栉比,银号、票号、钱庄林立,沿着运河向北,可达京城,是当时的常州CBD(中央商务区)或者说Wall Street(华尔街)。随后,民族工商业崛起,至1916年,常州城内已汇聚钱庄银号十二家之多,为常州奠定了"近代工商业发祥地"之一的坚实地位。与此同时,典当行业也不甘落后,风生水起,欣欣向荣。及至1765年,常州城内当铺已达五十五家,成为众多木材商在资金周转困难之时,典当木材、回流资金的重要依托。

二、三吴重镇,中华龙城

1. 邑西巨镇觅知音

何为君子?

最早在《尚书》《诗经》等典籍中,君子寓指那些身份显赫、地位尊崇之士,内涵更多地植根于社会的层级属性。千载之前,子路向其师孔子探求君子之义,孔子轻吟:"修己以敬。"子路惑而不解,再度发问,孔子复曰:"修己以安人。"子路依旧迷茫,孔子终以深意结语:"修己以安百姓。"此言道出了君子修养自身之要义,此乃其立身处世、治理国事的关键。君子需持守庄重恭敬之心,以己之修养,使周遭之人得享安乐,更令广大百姓沐浴于和谐之中。依孔圣人之高论,君子之质,实则为一种崇高的道德属性,它映照出个人德行之光辉。"君子和而不同,小人同而不和"之论断,彰显了君子在和谐中保持独立见解之智慧;"君子泰而不骄,小人骄而不泰"的描述,则体现了君子从容不迫、谦逊有礼的风范。

回溯至三千年前,泰伯奔吴之举,犹如一粒文化的种子,播撒于这片曾被视作荆蛮之地的水乡沃土,悄然生根发芽,茁壮成长。泰伯与其弟,携手创立了勾吴政权,随着周初分封制度的施行,吴国逐渐崛起,成为周王朝在东南地区举足轻重的诸侯国。孔子曾赞叹:"泰伯,其可谓至德也已矣。三以天下让,民无得而称焉。"在这片土地上,后来的季札亦步先贤后尘,三度谦让王位,封邑延陵,从而奠定常州地区崇尚德行、秉持仁义的君子文化基石。司马迁在《史记》中不吝笔墨,盛赞季札为"闳览博物君子",其君子之风,流芳百世。关于季子的君子品行,除了几让王位外,还有一则季子挂剑的故事。相传季子素好交游,尤喜结识天下贤达,常周旋于列国之间。一日他来到徐国,特拜谒国君。徐国国君,瞥见季子腰间宝剑,心生爱慕,但口不言及,仅隐于心田。季子心知肚明,有意以剑相赠,但念及尚有他国待访,而佩剑乃当时行礼的必需,故未即时赠出。等到季子重归故道,复经徐国,却惊闻徐君已溘然长逝。悲恸之余,季子毅然解下腰间宝

季子像石刻 / 常州社科联供图

剑,悬于徐君墓畔的苍松,而后悄然离去。侍从见状,不禁疑惑:
"徐君既已仙逝,此剑又当赠予何人?"季子闻言,神色庄重,答
曰:"我既然早已默许将此剑赠予徐君,岂能因其人不在,而违背
我的初衷?"言罢飘然而去,留下一段千古佳话,彰显信义之重。

　　上善若水,老子以水寓教。而孔夫子,每逢水畔必驻足凝
望,他认为"夫水者,君子比德焉"。运河自奔牛悠然入境,在奔
牛镇区域内奔流11.6千米,不仅滋养这座邑西之巨镇,亦孕育

了高雅的人文与景致。古镇上曾有"奔牛八景",分别是能仁古刹、伯牙桥、陈氏书楼、高陵乔木、秀水紫竹、星月池、洗心池和张公钓鱼台。其中,伯牙桥的典故,源自"高山流水觅知音"的佳话。伯牙与钟子期实乃"君子之交淡如水"的典范。相传,二人正是在奔牛邂逅。昔时,晋国大夫伯牙,奉国君之命,出使楚国。时值中秋佳节,伯牙乘舟而行,见月华如练,悬于中天,思乡之情油然而生。于是,他奏琴抒怀,琴声绵绵,流水潺潺。忽闻对岸一人高声叫好。来者何人? 正是精通音律的樵夫钟子期。子期应邀上船,与伯牙相谈甚欢,两人饮酒抚琴,相见恨晚。伯牙激动难抑,终遇知音,二人遂约定来年中秋,再会于此地。然而,世事无常,天不遂人愿。伯牙来年如约而至,却再未能见到子期之身影。原来,二人分别后不久,钟子期便因病离世。临终,他留下遗愿,将坟墓修于江边,待八月十五相会之时,仍能聆听伯牙的琴声。伯牙闻讯,悲痛欲绝,随即劈琴断弦,将琴掷入河中,誓言此生不再弹琴。后来,当地人民为纪念这对知音,便将此河命名为琴渎,亦称伯牙渎,并将河上小桥取名为伯牙桥。从此,这段故事便与奔牛古镇融为一体,成为永恒的传说。

　　昔日奔牛之盛况,何以窥其全貌? 不妨观览江苏常熟画师王翚领衔绘制的《康熙南巡图》绢本。康熙帝自瓜洲渡江,踏足金山,穿越常州府。于画中城西运河畔,"奔牛镇"三字清晰可辨,仿佛穿越时空,引领观者步入那段繁华历史。画卷之中,江南小镇与乡野人家的日常图景一目了然——城内运河两岸,馆舍鳞次栉比,驿站酒肆星罗棋布,木行二十余户,粮行、茶馆、小吃铺、杂货店更是数以百计,熙熙攘攘,热闹非凡。运河之上,舟楫穿梭,行人、工匠、商贩等各色人物栩栩如生,尽显江南水乡之繁荣。城外,运河两岸阡陌交错,农田广袤,一片丰饶景象。乾

奔牛公园伯牙桥 / 常州新北区奔牛镇政府供图

隆帝循迹南巡，至奔牛镇时，更添一段趣闻。闻知圣驾将至，地方欲建"歇凉亭"以迎銮驾，然工匠们皆畏难不前，官府无奈张榜招募。此时，村民王九龄挺身而出，揭榜应承，他独辟蹊径，以毛竹筷子串联亭盖，构思巧妙。乾隆帝步入亭中，顿觉凉风习习，清爽宜人，不禁大加赞赏，并召见王九龄。乾隆帝询问王九龄此地风土人情后，龙颜大悦，当即御笔一挥，见南方的河道口芦苇丛生，郁郁葱葱，为此沟赐名"芦溇官沟"，桥为"王兴桥"，并免除当地漕运官税，以示嘉奖。

《康熙南巡图·常州府》/ 常州社科联供图

　　细雨如织，漫步奔牛古镇的万缘桥上，心中默念那句"圆圆小字娇罗绮"，恍若梦境，远方似有一位倾国倾城的佳人于烟雨蒙蒙中缓缓走来。"家本姑苏浣花里"，这是明末清初大诗人吴伟业在《圆圆曲》中对"秦淮八艳"之一陈圆圆身世的介绍。但史料记载，其原籍为常州奔牛镇，晚清诗人陈锦《奔牛镇》诗句下小注称"陈圆圆，本常州奔牛镇人"，近代金武祥《粟香随笔》也说："吾乡奔牛镇……明末有陈圆圆。"这位绝世佳人，生命轨迹犹如浮萍般漂泊无依，却也在不经意间影响了历史的进程。世人皆道"冲冠一怒为红颜"，将她视作祸水之源，却未曾细想，这红颜血泪背后，实则无辜至极，何曾有过承担历史重责的能力与机会？

　　吴三桂是陈圆圆生命当中不得不说的一个男人。野史中说吴三桂与陈圆圆邂逅于崇祯朝外戚田畹府上（一说嘉定伯周奎府上），二人一见钟情，席间便订下婚约。之后吴三桂前往山海关，陈圆圆则留在了京城。崇祯皇帝煤山自缢后，吴三桂已经决定投降大顺军，却又出尔反尔倒向了清军。个中原因，言人人殊。有种说法是，大顺军攻入京城后，陈圆圆为李自成（或李自

成部下刘宗敏)所掳,从而有了吴伟业所谓的吴三桂"冲冠一怒为红颜",向清军投诚的结局。之后李自成怒不可遏,杀了吴三桂全家数十口。为儿女私情背弃君父,十恶不赦,吴、陈情缘因之多了一重因背弃家国意识而产生的"罪恶性"。吴伟业此说实际上是基于伦理纲常针对吴三桂所作的诛心之论,但祸国殃民的"红颜祸水"这顶大帽子不应扣到陈圆圆头上。

陈圆圆在战乱中幸免了,她跟着获封平西王的吴三桂去了云南。吴三桂之正妻悍妒,圆圆深谙明哲保身之理,潜身远害,独居别院。"三藩"之乱中,吴三桂于康熙十七年(1678年)病逝于衡阳,乱后家产被抄没,而独不见陈圆圆。

万缘桥是一座单孔石拱桥。相传在古代,有一位心怀慈悲的书法家,目睹奔牛镇东街与横街因老孟河的阻隔而交通不便,心中顿生造桥之念。他毅然决定"化缘"筹资,以为一万户人家书写"缘"字所得的报酬,汇成建桥之资,终使此桥得以落成。此桥最晚可追溯至宋代,历经千年风雨,多次重建。万缘桥的色彩,不仅有着美人的红颜,更承载着历史的鲜红。1937年11月29日,日寇铁蹄践踏常州,烧杀抢掠,无恶不作。然而在万缘桥与金牛桥之间,却遭遇19路军广西抗日部队的顽强阻击。在这场战斗中,勇敢的百姓也纷纷加入,他们将茶馆的桌椅堆叠于万缘桥上,构筑成坚固的路障。双方激战至30日凌晨3时,抗日部队终因力量悬殊,全连官兵在弹尽援绝之际,毅然选择了壮烈殉国。如今,在万缘桥北的金牛桥边,矗立着一块刻于1996年的石碑,它默默地诉说着那段悲壮的历史,让后人永远铭记那些为国捐躯的慷慨志士。

万缘桥 / 常州文物保护管理中心供图

2. 江山风物已匀吴

世人皆知,延陵是常州最初在典籍上被文字记载的名称,昔为季札的采邑,覆盖今日的常州、武进、江阴、丹阳等地。

及至西汉高祖五年(前 202 年),毗陵之名确立。岁月流转,毗陵由县而郡,地位日隆。孙权登基后,为稳固基业,于无锡以西设立毗陵典农校尉。至西晋太康二年(281 年),毗陵更是被擢升为郡,统摄丹徒、曲阿(丹阳)、武进、延陵、暨阳(江阴)、无锡等县,成为江南大郡。

东汉袁康所著《越绝书·吴地传》中记载:"毗陵县南城,故古淹君地也。"然"淹君"何人,至今仍迷雾重重,关于淹城为何地

的说法也有很多,或说淹城是夏桀的离宫遗址,又或言是商末周初奄国之都,奄君即当时盘踞山东曲阜东部的奄国君主。相传,奄君与商代后裔武庚合谋叛乱失败,率余部跋山涉水,逃至江南,掘河为壕,筑土城,仍沿用"奄"名。因古时"淹"与"奄"二字相通,故名"淹城"。另有一说,春秋晚期,季札与阖闾决裂,为表誓不入吴的淹留之志,遂于封地延陵筑城挖河,因而有人认为季札是淹城之主。无论流传之辞如何,淹城遗址确凿矗立于江苏省武进区湖塘乡淹城村,以独特的构造诉说着东周的往昔。淹城由子城、内城、外城以及三道蜿蜒的护城河巧妙构成,整体布局宛若一枚古老的龟甲,寓含天地奥秘。子城,亦称王城,或称"紫罗城",坐落于内城之中部略偏北隅,其形方正,宛如天地间的一方玺印,中间筑有淹君殿,用于处理政务。

三城门各具特色,各司其职。外城门,名曰"城门口",静守于城西稍北之地;内城之门,唤作"摇铃城",坐落于城西偏南之地;而子城门,则安然伫立于城南。三城外,护城河潺潺环绕,如同绸带轻轻系住了过往与现在。三道城墙与三道护城河交相辉映,城内巷陌纵横,共同勾勒出那独特的龟甲之形,东西绵延850米,南北宽750米,总面积广达65万平方米,恰与孟子所言"三里之城,七里之郭"的意境不谋而合。时至今日,淹城遗址的建筑形制在中国乃至世界建筑里,均堪称独一无二。步入淹城,首先映入眼帘的是那五门六柱的石牌坊,巍然挺立。牌坊之上,"春秋淹城"四个大字苍劲有力,仿佛时空的呼唤。景区之内,博物馆承载着历史的记忆,淹城遗址静默地诉说着往昔。淹城春秋乐园则让人们在欢声笑语中,感受那份跨越千年的文化韵味。

"一驿过一驿,驿骑如星流。平明发咸阳,暮及陇山头。"唐代诗人岑参曾以此诗句记录西别长安的漫漫旅途,其间沿途驿

古淹城 / *汤德胜供图*

站连绵不绝,见证了自己的足迹。由此可见,早在唐代,驿站已十分普及。在《红楼梦》大结局之时,亦有一段描绘,遥相呼应这古道驿站的悠悠情愫:

　　一日,行到毗陵驿地方,那天乍寒下雪,泊在一个清净去处。贾政打发众人上岸投帖辞谢朋友,总说即刻开船,都不敢劳动。船中只留一个小厮伺候,自己在船中写家书,先要打发人起早到家。写到宝玉的事,便停笔。抬头忽见船头上微微的雪影里面一个人,光着头,赤着脚,身上披着一领大红猩猩毡的斗篷,向贾政

倒身下拜。贾政尚未认清,急忙出船,欲待扶住问他是谁。那人已拜了四拜,站起来打了个问讯。贾政才要还揖,迎面一看,不是别人,却是宝玉……只见船头上来了两人,一僧一道,夹住宝玉说道:"俗缘已毕,还不快走。"说着,三个人飘然登岸而去。

这是《红楼梦》终章的一段描绘,宝玉在毗陵驿前,与父贾政作别,自此消失得无影无踪。文中所提"毗陵驿",也叫作皇华馆,其渊源可追溯至明朝正德十四年(1519 年),在常州篦箕巷深处,是当时最为显赫的接官亭,舟楫往来,络绎不绝。周遭商船客舟皆汇聚于此,乃至康熙、乾隆二帝南巡时,亦选择在此泊岸,故而被当地人尊称为"大码头"。曹寅于《毗陵舟中雪霁》中吟咏:"寒雨淹旬不肯晴,毗陵夜雪坎坷平。"道尽毗陵驿的风霜雨雪,岁月沧桑。毗陵驿是江南大驿,与金陵驿齐名。昔日,这里是公文传递,差役歇宿、换马的驿站,更是水陆交通的咽喉。而今,常州运河上游码头也设在这里。重建的石碑巍然矗立,其上"毗陵驿"三字,由现代书法大家武中奇亲笔题写,字字铿锵。

提到《红楼梦》,就不得不提其中蕴含的佛学哲理。自"甄士隐梦幻识通灵"开篇,至"贾雨村归结红楼梦"终章,贾宝玉遁入空门,成就僧侣之身,此一番历程,恰似红尘梦醒,归于寂灭。原著《石头记》之名,小说中经空空道人之手幻化为《情僧录》,"因果"轮回,"色空"相依,"现实"与"虚无"交织,哲理深厚。而在江南常州境内有一著名寺庙,名曰天宁寺,历史可追溯至唐贞观盛世,是佛教音乐梵呗的发源地,被誉为"东南第一丛林",与镇江金山寺、扬州高旻寺、宁波天童寺并称"中国禅宗四大丛林"。历

篦箕巷与文亨桥 / *常州社科联供图*

经沧桑,几经毁坏与重建,现今之天宁寺为后世精心修复之作,却依然不减其庄严气象。传说乾隆帝六次南巡,三度驻跸天宁寺,虔诚拈香,更御笔亲题"龙城象教"的匾额与楹联,龙颜垂顾,使得天宁寺声名鹊起,引得四方信众纷至沓来,顶礼膜拜。常州籍开国皇帝齐高帝萧道成、梁武帝萧衍创业时,都有人杜撰"六龙"故事为其开基立业造势,常州便逐渐有了龙城的雅称;"象教"就是佛教,因为佛教的传教方式是"施象立教",它有塑像、画像等,借形象来传教,于是"龙城象教"的说法便应运而生。天宁寺之闻名,在于其"五大"奇:殿宇宏伟,佛像巍峨,钟声悠远,鼓声震天,宝鼎巨大,皆为人间罕见。寺内藏有两件天文学之宝,一置于大雄宝殿丹墀东侧,状如石碑,名曰"面东西日晷";一卧于西侧,形似台面,唤作"平面日晷"。二者借由日光之照射,于

晷面之上绘出扇形线条之图,观之即可知时辰、辨节气。

3. 三山幸有一峰尖

江南水墨画卷缓缓展开,水的灵韵固然是画卷的灵魂,却需山之巍峨以相衬,方显山水之和谐。水滋养山的灵秀,山则赋予水以坚韧之骨。常州坐落在长江中下游,属于高沙平原地区。天目山与茅山山脉,轻轻拂过这片土地。境内最高峰锅底山,海拔仅541米,因形似烧饭大锅倒置,锅底朝上,故得此名,这也平添了几分乡土情趣。锅底山所在的南山山区,是天目山脉余韵,延伸至此。常州的山,不高但数量众多,每一处皆蕴藏着别样的风景与故事。

在常州溧阳戴埠镇,藏有一脉山系,东与宜兴悄然相接,山上覆盖着广袤无垠的竹海,约莫3.5万亩,与宜兴之"竹海"遥相呼应,同属一脉,蔚为壮观。南山竹海景区有着"天堂南山,梦幻竹海"的美誉,位于江苏、安徽、浙江三省交界,北邻天目湖,山间翠竹如海,绵延至天际,破土而出的竹子,挺拔苍翠,尽显竹海的浩瀚与雄浑。景区大门,以竹扇之形巧妙构思,门上"南山竹海"四字,笔力苍劲,绿意融融,仿佛一把钥匙,引领着游人踏入一个以竹文化、寿文化为核心,洋溢着梦幻的秘密花园之中。

《尚书·洪范》中,赫然列述了人生之"五福"——"寿"居其首,次以"富""康宁""攸好德",终以"考终命",寓意深远。在南山竹海的长寿文化区内,矗立着一尊宏伟的南极仙翁像,其头部巍峨近十三米,纯铜铸就,熠熠生辉。寿翁之形,借山体为躯,山峰为臂,笑容满面,慈眉善目。更兼其后照壁之上,镌刻六十八种形态各异之"寿"字,书法之美,令人叹为观止。

景区有景点静湖、小鸟天堂、古官道、寿文化广场、吴越第一峰。在竹海间漫步,仿佛踏入一个由自然之手精心雕琢的氧吧,清新空气拂面,令人心旷神怡。春日时分,南山竹海更是生机盎然,翠竹随风轻摆,绿浪起伏,阳光透过竹叶的缝隙,洒下斑驳的光影,为这片绿色的海洋增添了无限灵动与活力。

二十世纪八九十年代,中国香港演员、导演林正英的僵尸片系列将茅山和茅山术推向了万众瞩目的银幕。很多人都以为茅山在镇江市的句容,实则茅山虽然主峰在镇江句容,但主体山脉却在常州金坛境内。茅山东麓青龙山的怀抱中有一座道观,名叫乾元观,它不仅是新四军司令部的昔日驻地,更位列茅山道教圣地"三宫五观",且位居五观之首。乾元观是少见的坤道道观,观内珍藏万历年间碑刻。乾元观依山傍水,风水之佳,世间罕有。李明真人便在此地设炉炼丹,追求长生之道。观内至今保留着一口炼丹古井,井水清澈如镜,世人皆誉之为"仙水",仿佛能洗净尘世的烦恼与忧愁。及至南朝,陶弘景在此地题下了"山中何所有,岭上多白云。只可自怡悦,不堪持赠君"的名篇。他选择此地作为隐居的世外桃源,与梁武帝书信往来,共商国是,其"山中宰相"的美誉,流传至今,仍为人所津津乐道。乾元观造就了"秦汉神仙府,梁唐宰相家"的千古佳话,成为后人向往的仙境圣地。沿茅山南麓的古朴登山道缓缓而上,只见林木葱茏,山色空蒙,水声潺潺,一派静谧幽远之景。山旁,东方盐湖城、茅山森林世界、保朴山房、花谷奇缘等旅游景点星罗棋布,更有被誉为"中国最美乡村"的仙姑村点缀其间,共同编织出一幅幅令人心旷神怡的田园诗画,让人流连忘返。

在常州天宁区与江阴的交界处还隐逸着一座小山,名叫舜过山,海拔虽仅百米有余,但常言道"山不在高,有仙则名"。相传,古之圣君舜在北方大局既定后,巡狩至此,扎营山麓,躬耕治

乾元观紫光坛 / 常州社科联供图

水,历六载寒暑,山因此得名舜过山。而后,常州的人文始祖季札在谦恭让位之后,归隐此山。

　　江南的山,虽小巧玲珑,却多蕴含深厚"文气"。山上的舜山学所是清乾隆年间学者是镜传道授业的圣地。舜山之巅,南北两侧,各有舜庙一座,古称舜祠,供人凭吊。山间舜井,犹自静存,深流之水,似在低声诉说当年的情景。季子在山顶之上,坐观云卷云舒,静赏花开花落,此情此景,令人心驰神往,不能自已。立舜山之巅,东望秦望山,不禁遐想,当年秦始皇一行,与舜山遥遥相望之时,是否亦曾心生英雄相惜之情?山顶之上,尚存一座观景台,据传南宋名将韩世忠与梁红玉曾屯兵于此,垒石为台,观星象以布战阵,名曰"摘星台"。立于此台,山下村落,尽收眼底,遥想昔日,不远处芙蓉湖波光粼粼,南北相望,广袤百余里,烟波浩渺。惜乎世事变迁,今日已难觅其踪,唯余传说悠悠回荡于岁月长河之中,令人感慨万分。

舜山 / 常州天宁区委宣传部供图

4. 六龙城西吕城东

中华文化中,对龙的敬仰与想象从未停止过。龙是祥瑞、皇权的图腾,中华子孙也称为"龙的传人"。常州自古享有龙城美名,关于龙城得名的缘由,众说纷纭。一说与常州的城垣形状相关,常州民间曾流传这样的歌谣:"里罗城、外罗城,中间方形紫禁城,三套环河四套城。"常州城墙的修筑史可追溯至西晋太康年间(280—289 年),直至明洪武二年(1369 年),千载岁月里,四道城墙依次崛起:内子城、外子城、罗城与新城。唐末五代至明初,从内子城的初建至新城的落成,每一道城墙都承载着厚重的

历史记忆，而罗城与新城更是以龟形布局，寓意坚固与长寿，彰显古人智慧与天地的和谐。龙生九子，其中一子名叫赑屃，形似龟，所以常州前人不直接称呼龟城，而称之为龙城。清光绪《武阳志余》载"吾郡古号龙城"。此为常州"地有龙形，故曰龙城"之说。

另一则传说，则赋予常州"龙城"之名以神话色彩。相传古时常州地区频遭自然灾害，民不聊生，百姓常往城西九龙山的观音寺祈求庇护。一日，寺中住持弘智和尚于梦境中得见山神求助，山神乃东海龙王九子，因领地遭兄长侵夺，恳请寺僧相助。梦醒时分，弘智虽心存疑虑，但五月初五那日，天空突现异象，狂风乌云，宛如龙腾九天。弘智率众僧诵经祈福，未几，风平浪静，一切复归宁静。是夜，山神再入梦来，告知已战胜兄长，两条恶龙逃往宜兴，其余六龙则栖息于郡城，嘱咐弘智前去安抚，愿其护佑一方。于是每年的五月初五，六龙便在云溪聚会。自此，常州称为"龙城"。

或许是因为"龙城"的说法，常州在南北朝时期出了齐、梁两代 15 位帝王。值得一提的是，萧道成与萧衍两位帝王，利用"六龙"传说，为自己的夺权之路铺设了舆论基石，使"六龙"成为预示未来帝王命运的神圣瑞兆，昭示着他们登基称帝，皆是天命所归，不可违逆。

清乾隆皇帝六次巡视江南，曾三次莅临常州天宁寺焚香敬神，并且御笔题写"龙城象教"的匾额，也间接印证了"龙城"之名的历史地位与文化底蕴。

三、常变常新，工业转型

1. 篦梁灯火，繁华古城

"篦梁灯火"四个字一出，便是浓墨重彩、斑驳陆离的华灯烟火之景。"篦梁灯火"说的是篦箕巷中一座双檐牌楼，是古常州西郊八景之一。篦箕巷位于城西古运河北岸，明朝正德十四年（1519 年），毗陵驿即设于此。此地初名花市街，后因巷内特色之物——篦箕而更名。篦箕是梳理发丝的古老工具，其历史可追溯至春秋时期。据传，陈七子身陷囹圄，却于困境中灵光一闪，以双棍作横梁，以织土布的断竹箬为骨架，再以麻线紧缚，精心雕琢竹齿，所制成的篦子用以清除头上虮蚤与尘垢，流传出"扬州胭脂苏州花，常州梳篦第一家"的美誉。及至明代，常州西门篦箕巷与南门木梳街之间，巷陌深处，篦箕店铺密布，间或兼营宫花，每至夜晚，家家户户门前皆高悬宫灯，灯火辉煌，犹如璀璨星辰落入凡尘，交织成一幅流光溢彩的画卷。遥望之，那灯火宛如一条金色巨龙，在夜幕中蜿蜒腾跃。此番盛景，亦引得乾隆帝微服探访，却惊觉巷名与实不符，遂御笔亲赐"篦箕巷"，此名沿用至今。

20 世纪 70 年代，考古工作者在湖北江陵柏马山战国时期楚墓中，发掘出一把木梳，梳背上标有"延陵西门"的字样。清乾隆年间的《常州赋》则载："削竹成篦，朝京门内比户皆为。"及至光绪年间，苏州织造府的官员，每逢农历七月，必遣使者赴常州，定制黄杨木梳六十柄，更有以梅木为梁、象牙镶嵌的高级梳篦六十柄，献于皇室作为御用珍品。金秋十月，这些巧手天成的梳

篦,携同六套龙袍、六百朵宫花,作为贡品被送入紫禁城,恭敬呈献于帝王御前。慈禧太后对常州梳篦的偏爱,更使其荣获"宫梳名篦"的美誉。辛亥革命之后,世人皆以腰间悬挂小袋,内置刘海篦箕为时尚的标志。

常州梳篦以选材精细、工艺精湛、制作精良为人所称道。自原料至成品,梳篦之制作需历经七十二道半工序,每一道工序皆是匠人心血的结晶。其中,"雕、描、刻、烫、嵌"五法,各具风采,雕花细腻,描花生动,刻花精巧,烫花独特,嵌花华美。而木梳之制作,亦需二十八道工序之磨砺,方得成品。早在元代,常州梳篦便已借海运与陆路之便,远销欧洲。清初戏曲大家朱㿟所创传奇《十五贯》,剧本源自《醒世恒言》。剧中熊友兰携十五贯钱,自苏州远赴常州,只为求购一把梳篦,剧情跌宕起伏,引人入胜,更添常州梳篦的传奇色彩。

在篦箕巷东头河畔有座桥,名为文亨桥,又称新桥,是常州老西门外的一座三孔石拱桥。文亨桥始建于明嘉靖二十七年(1548年),初时南北横跨于京杭大运河之上,见证千帆竞渡、百舸争流的盛景。及至1987年,因古运河拓宽之需,桥身遂依原貌缩小,旋转九十度移建于此,成为今日之貌。

桥的正面,镶嵌巨石一方,其上浮雕莲纹,古朴典雅,南北两侧,各有台阶四十九级。拾级而上,运河流水潺潺,尽收眼底。常州人言:"篦梁灯火处,文亨穿月时。"昔日帝王南巡,此桥常为御驾必经之路,康熙、乾隆两朝帝王,皆曾于此泊舟登桥,留下了龙颜瞻仰的印记。因此,地方官吏不敢懈怠,常修常新,使得古桥虽历经风雨,却依旧完好如初,风貌宛然。文亨桥赏月,更是人间一绝。三孔弧拱,入水成环,秋夜之时,皓月当空,月光穿桥而过,映照水面,每洞皆现月影,随波摇曳,这便是大名鼎鼎的

文亨桥 / 常州文物保护管理中心供图

"文亨穿月"。元代诗人杨奂曾赋诗赞美"月魄半轮沉水底,虹腰千丈驾云间",生动描绘了篦箕巷文亨桥月下的美景,令人心驰神往,陶醉不已,实为古代常州"西郊八景"中一抹不可多得的亮色。

自北宋以来,常州文风鼎盛,客船行至此桥,尤其是那些赴京赶考的举子,无不驻车停舟,或许是被桥名的吉祥寓意所吸引,又或许是被紧邻的近水阁(昔日文亨阁)所吸引。文亨阁内供奉魁星,故有魁星阁之称,更添了几分科举高中的期盼。据传,乾隆帝亦曾亲临此阁,一时之间,文亨阁成为士子们必访的圣地,朝拜祈福,以求金榜题名,光宗耀祖。

然而,随着科举制度的终结,文亨阁亦逐渐褪去昔日的辉煌,摇身一变,成为市民悠然自得的临水茶楼。楼内,茶香缭绕,

来客不仅可以细细品味各式茗茶的馥郁芬芳,更可静心聆听常州滩簧那悠扬婉转的旋律。若是凭窗而坐,眼前展现的是一幅枕河古屋、船帆穿梭的江南水乡画卷,宁静而祥和,宛如世外桃源。这一刻,常州江南的慢生活得到了最生动的诠释,时间仿佛在这里放慢了脚步,让人忘却尘世的烦恼,只想沉浸在这份宁静与美好之中,感受岁月的温柔与水乡的韵味。

文亨阁 / 常州钟楼区社科联供图

2. 历史留痕,苏南模式

明清时期,传统农商业如春雨般滋养了布业、木业、豆行、钱庄、典当、米市等诸多产业的蓬勃发展,以及梳篦、宫花等精致手工业,它们不仅成就了常州古城的繁华绚烂,更为常州日后近代工业的萌芽铺设了一条坦途。追溯常州近代工业的诞生,应当回望鸦片战争炮火轰鸣后,直至 20 世纪初叶。在这段历史进程里,封建枷锁渐次松动,资本主义生产关系萌芽,商业资本悄然酝酿着向工业资本的转型。行商坐贾在商海浮沉中积累了丰厚的资财,其中一些睿智之士,遂萌生试水工业的念头,将钱注入工业。晚清以来常州纺织手工业渐露峥嵘。《武进县志》中便有记载:"女勤于织,室无悬杆之机。"及至 1906 年,吴幼如先生用筹措来的 5 000 块银圆,在运河东下塘的江西会馆内,创办晋裕布厂,这是常州第一家织布厂,其生产的"宁条布"以染色的独特工艺而声名鹊起。三年之后,即 1909 年,吴康与奚九如又在公盛堆栈内,以碾米铁机替代了人力碾米,此举标志着常州近代工业的开端,更预示着一个崭新时代的到来。

随后的数十年间,纺织、印染、机器制造、粮油加工、发电等领域的工厂如雨后春笋般涌现……1913 年,武进电气公司的成立,不仅为全城带来了光明,更让电灯的光芒温暖了每一个角落。同年,奚九如先生以独到的眼光和胆识,从上海引进了先进的机器设备,创办了厚生机器制造厂。这座工厂不仅是常州机械制造业的摇篮,更是中国内燃机生产领域的先驱之一,后来孕育出了常州第一家上市公司——常柴股份,见证了常州工业的变迁。到了 1920 年,震华电机制造厂横空出世,勇敢地踏入中国电机制造的领域。这座工厂不仅一度成为全国规模最大的电气公司,也为中国电机制造业的发展奠定了基础。震华电机制造厂,后来更名为戚墅堰电厂,如今已成为中国华电集团有限公司的一员,位居华东电网的核心位置。

时势造英雄。在清末民初的飘摇岁月里,常州走出了"中国实业之父"盛宣怀。1844 年 11 月,他诞生于江苏常州府武进县龙溪,虽成长于封建官吏与地主家庭,却奇迹般成为清末政坛洋

务运动的领航者。童年时,他常随父宦游,也常返归常州盛氏府邸接受孔孟经书的教导。自幼年起,他对社会实际问题的敏锐洞察便超乎常人。两度乡试未中,他毅然决然地摒弃了科举之路。1870 年,命运的齿轮悄然转动,因缘际会,他被举荐为湖广总督李鸿章的幕僚,从此,他的人生掀开波澜壮阔的篇章。他的一生,荣耀与诋毁相伴相生,功过是非,留待后人评说。在他离世之后,同僚郑观应以一副挽联概括了他的一生,不妨一读:

> 忆昔同办义赈,创设电报、织布、缫丝、采矿公司,共事轮船、铁厂、铁路阅四十余年,自顾两袖清风,无惭知己;
>
> 记公历任关道,升授宗丞、大理、侍郎、尚书官职,迭建善堂、医院、禅院于二三名郡,此是一生伟业,可对苍穹。

盛宣怀故居 / 常州文物保护管理中心供图

盛宣怀是北洋大学堂(今天津大学)与南洋公学(今西安交通大学、上海交通大学的前身)的创办者。作为实业家,他参与开创了中国大型民用航运机构——轮船招商局,并主持创建了众多开创性企业:中国首家电信企业——天津电报局,首家内河航运公司——山东内河小火轮航运公司,国内首条南北干线——卢汉铁路,首家国人自办的银行——中国通商银行,以及首个钢铁联合企业——汉冶萍煤铁厂矿公司等。他一手紧握经济命脉,一手深耕教育事业,深信培养高级人才和兴办新式教育是当时的要务。后来,他因推行铁路国有的政策,激起四川保路风潮,成为辛亥革命的导火索。面对如此困境,他选择远走东瀛,以避风头。民国五年,这位曾经的实业大亨,在上海悄然病逝,留下了一段传奇的人生经历。

常州还有一位名扬四海的企业家,1887 年诞生于常州府靖江县的刘国钧。他自幼长于贫寒之家,日常生计唯赖"日食三餐元麦糊,夜卧一张竹编床"以维系。及至 15 岁,因家境拮据,无力再支撑其学业,他便毅然决然背起行囊,孤身前往武进。初至武进,他从学徒做起,勤勉刻苦,终得六百银圆积蓄。于是,在常州奔牛镇,他与同乡华云良携手,共创和丰京货店,而后店铺逐渐由他独资经营。辛亥革命前后,战火纷飞,镇上商铺多因畏惧战乱而紧闭门户,唯有他一家,坚守阵地,继续营业。这份坚守与勇气使他获利颇丰,仅仅十三年间,他便以卓越的才智和不懈的努力,成为武进奔牛镇首富。然而,对于刘国钧而言,成为首富并非终点,而是新的起点。他厌烦了本名"刘金生",觉得再也不能为金而生,而是要为国而行。于是,他请求父亲为其改名。父亲深思熟虑后,取白居易诗"为问三丞相,如何秉国钧"之意,改其名为刘国钧。

　　1930年,他集资创办大成纺织印染公司。在生产管理中,他提出了著名的"三个一点点"理念:质量好一点点,成本低一点点,价格高一点点。他积极倡导"机器革命"与"土纱救国",并东渡日本考察工厂,从中敏锐地捕捉到了降低成本的关键——科学管理与工序精简。归国后,他果断调整生产策略,将重心转向市场潜力更大的色布生产。这一明智之举,使他的企业在激烈的市场竞争中脱颖而出,短短两三年间,他便开创了中国民族纺织工业中最早生产丝绒、灯芯绒成功的先例。新中国成立后,刘国钧于1950年秋携夫人由香港归来,投身祖国的建设事业。抗美援朝期间,他带头捐献2.65亿元旧币支援前线。后来他加入中国民主建国会,先后担任第一届常州市政协副主席、全国工商联副主任委员、副省长、省政协副主席和省民建、工商联主任委员……为国家的繁荣富强贡献了自己的力量。他深知,企业的长远发展离不开国家的强大。因此,他带头实行公私合营,积极参与社会主义建设。

　　晚年,刘国钧以"平生学费不盈贯,事业从来仗众扶"作为自传总结,表达对人生和事业的深刻感悟。他亲笔写下"人老心不老,永远跟党跑"的句子,更是彰显了他对党和国家的忠诚与热爱。他一生为国为民,无愧于心,成为后人敬仰的楷模。

　　时至今日,"勇争一流,耻为第二"的常州名士文化传统,深深镌刻进每一个常州人的血脉中,成为大运河常州段工商文化的根源。常州人以敢为天下先、实干善创精神积累了深厚的百年工商底蕴。1983年,著名社会学家费孝通先生首次提出"苏南模式"的概念,即"以发展工业为主,集体经济为主,参与市场调节为主,由县、乡政府直接领导为主的农村经济发展道路"。常州是江苏民营经济的起步之地,回溯至1979年9月,常州市民高钧勇立潮头,创办了改革开放后常州首家个体户——高钧记五金修配作坊。及至 20 世纪 80 年代初,常州已跃升为全国瞩目的工业城市,凭借乡镇工业的兴盛,与兄弟城市共同创造了蜚声遐迩的"苏南模式"。彼时,"小桌子唱大戏""双手舞动八条龙"的奇迹频现,常州因此一举跻身"中国城市综合实力 50 强"之列。全国范围内,"中小城市学常州,企业学常柴"蔚然成风。

在那个激情燃烧的岁月里,常州孕育了众多颇具特色的知名品牌,如醇厚绵长的常州牌白酒、香甜可口的常州牌芝麻糖、味美香脆的红梅牌萝卜干、精巧雅致的红梅牌照相机、小巧精致的白象牌梳篦、细腻洋气的荷花牌灯芯绒、舒适柔软的象船牌床上用品、先进高档的星球牌收录机、时尚便捷的金狮牌自行车、高端大气的长江客车、威力强悍的长龄装载机、动力十足的五菱柴油机、便宜实用的东风拖拉机……诸多产品价廉物美,品质极佳,皆成一时之佳话。

四、文风昌盛,君子不器

1. 东坡魂归处

苏轼一生,到过很多地方。

四川眉山是他出生之地,杭州、密州、徐州、湖州是他曾任职之地,黄州、惠州、儋州是他外放之地。漂泊,成了他生命的内涵和注脚,四海之内,何处不为家? 又或是,心系何方,方为故乡? 苏轼以诗寄情,给出了最动人的答案:"此心安处是吾乡。"苏轼十四度往返流连常州,常州最终成为他晚年心灵的归宿,人生旅途的终点站。

　　宋仁宗嘉祐二年(1057 年)春日三月,皇家殿试,仁宗亲试,苏轼与弟苏辙双双进士及第,风光无限。仁宗皇帝于琼林苑设宴,款待新科进士,是为"琼林宴",盛况空前。苏轼于《次韵蒋颖叔》中,回忆往昔:"琼林花草闻前语,罨画溪山指后期。岂敢便为鸡黍约,玉堂金殿要论思。"彼时,他正值青春年华,身旁坐着的是来自常州宜兴的才子蒋之奇(颖叔)与单锡。酒过三巡,蒋之奇谈及家乡文风之盛,描绘着家乡山水如画,太湖波澜壮阔,更热情地邀请苏轼前往一游。苏轼闻之,心生向往,当即应允,二人遂定下"鸡黍之约",誓约再会。

　　时光如同白驹过隙,二十来岁许下的誓言,待及践履之时,青丝已悄然染霜。苏轼初踏常州之地,已是 36 岁。彼时,他已遭遇仕途波折。熙宁六年(1073 年),常州与润州两地旱魃肆虐,朝廷遂遣苏轼自杭州而来,以恤民瘼。又是一年除夕夜,苏轼独自泊着小船在常州城东门外的运河畔,一抹残辉映照着他孤寂的身影,孤灯摇曳,天际繁星点点,心中思绪如潮水般汹涌难平。"多谢残灯不嫌客,孤舟一夜许相依。"在这首《除夜野宿常州城外》中苏轼这样写道,常州是值得依赖的地方,因为远方的朋友不嫌自己是外来客。半载光阴,他足迹遍及常州所辖晋陵、武进、江阴、无锡、宜兴五县,恪尽职守,终使灾情得以缓解。其后,应蒋之奇、单锡之邀,于常州稍作停留。行走间,他对这片土地的爱恋愈发深沉,每一步都似乎在诉说着不舍。正如他在《常润道中有怀钱塘寄述古》中所抒写:"惠泉山下土如濡,阳羡溪头米胜珠。"此地山清水秀,民风淳朴,再次触动了他归隐田园、终老常州的心弦:"莫怪江南苦留滞,经营身计一生迂。"随后,苏轼又在《钱君倚哀词》中写道:"大江之南兮,震泽之北。吾行四方而无归兮,逝将此焉止息。岂其土之不足食兮,将其人之难偶。非有食无人之为病兮,吾何适而不可。独裴回而不去兮,眷此邦之多君子……"面对相识之人的离去,苏轼再一次萌发了在常州终老的想法。

自 38 岁至 48 岁,又是十载春秋。此间,苏轼仕途跌宕,由通判之职逐步攀升至太守高位,却不幸因"乌台诗案"一夕之间陨落尘埃,身陷囹圄,饱经铁窗之苦。但天命不绝,他于劫难后幸存,虽被贬为黄州团练副使,空挂虚名,却也因此悟透了人生的另一重境界。十年风雨兼程,他不仅历经生死攸关的严峻考验,更在心灵深处完成了从"西北望,射天狼"的豪放,到"归去,也无风雨也无晴"的超然。及至黄州之行的第五个春秋,朝廷虽任命他为汝州团练副使,却限制其不得参与公事,实则软禁。彼

藤花旧馆(苏东坡纪念馆) / 常州文物保护管理中心供图

时,王安石曾力劝苏轼于金陵置田,期许邻里相守之谊,但苏轼心之所向,实为常州宜兴。再说挚友钱世雄更是于常州预先筑就一幢雅宅,静候东坡归来,情谊拳拳。为此,苏轼两度上表朝廷,恳请赐居常州,终在 1085 年,得朝廷恩准,正式允其定居常州。源自心底的欢欣,化作了另一阕《满庭芳》:"归去来兮,清溪无底,上有千仞嵯峨。画楼东畔,天远夕阳多……"1100 年,65岁高龄的苏东坡自海南启程,心怀归乡之切,目标直指常州。沿途之上,面对一双双热情挽留之手,他的回答坚定而毅然:"然某缘在东南。"

一年以后,东坡说:"吾生无恶,死必不坠,慎无哭泣以怛化。"平静离世,享年 66 岁。

2. 诗国千年事

常州自古文人辈出、学术繁荣,自齐梁宫体诗的婉约绮丽,至宋代苏东坡的豪放不羁,再至明代唐顺之的博学多才,常州的诗歌艺术,在清代更是攀上了巅峰。清中叶嘉庆年间,朝纲不振,吏治腐败,百姓生计日艰,社会陷入了动荡不安。在这风雨飘摇之际,统治阶级中涌现出一批头脑清醒、目光敏锐的知识分子,他们深感时局之危,纷纷振臂高呼,要求改革朝政,选拔贤才,以挽狂澜于既倒。正是在这样的历史背景下,常州词派应运而生,崛起于词坛。常州词派对当时主盟词坛的浙西词派提出了有力的挑战。浙西词派重形式、轻意格,沉溺于萎靡不振的词风之中,而常州词派则对此深感不满。他们认为,词体不仅应追求形式的优美,更应注重思想内容的深刻与表现手法的多样,以适应时代的需求与呼唤。张惠言便是常州词派的开创者与领袖。他生于常州武进,自幼便展现出过人的才华,尽管其一生为衣食奔波,屡试不第,但从未放弃对学问的追求与热爱。作为乾嘉时期著名的学者和作家,他既是易学的大师,又与恽敬共同开创了阳湖派(桐城派分支)散文的辉煌。

常州词派的理论纲领,是张惠言等人心血与智慧的结晶。其一曰尊词体,强调词体之独特地位与价值;二曰崇比兴,注重词中意象之运用与情感之抒发;三曰区正变,辨析词风之演变与流派之异同。这三者相辅相成,共同构成了常州词派独特的艺术体系与思想内涵,为中国词坛注入了新的活力与风采。

明代儒学大师唐顺之,字应德,一字义修,号荆川,世称"荆川先生"。根据《明史·唐顺之传》的记载,荆川先生于学问之道,无所不窥,无所不精。提倡经世致用,奠定了常州文化繁荣的基础。在他的精神引领下,常州文人对各种切合实际的学问都非常重视。唐荆川还是卓越的军事家,著名的抗倭英雄,先后率众取得了崇明三片沙大捷、淮安附近的姚家荡大捷。倭寇闻风丧胆,江浙一带获得了安宁。

在戚继光的心目中,唐顺之不仅是令人敬仰的长辈,更是引领他前行的师长。尤为值得一提的是,唐荆川对戚继光有着知遇之恩。在戚继光仕途坎坷、革职留任之际,是唐荆川给予了他充分的肯定与举荐,而戚家军鸳鸯阵法也是从唐荆川的鸳鸯阵法演变而来。

在常州诗坛中,有七个人的名字尤为耀眼夺目,他们是常州历史上最负盛名的文人群体——毗陵七子:黄景仁、洪亮吉、孙星衍、赵怀玉、吕星垣、杨伦与徐书受。最初,洪亮吉与黄景仁齐名,如同双峰并峙;随后,孙星衍的加入,使得"洪、黄、孙"三子之名响彻文坛;再后来,赵怀玉的加入,让这一群体成为四人之阵;直至乾隆三十七年至三十八年间,七子之名方正式定型,犹如七

颗星辰汇聚一堂,照亮了常州诗坛的天空。

黄景仁,其诗才横溢,名震一时,有人将他推崇为"乾隆六十年间第一诗人"。他与王昙并称"二仲",与洪亮吉并称"二俊",其诗学李白,所作诗篇多抒发穷愁不遇之情,亦有愤世嫉俗之作,七言诗更是独具特色,词作亦佳。洪亮吉,诗情才兼备,在毗陵七子中仅次于黄景仁。孙星衍,被袁枚誉为"天下奇才",他精于金石碑版之学,工于篆隶书法,尤擅校勘之术。赵怀玉,著有《亦有生斋文集》五十九卷。杨伦著作有《九柏山房集》及《杜诗镜铨》二十卷,他对杜甫诗歌的研究与阐释,为后世提供了独特的视角与见解。吕星垣,少年时即以文学名世,兼擅书画之道。他的《白云草堂诗钞》《白云草堂文钞》,展现了深厚的文学造诣。徐书受,主要作品有《教经堂集》。

常州金坛还有两位名人。一位是文字音韵训诂学家段玉裁,另一位是数学大家华罗庚。民间戏说,中国最好的数学和语文教师都在金坛。

段玉裁,清代经学家、文字音韵训诂学家,清代"《说文》四大家"之首。他在音韵、训诂方面的贡献较大,著有《六书音韵表》《诗经小学》等书。《六书音韵表》在古韵学领域中具有划时代而树立新标的意义。段氏之《说文解字注》,成就斐然。他将《说文解字》在文字考订、音韵探索、训诂阐释三方面的意义揭示无遗,更开创性地提出诸多研究词义之法,为汉语训诂学的发展开辟了崭新的路径。清代小学家王念孙评价说:"千七百年来无此作矣。""实事求是"是乾嘉学派学人的共同旗帜和人生信仰,段玉裁的学术理念便是"求真",章太炎评价"其言闳达,为雅儒所不能论"。

华罗庚 1910 年 11 月 12 日诞生于金坛一寻常百姓家,家中生计全赖父亲经营的一间小杂货铺维系。他自幼便展现出超乎常人的思维活力,因沉溺于思考,常被玩伴笑称为"罗呆子"。在金坛中学求学期间,尽管他的学业成绩并不优异,却被王维克从涂改的作业中窥见了其解题思路的多元与独特,遂悉心栽培。1931 年,华罗庚踏入清华大学数学系大门,而后他远赴英国剑桥大学深造。华罗庚之研究领域博大精深,横跨解析数论、矩阵几何学、典型群、自守函数论、多复变函数论、偏微分方程、高维数值积分等诸多领域。华罗庚两次回国参与国家建设,1938 年从英国剑桥返回西南联大,1949 年放弃美国伊利诺伊大学终身教授身份回新中国参加建设。

3. 江南第一巷

"一条青果巷,半部常州史。"

这是每个常州人都认同的话。青果巷位于大运河的旁边,家家枕河而居。从这里走出过百余名科举进士,以及唐顺之、盛宣怀、刘国钧、瞿秋白、史良、赵元任、周有光等诸多名人。南宋陆游慨叹常州"儒风蔚然为东南冠",清代龚自珍赞叹"天下名士有部落,东南无与常匹俦"。如果说常州是文化的圣殿,那么青果巷便是常州文脉高地,千百年来书香满溢巷陌,墨迹随河流淌。这里走出了无数文学巨匠、哲学智者、政治精英、艺术大家及教育先驱,有"江南名士第一巷"的美名。行走在这青石铺就的小巷,每一步都踏着先贤的足迹,仿佛能感受到他们炽热的灵魂,透过岁月,温暖着脚下的石板,让人心生敬仰,步履间不禁多了几分庄重与虔诚。

青果巷旁的运河是常州最古老的一段运河。昔日南北佳果满载的舟楫,常于此停驻,沿岸店铺林立,皆以售卖各色果品为

业,故此地初名"千果巷"。而常州方言中,"青"与"千"音韵相近,逐渐化为"青果巷"。过去青果巷仅是古城一隅,为一河蜿蜒、四桥横跨、五街交错、十三弄深藏所在。自西陲朝京门踏入古城,沿西瀛里繁华街市缓步前行,忽而转入小桥流水、曲径通幽的巷陌,八桂、贞和、易书、筠星、四并、复始、松健、礼和八座庭院,藏在乌木门后,静待着归家的学子。

青果巷 / 江苏晋陵文旅发展集团有限公司供图

1936年11月22日夜阑人静时,南京国民政府以"危害民国"之名,于上海拘捕了沈钧儒、章乃器、邹韬奋、李公朴、沙千里、史良、王造时等救国会群英,史称"七君子事件"。其中有一位女性,她言辞铿锵:"我亲眼见到旧社会黑暗势力的魔掌,不断伸向善良的人民,我无数次地和那些呻吟在黑暗势力压迫下的苦难人民,一同痛苦,一同斗争。"这位女性,便是我国司法部的首位部长,毛泽东赞之为"女中豪杰"的史良,其自嘲为"爱闹风潮的家伙"。

史良 1900 年出生于常州一贫寒之家,家境困顿使她自幼便随父苦读,直至豆蔻年华,方得入师范附小求学。至 1927 年,史良于上海法科大学求学期间,获得中国法治文化奠基者之一董康老先生的青睐。老先生慧眼识珠,邀其到自己的律所,担任助理律师,悉心栽培,每有案件出庭,必使史良参与其中,以资历练。史良毕业后,自然而然地成了董康律师事务所中前途无量的新人,赢得了业界的广泛赞誉。1945 年,新中国曙光初现,史良为解救万千仍被封建制度与思想枷锁束缚之妇女,四处奔走呼号。"妇女得不到解放,整个民族就谈不上解放。"她力主建立崭新之律师制度与公证制度,并倡议设立人民陪审员制度,以彰显司法的公正。作为中国妇女界的杰出代表,她更是倾注心血,参与制定《中华人民共和国婚姻法》,一举废除了包办强迫、男尊女卑等封建残余之婚姻制度,倡导婚姻自由、男女平等、一夫一妻制的新风尚,为广大妇女撑起了一片晴朗的天空,功在当代、利在千秋。

"我是江南第一燕,为衔春色上云梢。"这句话出自瞿秋白之手,他是中共早期的主要领导人之一,也是中国革命文学事业的重要奠基人之一。他诞生在青果巷的八桂堂里,此宅是瞿秋白叔祖父瞿赓甫为颐养天年而精心购置的明清风格府邸,因宅内桂树葱郁,八棵挺立,故得此雅名。1935 年 2 月,瞿秋白于福建长汀转移途中不幸被捕,敌人闻其身份,如获稀世珍宝,百般利诱,千般劝降,但他意志如铁,严词拒绝,对劝降者慷慨陈词:"人

爱自己的历史，比鸟爱自己的翅膀更厉害，请勿撕破我的历史。"至1935年6月18日清晨，他面不改色，坦然迈向刑场，沿途以俄语高歌《国际歌》，又吟唱《红军歌》，声震云霄。到了刑场，他盘膝而坐，回首向行刑者微笑道："此地甚佳。"枪声响起，血洒罗汉岭，年仅三十六岁。此外，在八桂堂生活过的还有著名爱国实业家刘国钧、商界奇才闻兰亭、文史学者钱听涛。

在青果巷内，还有一处赵元任故居。赵元任出生于1892年，被誉为"中国现代语言学之父"，与梁启超、陈寅恪、王国维并称为"清华四大国学导师"。他是一位在语言学、音乐、翻译等领域均有卓越贡献的学者。他是现代汉语语言学领域的奠基人，率先以现代科学的严谨方法，深入探究汉语方言的奥秘，为后续方言研究奠定了坚实的基础。著作《现代吴语的研究》成为中国首部运用现代语言学理论与方法，系统考察方言的鸿篇巨制，标志着现代汉语方言学的正式诞生。

青果巷还有一位名人周有光。"青果巷有意思，瞿秋白、赵元任、我都住在青果巷，我们三个人都搞文字改革。"诞生于青果巷的周有光，曾经这样说过。"荆川故居"亦称"唐氏八宅"。这座建于清朝的宅邸，承载了周有光童年的欢声笑语，直至中学前夕，他才随母迁居苏州。

周有光是中国著名语言学家，早年研读经济学，1955年调到北京，进入中国文字改革委员会，专职从事语言文字研究。从常州青果巷到上海圣约翰大学，再到他深耕的语言文字领域，周有光实为汉语拼音方案之重要制定者。汉语拼音字母最终采用国际通用的罗马字母，其背后，离不开他的执着与坚持。在接受采访时，他语重心长地说："我上学的时代，老师们提倡学生的独立思考。不是先生讲，学生听。一定要思考。连孔夫子讲的话，对不对,你要独立思考了才能接受。这是一件很好的事情。"他曾谦虚地笑称自己:"搞经济学半途而废,搞语言学半路出家;两个半合起来是一个零。"周有光不仅言传,更身教。五十岁至八十五岁,他作为语言文字学家,主持修订了汉语拼音方案;八十五岁后,他化身为百科全书式的思想家,强调"以世界之眼观中国"。周有光的一生,是对知识无尽追求,对真理不懈探索的生动写照。

近几年,常州市政府对传统老街区进行改造,巷子的尽头是林立的高楼,一边是过往,一边是未来。漫步青果巷间,味蕾亦能享受一场盛宴,巷内小吃摊比比皆是,牛肉面、羊肉汤火烧、虾饼、锅贴等佳肴,皆是各地地道风味之代表,价格亲民,令人回味无穷。徜徉其间,既可品味名士风骨,又可领略水乡之柔美。《常州赋》云:"入千果之巷,桃梅杏李色色俱陈。"站在这里,仿佛推开一扇厚重的门,穿越时空,宽厚如故……

镇江江河交汇 / 田冰供图

京口和韬荒兄

[清]查慎行

江树江云睥睨斜，戍楼吹角又吹笳。
舳舻转粟三千里，灯火沿流一万家。
北府山川余霸气，南徐风土杂惊沙。
伤心蔓草斜阳岸，独对遥天数落鸦。

肆　镇　江

镇江,长江和运河交汇之城,自古便是水陆要冲、文化重镇。

在王安石的笔下,京口与瓜洲仅以一脉碧波相隔,遥相对望,而钟山则藏于层层叠叠的青山之后。三国时期,天下陷入四分五裂的混沌之时,孙权将东吴政权中心迁移至北固山一带,并于北固山下筑起一座城池,后世称之为"铁瓮城"。他在此励精图治,并以"京城"命名,自此镇江便以"京口"之称,镌刻在历史的长卷中。那"口"字,不仅是指北固山下江流之口,更是战略要冲、兵家必争之地的指代。镇江兴盛,与坐拥江河交汇的位置密不可分,它既是漕运的锁钥,也是兵家眼中的战略要地。三国时期,孙吴政权于此地悄然萌芽,南北朝时,刘宋王朝又借此基业开疆拓土。可以说,镇江每一次名称的更迭,皆深深印刻着军政发展的嬗变轨迹,承载着划时代的战略意义。

江河湖海在此交织激荡,赋予镇江一份浩渺无垠的胸襟与气度。这片土地上,文人骚客络绎不绝,他们或以笔墨描绘山川奇美,将自然的鬼斧神工化作诗篇;或于字里行间追忆往昔铁马冰河的壮丽,感叹英雄铁血丹心的无畏气概。齐、梁两代帝王诞生于南兰陵(今丹阳与常州新北区一带),三山环绕,守护着这片钟灵毓秀之地;这里是"道教第一福地",上清派道法的发源地,灵性超凡;刘勰、米芾等文坛巨匠、画派宗师,皆由此地孕育而出。同时,这里也是宏大悲壮战事的见证,从宋金对峙的保卫山河,到太平天国的战乱风云,历史的风霜留下了深深的印记。1929—1949 年,镇江是民国江苏省省会,也是大韩民国临时政府秘密迁驻两年的避风港湾,镇江人民将中华民族"亲仁善邻"之风、大仁大义之情演绎得淋漓尽致。长江水滔滔不息,运河波绵绵不绝,它们似是无言的史官,用奔腾的流水记录着这座古城千年的传奇颂歌。

镇江的谏壁口是今天江南运河的起点,在江苏"京杭运河苏南段"上,将镇江的运河分为两段。谏壁口以南是那条依旧舟楫往来、生机勃勃的京杭大运河段落,全长 42.74 千米,在岁月的长河中翻腾不息。另一段运河小京口自平政桥经京口闸,到丹徒闸与丹徒口汇合,再南至谏壁与大运河汇合,是江南运河的最北段(现在叫古运河),与长江隔岸相望。这段古运河,由唐代以前的若干河流、北宋新辟的河道以及明初绕城的运河串联而成,全长 16.69 千米,这里每一处转折都藏着故事,每一滴水都流淌着历史的深蕴。镇江古运河自东南向西北流动,穿主城区而过,从长江南岸的谏壁口起始,一路经丹阳、常州、无锡、苏州、平望,直至杭州与钱塘江深情相拥。这不仅是一条河流的旅程,更是一次文化的巡礼。

一、江河湖海,天人合一

1. 五口通江,十字水道

镇江独特的地理位置在水运体系中体现得淋漓尽致,其中运河的发展尤为关键,号称五口通江。《镇江市志》记载:古运河的入江口原有 5 个,自西向东分别为大京口、小京口、甘露口、丹

徒口和谏壁口。

古运河的历史,最早可以追溯到先秦时期。南朝梁萧子显在《南齐书》中记载"丹徒水道入通吴会",那时的丹徒水道已悄然贯通太湖与长江,成为古人智慧的见证。传说公元前210年,千古一帝秦始皇东巡至此,察觉到这里非同凡响,王气缭绕,《元和郡县志》卷二十六记载:"初,秦以其地有王气,始皇遣赭衣徒三千人凿破长陇,故曰丹徒。"始皇意图将天下纳入掌中,因此视这里为莫大威胁,遂遣三千身着赭色衣服的劳役,破京岘山,开掘水道,西移入江口十八里,成就今日的丹徒口,只为破除那缕王者之气。尽管此说法颇富传奇色彩,有学者认为秦始皇改造丹阳水道实为其统一后的治国良策,但无可否认,经秦始皇之手改造的丹徒水道,成为江南运河北段的雏形,丹徒水道即后世徒阳运河前身。

清康熙帝曾以"半面烟岚雄北固,一方形势控东吴"来形容铁瓮城的雄险。何为铁瓮城?它是孙权所筑的城池,建安十三年(208年),孙权审时度势,将都城由吴(今苏州)迁至丹徒(今镇江),并筑一城,坚如磐石,名曰铁瓮。此城,"内外皆以砖甓"筑就,高三丈一尺,东西两门洞开,城堞依山势蜿蜒,回环相拥,其形圆深,宛若巨瓮,故名铁瓮城。此城背倚京岘为屏障,面临大江作城河,军事价值不可小觑,又有"京口"之称。同年,孙权就近在北固山附近续开秦始皇开凿的河道,从北固山东侧入江,新的入江口就是后世所说的甘露口,又称甘露渡,为长江与运河交汇的天然良港,"潮平两岸阔,风正一帆悬",唐代诗人王湾的这一千古名句,便写于甘露口。民国初年,甘露口首先淤废,目前所见的甘露渡景观标志是在原址上补充的。

在开凿河道这件事上,孙权还留下浓墨重彩的一笔。迁都

北固甘露渡观潮 / 王呈供图

建业（今南京）之后，往昔漕运的航道便显得不那么顺畅便捷。长江原本从镇江处汇入东海，若依循旧有的江南水道，物资运输仅能溯长江逆流而上，方达建业。古时长江从建业流至入海口的下游流域唤作扬子江，扬子江江面辽阔，宽逾四十里，海天一色，风浪汹涌澎湃，行船其间，时有倾覆之虞。于是，在赤乌八年（245 年），孙权毅然下令，开凿一条人工运河，以直接连通句容与建业。此事载于《建康实录》卷二："使校尉陈勋作屯田，发屯兵三万凿句容中道，至云阳西城，以通吴、会船舰，号破岗渎。上下一十四埭，通会市，作邸阁。"此运河被命名为破岗渎，沿途上下共建有十四座埭，既便于船只通行，又促进了市集交易，更设有邸阁以储货物。它穿山越岭，为解决水位落差问题，沿途巧妙设置水埭以调节水量，而每一水埭附近，又兴起旅店与商栈，渐

渐地,一个个繁华集市应运而生。因这条运河乃凿山辟岭而成,故得"破岗渎"之名。破岗渎东起秦淮河东源的句容中道,蜿蜒向东,终至丹阳云阳,与丹徒水道交汇相通,成为水上交通的要冲。到了萧梁时期,"破岗渎"因淤塞而逐渐废弃,梁武帝时期又开辟一条"上容渎",《建康实录》中记载:"梁太子嗣,改为破墩渎,遂废之。而开上容渎,在句容县东南五里顶上分流:一源东南三十里十六埭,入延陵界;一源西南流二十五里五埭,注句容界……西流入江宁秦淮。后至陈高祖即位,又埋上容渎,而更修破岗。"陈朝时上容渎也被废,又复修破岗渎,连接江南与建业。西晋末年至东晋初年,中原发生"八王之乱"和"北方各族内迁",随后发生著名的"永嘉南渡",京口作为重要渡口,南渡人口占总人口半数以上。在避难来此的人物中,有文学家刘勰的家族和"闻鸡起舞"祖逖的家族。

2024 年第 20 期《新华文摘》转载中国国家博物馆编著的《伟大的中国大运河》,认为"隋唐时代进一步整理了江南运河系统,长江与钱塘江得以贯通",真正奠定了镇江交通枢纽的地位。与六朝京口河的线路有所不同,运河穿过镇江城区,在京口闸处与长江交汇,这个入江口称为大京口,与江北的瓜洲渡遥相呼应,这是镇江运河的第三次西移。《太平寰宇记》卷八十九记载:唐开元十年(722 年),润州刺史齐澣"臣请于京口埭下直截渡江二十里开伊娄河"。伊娄河的开通缩短了镇江与长江北岸的航运距离,进一步确立了镇江江河要津的地位。时至北宋,受制于泥沙淤积、水源不足等诸多问题,大运河镇江段经常发生淤塞,造成船只积压,无法通行。北宋天圣年间(1023—1032 年),镇江段运河再次淤塞,于是在大京口以东处开凿了小京口。小京口是镇江市区古运河现存的唯一一处通江口。

镇江古运河"五口通江"中最后一个通江口是越河口,自宋代以后,越河口的名称化作了更具诗意的谏壁口(北宋文献作"涧壁")。谏壁口起源十分古老,至少在五代十国以前。越河温柔地依偎在古城旁,通过谏壁口与浩瀚的长江紧紧相拥,自1980年正式通航后,古老的运河与现代的航运在这里交汇融合,绽放出新的生命力。20世纪90年代四级航道新建后,谏壁口插上了腾飞的翅膀。运输的繁忙,船只的穿梭,让谏壁船闸被冠以"苏南运河第一闸"的殊荣,成为长江与运河之间不可或缺的交通枢纽。丹徒口、甘露口、大京口、小京口,与谏壁口并肩而立,五口通江,在古运河的夜空中熠熠生辉。

2. 江风白浪,西津古渡

千载之前,长江浩渺,波涛汹涌,不舍昼夜地奔向远方。云台山麓之下,一处古渡北接古邗沟,东则以象山、镇屏山、北固山为天然屏障,连碧水与长空交融成一幅无边的画卷。此处舟楫往来不断,人群络绎不绝,便是后世闻名遐迩的"西津古渡"。诗人张祜有一首《题金陵渡》非常有名,其中"金陵津渡"并非指如今南京的某一渡口,而是指镇江的西津渡。

金陵津渡小山楼,一宿行人自可愁。
潮落夜江斜月里,两三星火是瓜洲。

西津渡于三国时初名"蒜山渡",唐代又名为"金陵渡",至宋代,方定名为"西津渡"。而今世人皆以"天下第一渡"冠之,作为镇江连通江北的唯一渡口。西津渡乃南北冲要之地,江浙、闽海物货,悉由此以达京师,更是漕运咽喉,掌控着南北物资交流的

命脉。

三国鼎立时，渡口西侧江畔矗立着一座蒜山，据《至顺镇江志》记载："山生泽蒜，因以为名。"此处曾是兵家必争之地，东吴水军在此屯扎布防。《三国演义》中周瑜与诸葛亮曾在此地相会，共谋抗曹"火攻"之策，成为后世口耳相传的佳话，或许正是这份传奇的余韵，激发了唐代诗人陆龟蒙的灵感，他以"算山"为题，写下"水绕苍山固护来，当时盘踞实雄才。周郎计策清宵定，曹氏楼船白昼灰"。直至隋唐时期，大运河贯通，这里成为长江与运河的交汇点，漕粮船运日渐兴盛，成为连接南北的咽喉要道。唐朝文人吕温曾说："天宝之后，中原释耒，辇越而衣，漕吴而食，一隅重困，五纪于兹。"

镇江漕运的方式包含河运及河海联运两种，自太湖之滨，至钱塘江畔，乃至两广的贡赋，还有其他路线，皆经由江南运河汇聚润州与真州，再扬帆北上。

南宋时期，《嘉定镇江志》记载："国赋所贡，军需所供，聘介所往来，与夫蛮商、蜀贾、荆湖闽广江淮之舟，凑江津，入漕渠，而径至行在所。"其中"蛮商"指代外国商人，可见润州成为万商云集、物资中转的重镇，不仅是赋税军粮的转运中枢，甚至还吸引了众多外商，镇江因此人口阜盛，经济繁荣。为让镇江成为粮食流通与储备的坚强后盾，南宋时，镇江设立大军仓，北宋年间设置转船舱。六朝以来，渡口慢慢形成街市，即西津渡古街，全长1 000米，粮食、稻米、木材、药材、丝绸、布匹、瓷器珍宝等都在此转运。李白、孟浩然、张祜、苏轼、王安石、米芾、陆游等都在此留下了为后人传诵的诗篇。近代诗人于树滋的诗，更道出了西津渡口人来舟往的繁忙景观："粮艘次第出西津，一片旗帆照水滨。稳渡中流入瓜口，飞章驰驿奏枫宸。"在元朝时期，镇江"因漕而兴"，米市、马市、菜市等市集如雨后春笋般涌现，与之相伴的，是一系列与商贸活动紧密相连的地名悄然诞生，如琉璃巷、石灰巷、斗笠巷等。据传，横跨欧亚的著名意大利旅行家马可·波罗曾到镇江西津渡登岸。及至清朝，随着外国资本的涌入与洋行的设立，镇江的商业版图再度扩张，各行各业如春花烂漫，竞相绽放。服务业也随之蓬勃发展，招商局、鸿安轮船公司在此扎根。一时间，大大小小的码头诞生于江畔。由于商业贸易的空前盛况，这一时期的镇江码头甚至被称为"银码头"，每一寸土地都流淌着商机和红利。

除去漕运的作用，西津渡的军事战略地位同样意义非凡，见证了百余次战火的洗礼，每一块砖石都镌刻着过往的烽烟。回溯东晋隆安五年（401 年），农民孙恩起义，率领着十万军队，千艘楼船，浩浩荡荡，控制西津渡口这一咽喉要地，企图切断南北交通，围攻晋都建业（今南京）。然而，这场雄心勃勃的攻势，最终在刘裕率领的北府兵的铁蹄下化为泡影。公元 684 年，扬州徐敬业发动兵变，讨伐武则天，骆宾王替徐敬业写了一篇著名的檄文——《为徐敬业讨武曌檄》。然而，兵败之后，徐敬业与骆宾王等人只能渡江南逃，"奔润州，潜蒜山下"。在众多的战役中，宋代的镇江保卫战无疑是最值得铭记的。南宋年间（1127—1279 年），金兵铁骑南侵，镇江古城危如累卵，风雨飘摇。就在这千钧一发之际，守将韩世忠挺身而出，毅然决然地率领大军驻守西津渡，誓死与金兵抗争到底。韩世忠与将士们，以血肉之躯筑起了一道坚不可摧的防线，为南宋王朝的延续注入了强大的生命力。惊心动魄的战场风云以及韩世忠与梁红玉夫妇并肩作战的故事，被后人编成了戏剧名曲《梁夫人击鼓战金山》，在西津渡和金山的史册上，留下了永恒的传奇。

西津渡口风高浪急,常有溺水之患,文人墨客在此总是少不了感叹。唐代诗人孟浩然,伫立江边,望着滔滔江水,心中愁绪如织,遂挥笔写下"江风白浪起,愁杀渡头人",字字句句,将行旅之人的艰辛与忧愁刻画得入木三分,令人感同身受。同为唐代诗人的戴叔伦也被这古渡的苍茫与江水的浩渺所深深吸引,他以"大江横万里,古渡渺千秋。浩浩波声险,苍苍天色愁"之句,将古渡的悠远历史与江水的汹涌澎湃融为一体。北宋大文学家欧阳修在此驻足时,曾描绘了清晨渡口船只启航的繁忙景象,"船头初转两旗开,清晓津亭叠鼓催";同时,又以"云愁海阔惊涛涨,木落霜清画角哀",将江面波涛的汹涌与悠悠画角声中蕴含的哀愁,展现得淋漓尽致。南宋文学家陆游则以"一江离恨恰平分。安得千寻横铁锁,截断烟津?"表达了他对家国山河的深深忧虑与无尽感慨,仿佛要将那满腔的热血与豪情,都融入这滚滚江水之中。而在唐乐府杂曲歌辞中,一曲《金缕衣》更是传唱千古:"劝君莫惜金缕衣,劝君惜取少年时。花开堪折直须折,莫待无花空折枝。"此诗虽作者已不可考,但据传,唐朝的镇海节度使、润州刺史李锜对此诗情有独钟,常命其侍妾杜秋娘在酒宴之上浅斟低唱。有人推测,此诗或出自润州才女杜秋娘之手。

二、文墨丹青,千古流芳

1. 事出于沉思,义归乎翰藻

古诗十九首(之一)

行行重行行,与君生别离。相去万余里,各在天一涯。道路阻且长,会面安可知?胡马依北风,越鸟巢南枝。相去日已远,衣带日已缓。浮云蔽白日,游子不顾反。思君令人老,岁月忽已晚。弃捐勿复道,努力加餐饭。

　　这首著名的诗选自《昭明文选》。它凝聚了自先秦至南朝梁代约八百年间百余位才子精英的心血结晶,共计七百余篇佳作,涵盖赋、诗、骚、七、诏、册等三十八类,是中国现存最早的大型诗文总集,由梁代昭明太子萧统(501—531年)亲自主持编纂,故得此雅名。《昭明文选》"丽而不浮,典而不野""事出于沉思,义归乎翰藻",对后世影响深远。

　　萧统是南朝梁武帝萧衍的长子,母为贵嫔丁令光。他自幼便展现出超凡的聪慧与勤勉好学之质。梁武帝于他尚在襁褓之时,便破例赐以"德施"之字。此举非同小可,要知道,在古代,男子需待成年加冠,方能获赐字之殊荣。武帝此番作为,无疑是对萧统日后成为仁君圣主,寄予深切的期许。时至天监元年(502年),萧统被正式册立为太子,东宫仁德之名,远播四方。他过目成诵,精通诗赋,熟读经书,三岁便能流利诵读《孝经》《论语》,至五岁,已将"五经"烂熟于心。史书有载,"太子美姿貌,善举止。读书数行并下,过目皆忆",才情与风度,晋宋以来,无人能出其右。及至太子出阁,梁武帝更是殚精竭虑,特意延请当时名震天下的大史学家、文学泰斗沈约,担任太子少傅,以悉心辅佐其成长。那时东宫藏书丰富,堪称一绝,号称近三万卷,文学之风,盛行一时。

　　镇江招隐山原名兽窟山,是昭明太子萧统最喜欢的地方。昭明太子在山间构筑起一座读书台。此地远离尘嚣,幽静雅致,仿佛世外桃源。太子特将东宫珍藏的近三万卷典籍迁移至招隐

寺。在这里，他不仅沉浸于浩瀚书海，勤勉治学，更广聚贤才，博取诸子百家之精髓。一时之间，刘勰等十余位文学巨擘应召而至，共聚增华阁内，选文定篇，编纂典籍。萧统逝世后，谥号昭明，后世遂尊其主持编选的《文选》为《昭明文选》，此为我国现存最早之诗文总集，弥足珍贵。

招隐山 / 石小刚供图

2. 夫"文心"者，言为文之用心也

"心"是什么？问题提出时，便仿佛触动宇宙间最细腻也最宏大的议题。从现代医学的角度讲，它是人体的脏腑器官，是维系机体运作的发动机，中医则将心脏视为"君主之官"；从宗教的角度看，"心"被赋予更为超脱的意涵，它成为万法之本，心之所向，万法随之而生，心生则万象更新；在古人的哲思中，"心"则是

一方思维的沃土,情感与智慧的种子在此生根发芽,王阳明的心学更是将这一理念推向极致,提出"心即理"的思想观点,认为人的本心,是万物的本源。由此"心"这一概念,有了各种各样的衍生概念,"初心""心念""心境"……在我国文学史上,也有一种"文心",给文学创作赋予独特的韵味。

　　夫"文心"者,言为文之用心也。昔涓子《琴心》,王孙《巧心》,心哉美矣,故用之焉。古来文章,以雕缛成体,岂取驺奭之群言雕龙也。

　　这段话出自《文心雕龙》卷十第五十篇《序志》,诠释了《文心雕龙》书名的来源与含义。大致意思就是"这本书之所以冠以文心,是因为在写作时是极其用心的。往日涓子著《琴心》,王孙子著《巧心》,可见'心'的立意和用法,故此命名。古来的文章都是精雕细琢锤炼而就,难道是效仿雕琢语言如雕刻龙纹一样细腻精微、尽善尽美的驺奭吗?"

　　《文心雕龙》是南朝梁时期的文学理论批评家刘勰所著。刘勰(约465—约521年),字彦和,世居京口(今镇江),祖籍山东莒县。历经"八王之乱"与"永嘉丧乱"动荡,刘勰先祖随北人南渡至京口以栖身。从祖刘秀之,曾位居司空显要,一时风光无两;鹤归华表,人事无常。刘勰之父刘尚,在刘勰很小的时候便离世了,家道随之衰落,只余孤儿寡母,相依为命。

　　刘勰在《文心雕龙·序志》中记录自己7岁时的一个奇梦:"予生七龄,乃梦彩云若锦,则攀而采之。"这似乎是他天资聪颖,文采斐然的昭示。后来,刘勰离开京口,前往建康(今南京)定林寺,投身于僧祐大师座下。他沉浸于佛学,勤勉苦读,不仅遍览

寺中所藏的儒家经典与佛家典籍,更广泛涉猎诗词歌赋,学识日益渊博。他协助僧祐大师编纂整理佛经、深入研读释典的同时,更是夜以继日,废寝忘食地钻研经史百家与历代文学作品,为日后撰写《文心雕龙》积累了丰厚的素材。30岁后,刘勰又做一奇梦:"齿在逾立,则尝夜梦执丹漆之礼器,随仲尼而南行。"意即他梦到自己协助孔子主持祭祀,于是他"旦而寤,乃怡然而喜。大哉!圣人之难见也,乃小子之垂梦欤!"刘勰认为这是孔子特意托梦给他。"文章之用,实经典枝条,五礼资之以成,六典因之致用"是他写作《文心雕龙》的初衷与缘由。

《文心雕龙》共十卷五十篇,是中国文学理论批评史上第一部用骈文写成的"体大而虑周"的文学理论专著,多数学者认为《文心雕龙》可分五个部分——第一个部分为枢纽论,即总论;第二个部分为文体论,论述了各种文体;第三个部分为创作论,讨论文章写作的方法;第四个部分为批评论,论述文学批评的细部概念;第五部分为全书的序言。

清代学者章学诚的《文史通义》中则有流传更广的一段话:"《诗品》之于论诗,视《文心雕龙》之于论文,皆专门名家,勒为成书之初祖也。《文心》体大而虑周,《诗品》思深而意远;盖《文心》笼罩群言,而《诗品》深从六艺溯流别也。"鲁迅则认为《文心雕龙》可与亚里士多德的《诗学》并列。饶是《文心雕龙》对后世产生了如此深远的影响,可在刘勰刚著完书时,却因无人举荐而反响平平。无奈之下,刘勰行出一着险棋。他假装是一介商贩,于街市之中,拦下身份高贵、声名籍甚的沈约的马车。沈约见刘勰诚意拳拳,遂纳其书稿。数日沉浸其中,沈约不禁赞叹:"深得文理!"他深知刘勰是文坛的璞玉,必成大器,于是竭力向世人推介《文心雕龙》。

之后梁武帝诏令刘勰重返定林寺修撰佛经,他仿佛看到人生的另一番归宿。于是,在人生的黄昏时刻,刘勰毅然决然地再次踏入佛门,直至生命的终点。

3. 所与谈者,唯笔砚而已

"皇宋乙丑,中元日建。"一枚石刻静静伫立于梦溪园的展厅中央,中间题着"梦溪"二字。这间房子的主人正是北宋杰出的科学家沈括。

沈括在镇江的梦溪园,度过了他的晚年。这里不仅是他心灵的栖息地,更是他智慧结晶《梦溪笔谈》的诞生地。这部巨著如同一部百科全书,汇聚了他一生的观察、思考与洞见。沈括也被世界著名的中国科技史研究专家、英国汉学家李约瑟(Joseph Needham)认为是"中国科学史上最奇特的人物",所著《梦溪笔谈》是"中国科学史上的坐标"。沈括生于 1031 年,殁于 1095 年,字存中,自号"梦溪丈人",籍贯钱塘(今浙江杭州)。沈括晚年为何选择梦溪园作为归宿?他自述说,当年届三十,梦中游历至一处仙境,小山耸立,花木似锦,山间溪流清澈,一望无际,而参天古木又为其添上几分幽静与神秘。梦中景象令他心驰神往,萌生了定居于此的念头。此后,此梦频现,或一年一两回,或三四度重温,梦境中的一切变得熟悉而亲切,仿佛是他前世今生的游历之地。正因如此,他将这片后来购置的废园命名为"梦溪园"。

《梦溪笔谈》共计三十卷,其中包含《笔谈》二十六卷、《补笔谈》三卷、《续笔谈》一卷。其内容横跨十七大门类:故事、辩证、乐律、象数、人事、官政、权智、艺文、书画、技艺、器用、神奇、异事、谬误、讥谑、杂志、药议,涉及天文、历法、气象、地理、物理、化

梦溪园 / 镇江博物馆供图

学、水利、建筑、医药、历史、文学、艺术、军事、法律等诸多领域。在天文方面,沈括提出了"十二气历"这一革命性理论,以阳历为基,摒弃闰月,依据节气划分月份,将一年之始定于立春,巧妙地化解了阴阳历间长期存在的矛盾纠葛。他更指出极星并非存于天极,并得出了冬至日长、夏至日短的科学结论,展现了古代天文学家的卓越智慧。数学领域亦见创新,沈括开创了"隙积术"与"会圆术"。而书中对指南针、活字印刷术等古代伟大发明的记录,更是人类智慧的见证。值得一提的是,"石油"一词首次在此书中被正式提出,并沿用至今。

《梦溪笔谈》虽大部分篇幅记载科技等领域,但它的文学性同样不可小觑。沈括以一支妙笔,细腻勾勒大自然的雄奇壮丽,山川河流在他的笔下流淌着生命的赞歌;花鸟鱼虫,在字里行间跃动着生态的和谐。社会万象、各阶层人物形象跃然纸上；风土人情，如一幅幅生动的民俗画卷，缓缓展开，令人叹为观止。沈括以卓越的文学造诣，赋予了这部作品独特的神韵。在他笔下，每一人物事件，皆如戏剧般生动，每一社会现象，皆蕴含深刻洞察。他以文字为镜，映照出社会的真实面貌，并在行文中巧妙融入寓言与典故，不仅增添了作品的文学价值，更是寓言如镜，映照人心。

4. 好山如画，水绕云萦

在中国整个书法史上，米芾是一个极为重要的人物。他生于 1052 年，殁于 1108 年，原名黻，后更名为芾，字元章。家族初居太原，后徙居湖北襄阳，米芾少年时随亲移居镇江，这里也成为他艺术灵感勃发的沃土。他是北宋时期卓越的书法家、画家及书画理论家，才华横溢，曾被徽宗皇帝亲召为书画博士，与蔡襄、苏轼、黄庭坚并称，共誉为"宋四家"，携手铸就宋代书法艺术的辉煌。在艺术创作上，他独树一帜，与长子米友仁共同开创了"米氏云山"画派，亦称"米家山水"或"米家云山"，以别具一格的艺术风貌，在中国书画史上镌刻了不可磨灭的印记。

米芾的《蜀素帖》，亦名《拟古诗帖》，被世人盛赞为"天下第八行书"，更享有"中华第一美帖"之美誉。米芾自诩书法"八面出锋"，苏东坡也曾高度评价："篆、隶、真、行、草书，风樯阵马，沉着痛快。"在其书法中，常见侧倾之姿，欲左先右，欲扬先抑，这般笔法更添跌宕跳跃的灵动，骏快飞扬的神韵。

米芾之心能不为官场浮华所动，终日沉醉于古帖字画之中，自道："功名皆一戏，未觉负平生。"他每日埋首古帖，孜孜不倦地集字，"全无富贵愿，独好古人笔札"。他酷爱"集古字"，遍学名

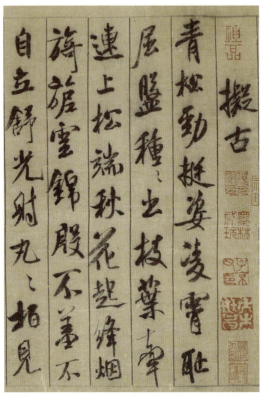

蜀素帖

家,先学颜真卿之雄浑,再研柳公权之遒劲,复习欧阳询之峭劲,又摹褚遂良之空灵。他巧妙地将前人各家的精妙笔法,融入自己的书法之中,足见其在书法之道上的深厚功底与不懈努力。他曾前往黄州,去拜访心中的艺术大师——苏轼。在《画史》中,米芾回忆了与苏轼的初识:"吾自湖南从事过黄州,初见公(苏轼)。酒酣曰:'君贴此纸壁上。'观音纸也。即起,作两枝竹、一枯树、一怪石见与。"这段文字,不仅记录了二人初识的和谐,更映射出米芾对艺术无尽的追求与敬仰。

米芾不仅天赋异禀,更兼怪诞不羁之气,世人皆称其为"米癫",实为恰如其分。他性情直率,言辞无隐,洁癖之深,近乎痴狂,而于奇石、美砚、异服、珍藏,皆有着非同一般的癖好,生活中的点滴逸事,趣味盎然。曾有一说,宋徽宗雅好书法,欲闻"苏黄米蔡"四家墨宝高下,米芾应诏而评,其言犀利且自省:蔡襄勒字、黄庭坚描字、苏轼画字,至于自己,则笑言"刷字"而已。即使面对皇权威严,他也不失纯真本色,对美好之物,怀有一颗赤子之心。一日,奉宋徽宗之命书写御屏,研墨之际,一眼瞥见徽宗所用砚台,瞬间目不转睛。及至书成,徽宗赞不绝口,米芾便趁势而请:"此砚经臣玷污,已不宜再献陛下,望陛下能赐臣下,以全臣爱砚之心。"痴迷之态,令宋徽宗忍俊不禁,大笑之余,欣然应允。米芾得砚,喜形于色,匆匆致谢。怀抱至宝,即便墨渍沾衣,亦浑然不顾。

5. 人人好公,天下太平

晚清时期,诞生了一位旷世通才,他的生命轨迹宛若一部跌宕起伏的传奇史诗。他既是笔耕不辍的小说家,又是抒怀吟咏的诗人,更是深沉思考的哲学家;他精通机械、船舶、水利、力学、电学、算学、测量,同时,他还是一位眼光独到的收藏大家,对书画、碑帖、金石、甲骨等文物钟爱有加。他经史百家,无所不窥;医术音律,亦皆精通,但对于世俗所追逐的科举功名,却淡然处之,不以为意。

这位通才便是刘鹗,字铁云,别号鸿都百炼生,以一部《老残游记》留名后世,被红学研究大家周汝昌先生赞誉为"前有曹雪芹,后有刘铁云"。1857 年,伴随着母亲梦中大鹏展翅的祥瑞之

兆,刘鹗诞生于六合,祖籍镇江,乳名鹏鹏,全家人也对这个男孩儿寄予了深厚的期盼。祖上刘光世,乃南宋初年与岳飞并肩作战的大将,刘家世代居住于镇江西门外上河边。少年刘鹗,便显露出不拘一格、狂放自由的天性,对科举教条无甚兴趣。及至24岁,他南下扬州,投师于太谷学派李光炘门下,这是中国最后一个儒学学派。在这里,刘鹗树立了"以天下为己任"的宏大志向,其一生行事,皆以此为圭臬,展现了晚清第一通才、奇才的气魄与情怀。

他所著的《老残游记》,是晚清"四大谴责小说"之一。小说以一走方郎中老残的游历为视角,描写其在山东济南府、曹州府一带的旅游经历和感想:亲身经历和别人的见闻,揭露清末官场潜规则——酷吏横行、黄河水患、民不聊生的黑暗社会现实,提出"清官害民"这一鲜见的观点。阐释儒、释、道之妙理,宣扬"诱人为善,引人处于大公"的太谷学派精神。

胡适先生曾概括刘鹗的一生,称其"有四件大事:一是河工,二是甲骨文字的承认,三是请开山西的矿,四是贱买太仓的米来赈济北京难民"。

第一件大事指的是刘鹗在科举之路两次受挫,眼见"功业文章无望"后,他并未沉沦。至光绪十四年(1888年),郑州黄河水患肆虐,刘鹗承继家学,自荐于河南巡抚吴大澂,得其赏识,纳为幕僚。他凭借深厚的河工水利学识,力挽狂澜,成功堵塞郑州黄河长达三十一丈的决口,由此声名鹊起。未几,山东黄河段亦危机四伏,时任山东巡抚张曜,闻其才名,急"檄调"其前往。张曜其人即《老残游记》中那位宅心仁厚的"好官"张宫保原型。

第二件大事则是刘鹗在甲骨文字领域内的深耕细作。他雅好金石、碑帖、字画及珍稀古籍,尤为醉心于上古三代古文字的研究,不仅著成中国首部研究甲骨文的力作《铁云藏龟》,为我国甲骨文研究奠定了基础,更不遗余力广搜博采,集得甲骨五千余片,并以"抱残守缺斋"名其书斋。

第三件大事发生在 1897 年,彼时,意大利人罗沙第对山西丰富的煤矿资源心怀觊觎。在此背景下,刘鹗受外商福公司之邀,担任筹采山西矿产经理。为破解资金筹措的难题,刘鹗提出一项巧妙的策略,即以国家借款与官商借款相结合,犹如"借鸡下蛋",旨在以外资为助力,促进本国矿业的发展。这项合同被命名为"筹借洋债",但既未设定明确的还款期限,又未规定借款利息。在将路矿开采权交由洋人管理的同时,刘鹗坚持一个核心原则——国家自主权必须牢牢掌控在自己手中。如此一来,既未损及国家主权之尊严,也未在谈判桌上失去一分一毫的民族气节。但这一举措却触动了山西当地窑主们的敏感神经,他们的利益因此受损,于是纷纷指责刘鹗为卖国贼,山西籍的京官与举人们也群起而攻之,纷纷上书弹劾。

第四件大事是 1900 年的庚子事变,南方交通梗塞,漕运的生命戛然而止。京城的粮仓旁,沙俄军队虎视眈眈,欲以焚仓之举发泄愤懑,京城由此陷入前所未有的粮荒,民众在生死边缘挣扎,连官员也难以幸免。在此存亡之际,刘鹗携手救济会,倾尽所有,将粮仓中的米粮尽数购得。他或以赈粮之名,直接将粮食分发给饥饿的民众,或设立平粜,以平价售粮,解救难民于水深火热之中。世事如梦,刘鹗的善行非但未获得应有的赞誉,反而被朝中权贵编织的谎言所掩盖,诬陷刘鹗"勾结洋人,盗卖仓米",一时间,风云变幻,刘鹗被扣上了"通洋"的罪名,正义与谬误往往难辨,刘鹗的义举竟被如此歪曲,令人扼腕叹息。

6. 中国故乡，镇江女儿

她是美国人，却自称是镇江女儿。她先后获得普利策奖和诺贝尔文学奖，也致力于亚洲与西方的文化交流，她就是赛珍珠（Pearl S. Buck）。1892 年，她呱呱坠地，未及半岁，便随父母漂洋过海，先到清江浦，4 岁定居镇江这座依偎着悠悠运河的古城。在这里，她度过了近 18 年的青涩岁月，从一名求知若渴的学生，逐渐蜕变为传道授业的教师。汉语，这门古老的语言，成为她语言思维中的第一缕曙光，英语反倒是后来者。她深情地将中文唤作"第一语言"。在其自传《我的几个世界》中，字里行间满是对镇江无法割舍的情愫：镇江是我的故乡（Chinkiang is my home city）。她晚年回忆道，"她（赛母）的坟墓，以及我的年幼的兄弟姐妹的坟墓都在我的中国家乡——江苏镇江的一处小小的墓地里。我最近请求准予前往镇江访问，以便去看看我的祖坟。现在我知道，我永远不会再见到它们了。也许，它们已经荡然无存……"

对赛珍珠来说，对她创作产生深远影响的有两个中国人。一个是她童年的保姆王妈，另一位则是她的家庭教师孔先生。赛珍珠的父亲——赛兆祥牧师，怀揣着传教热忱，跨越千山万水来到中国，将家安置在镇江一座依山傍水的宅邸之中。站在窗前，长江如一条白练蜿蜒而过，波澜壮阔，尽收眼底。在童年时光里，赛珍珠与中国的孩童们在田野间尽情嬉戏，她的口中流淌的是流畅的江淮官话，笔下挥洒的是方方正正的汉字，身上穿戴的则是地道的中国衣裳。她宛如一条自由游弋的鱼儿，中外文化的波澜在她身边交织，而她则悠然自得地穿梭其间。赛珍珠一家迁居镇江后，父母特意聘请了一位保姆，王妈迁居镇江之前就在赛家，是扬州地区乡下人，有风月场所经历。王妈虽然裹着小脚，但她常用慈爱的声音，为赛珍珠讲述神鬼传奇与民间流传的动人故事，如"白娘子水漫金山""刘备甘露寺招亲"，这些镇江本地的故事如同鲜活的画卷，展现在她的眼前。这些充满文学魅力的故事，对赛珍珠的人生轨迹产生了深远的影响。王妈还常领着她去乡间的热闹戏台，在那里，赛珍珠成为唯一的洋面孔戏迷，她的眼中闪烁着对戏曲艺术的痴迷。她的镇江话带着一抹江北的韵味，与当地人的交流毫无隔阂，唯有那偶尔响起的"小洋人"称呼，才让她恍然惊觉，自己原来是个漂泊于此的异乡人。

赛珍珠故居 / 唐其光供图

她的私塾教师——清末秀才孔先生，北京通县人。虽执教"四书五经"、唐诗宋词以及传统典籍，却绝无半点迂腐陈旧之

气。孔先生开明睿智,寓教于乐,使得赛珍珠自幼便深受地道中华文化的熏陶,于众多以英语为母语的外国人中,她对中国传统文化的了解无疑是最为深厚的。《水浒传》《三国演义》等传世名著,始终是赛珍珠心头难以割舍之挚爱。后来,为能将这份璀璨的文化瑰宝传扬至西方,她不惜耗费五年光阴,倾心将《水浒传》译成英文,携至西方世界。

三、景色天成,三山秀丽

1. 水漫金山

在中国四大民间爱情传奇之一的《白蛇传》里,有一段脍炙人口的篇章——"水漫金山"。故事中一条白蛇历经千年修行,最终化身为温婉动人的白娘子,与书生许仙结下情缘。两人情深意笃,如胶似漆,誓愿相守白头。

然而,这段"人与妖"的爱恋却遭到金山寺法海和尚的坚决阻挠。法海坚信"人妖殊途",誓要除魔卫道。他巧设计谋,将许仙诱骗至镇江金山寺内,企图拆散这对苦恋的鸳鸯。

白娘子闻讯匆匆赶到金山,与侍女小青将绣鞋化舟,召唤东海之水,掀起滔天巨浪与法海一决高下,誓要冲破一切阻碍。那一刻,金山寺前,水势滔天,乌云密布,仿佛天地间唯余这场爱恨交织的较量。法海见状,毅然脱下袈裟,轻轻一掷,瞬间化作千米长堤。一番惊心动魄的斗法之后,白娘子终因力量悬殊,无奈含恨撤退,黯然回到杭州西子湖畔。

"水漫金山"或许只是传说,但金山却实实在在矗立于镇江。它原本是江心的一座孤岛,"万川东注,一岛中立"便是对其生动的描绘。后来长江主水道北移,金山逐渐靠岸,最终全部上岸。
金山因形貌而被誉为"江心一朵翠芙蓉"。它坐落于镇江市西
北,虽然海拔仅 43.7 米,却以其秀美的风光和独特的魅力,获得
国家 AAAAA 级风景名胜区的殊荣。金山山峦起伏,景色如
画,被誉为"江南诸胜之首",吸引无数游客前来探寻"水漫金山"
这段传奇故事的遗迹,感受那份跨越时光的深情与执着。

金山 / 金山景区供图

　　昔日王安石途经这里,他立于山巅,远眺江岸,只见朱红高
楼与翠绿亭台交相辉映,美不胜收,却又深感兴衰更迭的无常。
此情此景,令他不由感慨:唯有这浩渺长江与峻峭山峦,方能穿
越千秋,恒久不变。而后,沈括踏足此地,是在一个月华如练的
夜晚。北宋润州一派繁华盛景,夜市灯火辉煌,人声鼎沸。沈括
居高临下,只见江水滔滔,不舍昼夜;城中灯火阑珊,楼台紧密相

连，它们的倒影在清澈的江面上摇曳生姿，宛如一幅精美的水中镜像，令人恍若置身梦境之中，分不清是现实还是虚幻，展现了另一番静谧而繁华的夜色之美。

金山三首（其三）
［宋］王安石

天日苍茫海气深，
一船西去此登临。
丹楼碧阁皆时事，
只有江山古到今。

夜登金山
［宋］沈括

楼台两岸水相连，
江北江南镜里天。
芦管玉箫齐送夜，
一声飞断月如烟。

金山上古迹甚多，处处皆是典故，如法海洞、楞枷台、妙高台、观音阁、朝阳洞、白龙洞、郭璞墓等。尽管白娘子的故事为民间传说，但法海禅师却是历史上真实存在的人物。

镇江地方志记载法海俗称"裴头陀"，出家后，来到泽心寺，只见寺庙因年久失修而倾颓，四周杂草丛生，一片荒凉。法海面对此景，心生悲悯，毅然跪在残破的佛像前，立誓要重建山寺。为表其决心之坚，更是燃指一节。自此，法海便栖身于山洞中，开山辟地，躬耕自给，同时深入研读佛理。某日，在挖土修庙的

山林烟雨／石小刚供图

过程中,他意外地发掘出一批黄金。法海却不为所动,毅然决定将其上交给当时的润州刺史李锜。李锜深感其高风亮节,遂将此事上奏朝廷。皇帝听闻此事后,深受感动,特旨将这批黄金赐予法海,用于修复泽心寺,并赐名"金山寺"。于是,泽心寺易名金山寺,名声随之远播四海,成为江南名刹,为禅宗东南四大丛林之首。当年法海所栖身的洞也被后人命名为裴公洞,后来称法海洞。

　　若说先前提到过的惠山泉是"天下第二泉",那么在唐代雅士刘伯刍的心目中,"天下第一泉"的桂冠则非中泠泉莫属。此观点载于唐代文人张又新的《煎茶水记》中,文中细述唐名士刘伯刍曾考察天下名泉,按照水质和煮茶后的味道,把它们列为七等,扬子江南零水第一。中泠泉又叫南零水、南泠水。水色碧绿通透,甘洌而醇厚,尤为适宜烹煮香茗。传言以中泠水泡茶,茶

香四溢,更有一绝:茶水盈盏而不溢,无论是水面高悬于茶盏之上,又或是轻置铜钱于水面,投五十钱不溢,皆因水表面张力大,能稳如平湖,不溢一滴。如今江河改道,昔日泉涌之处,已化为陆地,尽管往昔之胜景不再,然"天下第一泉"的名号却流传至今。

2. 江中浮玉

在镇江三山之中,焦山位置最为偏远,古时称为樵山,因曾作为长江入海口,而博得海门的美名。古时有谚云:"金山山裹寺,焦山寺裹山。"因而镇江的老一辈人,常以"寺裹山"来亲切地称呼焦山。与之相对,金山则被誉为"山裹寺",两者并置,焦山更显特殊,因其是镇江三山中唯一被浩渺长江温柔环抱的岛屿,宛若一枚莹润碧玉,悠然浮于粼粼江面,碧波温柔抚触,林木葱郁繁茂,绘出一幅令人心旌摇曳的"江中浮玉"绝美画卷。遥望彼岸,象山与之隔江对峙,两者间宽阔的江面仿佛成了天地间最深沉的诗行,实在是鬼斧神工。

当诗仙李白初踏焦山,恍如步入尘世之外的仙境,便写下《焦山望松寥山》一诗:"石壁望松寥,宛然在碧霄。安得五彩虹,驾天作长桥。仙人如爱我,举手来相招。"焦山之名源自东汉末年名士焦光。焦光游历至此,被其灵秀吸引,于此筑庐隐居、采药炼丹、济世救人,终羽化登仙,此地遂被称为焦山。此后,隐士高僧接踵而至,相继结庐而居。至六朝时期,一篇摩崖石刻《瘗鹤铭》镌刻于焦山西麓的崖壁上。据传,此铭乃南朝梁代书法家陶弘景所书。但原石刻因山崩而坠入江流,后经打捞,仅存五片残石,原来嵌在定慧寺墙壁上,新中国成立后珍藏于镇江焦山碑林之中,是中国书法艺术的重要遗产,供后人瞻仰。

焦山／焦山景区供图

　　焦山山脚，巍峨矗立着一座千年古刹——定慧寺，初名普济庵，相传始建于东汉时期，迄今已有近两千年的历史。唐朝时期，玄奘大师的高徒法宝寂曾亲临此山，创建大雄宝殿。宋代之时，普济禅寺易名为普济禅院，继续香火鼎盛，传承佛法。步入元代，寺院更名为焦山寺，但天降大难，一场熊熊烈火使其化为乌有。幸而明宣德年间，一位名为觉初心的和尚，重修此寺。及至清代，康熙皇帝南巡至此，游历焦山之余，深感寺院之灵秀，遂御笔亲赐"定慧禅寺"。"定慧"二字取自佛家经典，意为"由戒生定，因定发慧"，此名沿用至今。如今，定慧寺依然保持着明代建筑的独特风貌，古朴典雅，漫步其间，那宁静与庄严，领略佛家修行的深远意境千年不变。

3. 次北固山

江山,这二字沉甸甸地载着家国天下,是王权霸业的波澜壮阔,亦是浪漫的情怀与华丽的畅想。那么,江山究竟是什么呢?

它是江河奔腾不息的壮志,是山岭巍峨挺拔的脊梁。

相传一千四百年前,南朝梁武帝在镇江北固山题下"天下第一江山"。北固山位于镇江市区东侧江边,海拔五十三米,与金山、焦山遥相呼应,共同构成京口三山的壮景。这里形势险要,风光旖旎,被誉为"京口第一山"。这座昔日孤悬大江之中、山势险固、横枕大江且坚不可摧的雄浑大山,正如其名。三面临水,形若半岛,悬崖峭壁直逼江心,地势险峻,赢得了"此山镇京口,迥出沧海湄"的美誉。

北固山上有一北固楼(亦称北固亭)傲然矗立,因辛弃疾那两首掷地有声的辞章而名扬四海。登斯楼也,长江如练,浩荡东去,对岸扬州尽收眼底,仿佛凌空于云端之上,俯瞰大江,只见江水浩渺,苍茫无际。江风荡荡,带着几分豪迈与自由。

辛弃疾踏足此楼,满目所及,皆是山河的斑驳伤痕,那江山虽美,却难掩萧索与悲凉。这份心境,让他跨越千年的时空,看到了东吴霸主孙权的杀伐果断。他渴望君主能斩钉截铁、挥剑决战,这是他心中所向往的誓死卫国。

永遇乐·京口北固亭怀古

千古江山,英雄无觅,孙仲谋处。舞榭歌台,风流总被,雨打风吹去。斜阳草树,寻常巷陌,人道寄奴曾住。想当年,金戈铁马,气吞万里如虎。　　元嘉草草,封狼居胥,赢得仓皇北顾。四十三年,望中犹记,烽火扬州路。可堪回首,佛狸祠下,一片神鸦社鼓。凭谁问:廉颇老矣,尚能饭否?

南乡子·登京口北固亭有怀

何处望神州?满眼风光北固楼。千古兴亡多少事?悠悠!不尽长江滚滚流。　　年少万兜鍪,坐断东南战未休。天下英雄谁敌手?曹刘!生子当如孙仲谋。

北固山 / 马爱华供图

《三国演义》中刘备"甘露寺招亲"的故事发生地也是北固山。尽管文学不等同于史实,"甘露寺招亲"仅为虚构,却不妨碍其成为北固山上一道独特的风景线。甘露寺犹如一顶冠冕,轻轻覆于山峦之顶,形成"寺冠山"奇观,寺庙与山峦相依。甘露寺相传创建于东吴甘露年间(265—266 年),寺因此得名。吸引着

无数文人墨客前来凭吊，也让北固山成为闻名遐迩的历史胜境。

4. 茅山道院

"道可道，非常道；名可名，非常名。"这是《道德经》对于"道"的阐释。道教是我国五大宗教中唯一发源于中国的宗教，根植于古人对天地的崇敬、鬼神先祖的敬畏而逐渐孕育成形。

镇江不仅有壮丽的自然山水和丰富的历史文化遗迹，还在宗教文化领域有着独特的贡献，茅山道院便是其中的重要代表。茅山，初名句曲山。西汉之际，因陕西咸阳茅氏三兄弟修仙隐居于此，筑三茅道观于此，遂更名茅山。茅山不仅是上清派的发源地，亦是中国六大山区抗日根据地之一。抗战时期，道士们脱下道袍纷纷下山，保家卫国。山中景致繁多，九峰巍峨耸立，十九

茅山仙境 / 曹小华供图

泉潺潺流淌，二十六洞幽深邃秘，二十八池碧波潋滟，美不胜收。道家将茅山尊为"上清宗坛"，享有"第一福地，第八洞天"美称。

茅山之麓，诞生了一位在中国道教史与文化史上有名的学者——葛洪。他约生于公元281年，卒于341年，字稚川，自号抱朴子，著有《抱朴子》《肘后备急方》《神仙传》等。葛洪幼年失怙，又逢"八王之乱"，家境陷入困顿，然其嗜书如命，及至16岁，投师于葛仙公高足郑隐门下，潜心求学。建兴三年（315年），丞相司马睿辟葛洪为丞相掾，后平乱有功，赐爵关中侯。面对权力，他却没有心动，而是潜心著书，钻研学术，其中《抱朴子》一书涉及医药、化学等多个领域，成为研究中国古代道教史不可或缺的宝贵资料。

葛洪首开先河，翔实记录了"结核病"的存在，古时将其称为"尸注"，其观察之早，记载之详，难能可贵。同时他对瘴疠、疟疾、脚气等岭南湿热之地的地域性疾病的治疗，也颇为关注，他的单方很多地方与现代的治疗理念不谋而合。同时，他还发现了汞与硫黄相化合而成丹砂的现象，并且发现可以通过覆盆子未成熟的果实中的氢氰酸来溶解黄金，影响了现代的熔金技术。

四、仁义礼智，英雄风骨

1. 黄天荡困敌

"奴家梁氏，小字红玉。"

古时，女儿家本应幽居深闺，绣花弄月。但有一位巾帼，却用纤纤素手，紧握鼓槌，擂动战鼓，在烽火连天的战场上，阻挡金兵铁骑，足足四十八日。

　　建炎三年(1129年)，是宋高宗赵构心绪难平之年。金兵势如破竹，直逼扬州，赵构惊慌失措，弃城而逃，一路南奔。及至同年十月，金国元帅完颜宗弼(女真名兀术)再度挥师南下，跨江而来，誓要找到赵构，同他"议事"。赵构无奈，只得再次踏上逃亡之路，奔至定海，于波涛中登舟，漂泊于沿海三四月之久。南宋沿海的百姓，目睹家国危难，纷纷挺身而出，联合军队，或袭敌于暗夜，或断其粮草。完颜宗弼察觉己方来自北方，水乡之战非其所长，所倚渔船难以成军，如若继续进攻，恐腹背受敌。1130年春，只得黯然北撤，弃江南而去。金军撤退之际，心中满是不甘，沿途对江南之地大肆搜刮。因所得财物过多，陆路难行，只得改道水路，然而命运却在镇江为他们布下了一场惊心动魄的劫数。

　　彼时，韩世忠已敏锐地洞察到金军孤军深入、难以持久的弱点。他运筹帷幄，将麾下军队分为三部，分别驻守通惠镇、江湾、海口，为避金军锋芒，韩世忠审时度势，自镇江引军退守江阴。提到这里，韩世忠与岳飞、张俊、刘光世并称"中兴四将"，自幼家境贫寒，却以勇武著称，能驾驭烈马，胸怀任侠之气，征方腊时便已立下赫赫战功。

　　1130年，春风轻拂江南，柳绿桃红，一派生机盎然，然这和煦之下却暗流涌动，杀机四伏。金军统帅完颜宗弼，率铁骑如乌云压境，抵达镇江，却未曾察觉，韩世忠已悄然布下天罗地网。金山、焦山，两座山峰如铁锁般横亘江面，沿江渡口被严密封锁，无懈可击。更有破船堵塞运河入江口，切断了金军唯一的退路。

　　战前，韩世忠深知金军狡猾，必遣将至运河入江口的银山龙王庙窥探宋军阵势，于是巧施妙计，设下重重伏兵。庙内，苏德率二百精兵，静待猎物；山下，另有二百勇士，铁甲森然，严阵以待，只待一声令下。结果完颜宗弼果然亲率四骑，踏上银山，欲窥宋军虚实。庙内伏兵乍现,突如其来的攻击令金军措手不及,完颜宗弼在慌乱之中,如丧家之犬,匆匆逃脱。

回到军营大帐,完颜宗弼怒火中烧。据《宋史》记载"兀术兵号十万,世忠仅八千余人"。第二日韩世忠指挥若定,乘艨艟引领水师迎战如狼似虎的金军。刹那间,金军那些搜刮来的舟船,在韩世忠水师的铁壁合围之下,如秋叶遇狂风,七零八落,纷纷倾覆。此时韩世忠之妻梁红玉,英勇无畏,冒着密如飞蝗的箭雨,毅然登上船头,亲自擂鼓助威,鼓声震天,激励着每一位将士奋勇杀敌。一番激战过后,金军二百余精英,命丧于此。完颜宗弼见状,心生怯意,遂向韩世忠提出,愿将所掠人畜、财物尽数归还,并献上名贵战马,只求能借道渡江,以图后计。然而,韩世忠严词拒绝,誓守疆土。无奈之下,金军只得另觅出路,而韩世忠则率水师紧随其后,派出三十余艘轻舟,严密堵截,宋军穷追不舍,金兵虽最终在黄天荡之战中侥幸突围北撤,但此役对于南宋而言,却具有里程碑式的意义。它敲碎了金军不可战胜的虚幻神话,让南宋军民看到了希望之光,韩世忠与梁红玉的英勇事迹,亦如运河之水,滔滔不绝,流传千古。

2. 扬子江战役

"天下兴亡,匹夫有责。"

1840 年,第一次鸦片战争爆发。两年后,英国侵略者以其坚不可摧的舰船与威力无穷的炮火,如同狂风骤雨般席卷而来。扬子江战役的烽火,迅速蔓延至吴淞炮台,继而直逼镇江。在遍地染血的土地上,军民以寡敌众,却毫无惧色,他们誓用生命捍卫这片家园。这是一场悲壮的决战,也是第一次鸦片战争中最为惨烈的一幕。一千五百余名英勇的士兵,战至力竭,血洒沙

场,最终无一生还,却以不屈的魂魄,铸就了不朽的战魂。

1842 年 7 月 17 日,阴云低垂,天色暗淡,英军铁蹄无情地扼断镇江大运河的运输线,那流淌的河水,仿佛是城市的血脉被猛然截断。四日之后晨曦,英军舰船犹如狼群,在晨光中汹涌而至,直指镇江古城,一场惊心动魄的恶战,已然箭在弦上。海龄时任镇江副都统,自江宁调至镇江后,便亲率部将,沿江而下,巡查军事炮台,组织操练,誓要守住这片土地。据记载,战前清兵驻军与援军装备以刀、矛等冷兵器为主,鸟枪、抬炮等火器稀缺。这日,铁骨铮铮的海龄全身披挂,亲登北门城楼,指挥着八旗军,以血肉之躯,筑起一道坚不可摧的最后防线。他们齐声高呼"宁可自杀,决不投降"。这八个字,不仅是血性口号,更是深深烙印在每个人心中的誓言。

然而,英雄亦难逆天命。力量悬殊之下,城门终被英军攻破,敌军如洪水猛兽,瞬间吞噬了这座英勇的城池。镇江城不幸失陷,但守城官兵的斗志并未因此熄灭。他们退入街巷,与英军展开最后的殊死搏斗。在狭窄的巷弄中,有的官兵徒手将敌人硬生生摔下城墙,有的则与敌人紧紧扭缠,纵身跃下,以同归于尽。当海龄身负重伤,面临被俘之辱,他犹如烈火中的凤凰,毅然决然地点燃自焚的火焰,以身殉国。他的夫人,平日里温婉如水,此刻却展现出无比的决绝,怀抱孙子,没有丝毫犹豫,随之投身于火中,与夫君共赴黄泉之路。在生死存亡的最后关头,八旗军眷属也纷纷挺身而出,选择了以生命为代价的壮烈殉节方式——她们或紧握亲人的手,或凝视远方战场自裁,以此激励士兵们血战到底。

镇江是南京的门户,是大运河漕运的咽喉,战略地位举足轻重。清廷深谙镇江之于全局的关键,知其一旦失守,门户洞开,全局危矣。历史的车轮无情碾过,镇江的沦陷,成为鸦片战争沉重的转折点。它不仅迫使道光帝在无奈与屈辱中低下头颅,签订了丧权辱国的《南京条约》,更如一把锋利的刀,将中国从一个独立自主的封建国家,切割得支离破碎,逐步堕入半殖民地半封建社会的深渊。这场战争,让沉睡在古老文明光辉下的中国人,猛然惊醒。他们目睹西方列强的坚船利炮,感受到前所未有的震撼与冲击,也深刻认识到自身的落后与不足。这份痛彻心扉的认识,如同一剂猛药,唤醒了沉睡中的民族。中国人开始反思,开始探索,开始寻求救亡图存之路……

3. 江上救生会

"江风白浪起,愁煞渡头人。"

古时候,镇江西津渡至瓜洲的江面,水势凶猛,易形成漩涡。渔民船夫皆畏惧不敢过此段,逢疾风暴雨之际,船覆人亡的悲剧便如阴影般笼罩在这片水域上,史书中此类惨剧屡见不鲜。唐天宝十载(751 年),一场风暴便令数十艘渡船沉入江底。及至南宋绍兴六年(1136 年),一艘渡船离岸未几,便被狂风巨浪吞噬,包括艄公在内的 46 条鲜活生命,无一幸免。面对这水上灾难频仍的严峻现状,南宋乾道年间的镇江知府蔡洸,心怀苍生,夜不能寐。他毅然决然地在江面上建造五艘抗风性能卓越的大型摆渡船,船上分别镌刻着"利、涉、大、川、吉"的吉祥字样,宛如五位守护神,屹立于波涛之上。它们既是官渡,又是救生之舟,首次将官渡与救生融为一体,开创了江上救助活动的先河,也成为后来救生会的雏形,更在世界历史上留下了有组织江上救助活动的最早篇章。

到明朝时期,西津渡出现了真正意义上的长江水域救助。

正统年间,巡抚周忱精心打造两艘救生专用船,向社会广纳贤才,招募水手三十余人,"济渡救生",此时民间救生事业也逐渐萌芽生长。岁月如流,转瞬至清康熙年间,前朝的救生船只早已消逝于历史长河之中,江上救生活动也如流星般一闪即逝,终归沉寂于茫茫夜色。面对江水的汹涌澎湃,天象的变幻无常,渡江之人如同浮萍般在波涛中摇曳。自幼生长于镇江古城的蒋元鼐,目睹太多人间悲欢离合,心中不禁涌起一股难以名状的悲悯之情,于是他毅然地站了出来,在西津渡创立了一家救生机构,为往来舟楫照亮前行的道路,撑起一片安全的天空。

据传,康熙皇帝南巡途中驻跸镇江,只见西津渡口江风拂面,波光粼粼。圣目所及,红船穿梭如织,或悠然巡逻于碧波之间,或严阵以待。一旦江面有险,红船便迅猛疾驰,以拯救生灵于危难之中。康熙皇帝目睹如此救生义举,心中感慨万千,特赐救生红船佩戴虎头金牌,以彰其功。自此以后,每当有人落水,或船只遭遇不测,救生红船便立即鸣锣开道,锣声震天,破浪前行,犹如江面之上的英勇骑士。其他船只闻锣声见虎头金牌,无不肃然起敬,纷纷避让,为红船让出一条生命通道。

时至今日,金山寺内静静矗立着康熙所题的《操舟说》碑。清朝后期,战乱频发,国家无力支付救生会费用,于是蒋家子孙七代,140年间倾其家产,供养救生会,大爱感天动地。直到1923年救生会才退出历史舞台。红船,默默守护着水上生命的安全与希望,成为江面之上最温暖、最坚定的守护神。

4. 大韩民国临时政府避难之城

笔者有部名为《铁语》的长篇小说,揭开了抗战时期中韩两国为抵御日本侵略,并肩作战、风雨同舟的史事。在这部作品中，大韩民国临时政府的领袖金凡（原型是大韩民国临时政府主席金九），带领着一群流离失所却心怀家国的志士，踏上了一段近三十载的流亡之旅。他们的足迹，散布在上海、嘉兴、杭州、镇江、南京、武汉、长沙、广州、柳州、綦江，直至重庆。在这条漫长而曲折的道路上，金先生一行屡次面临生死存亡的考验，如同孤舟在波涛汹涌的大海中挣扎。幸运的是，他们在中国这片古老而宽容的土地上，找到了避风的港湾。中国政府的庇护，如同温暖的阳光，穿透阴霾；而崔立骏、诸嘉城、柳叶等普通中国民众舍命相助，不惜付出巨大的牺牲，以忘死之勇，一次次将他们从虎口中救出。终于，抗战胜利的曙光照亮了大地。金先生等人，带着满腔的热血与坚定的信念，踏上归途，返回朝鲜，开启复国的伟业。

《铁语》并非凭空杜撰，而是深深根植于真实的历史土壤之中。大韩民国临时政府的确曾秘密迁至镇江。

1932 年 4 月 29 日，发生了一场震惊中外的"上海虹口公园爆炸案"，韩国义士尹奉吉以一颗藏于水壶中的炸弹，炸死炸伤日军高官数人。然而，这场行动也引来了日军的疯狂追捕，金九等临时政府领导人不得不撤离上海，开始了漫长的流亡生涯。1935 年 11 月，历史的车轮将临时政府带到了镇江。作为当时江苏省政府所在地的镇江，对金九及其同伴给予了无微不至的关怀与帮助。临时政府成员被分散安顿于几处朴素的民宅之中，开始了两年的休整。

镇江的官员与人民，以深厚的情谊和无私的援助，温暖了这些异国他乡的游子。然而，随着 1937 年南京沦陷，国民政府迁往重庆，大韩民国临时政府也随之踏上了新的迁徙之路。直至 1945 年 8 月 15 日，日本投降，朝鲜光复，临时政府终于得以迁

回故土。在登上回国飞机的前夕,金九深情地向记者表达了对中国政府的感激之情:"余居贵国几三十年,无异自己故乡,今将离去,诚不胜眷恋之至。"如今,镇江还建有大韩民国临时政府史料陈列馆,展示了那段重要历史时期的文物和资料,成为镇江市的历史遗迹之一。

五、水乡民俗,长江风味

1. 长江四鲜

"江南无所有,聊赠一枝春。"这诗句宛如一曲轻柔的江南小调,悠悠地唱出了江南的温婉与慷慨,将春天的鲜美如诗般赠予每一个寻味而来的人。镇江孕育出鱼米之乡的丰饶,闻名遐迩的"长江三鲜"——刀鱼、鲥鱼和鮰鱼,后来增补了河豚,它们共同构成了美食家眼中的"长江四鲜"。

刀鱼,体形狭长侧薄,颇似尖刀,肉质鲜美滑嫩,入口即化,它不仅是面条与馄饨中的点睛之笔,更是食客心中难以割舍的美味。独特的口感使其成为江南美食文化的重要代表。

鲥鱼,肉质细腻如丝,脂膏丰腴,入口即化。其味淡雅鲜香,无论是清蒸时保留的原汁原味,还是红烧后浓郁醇厚的口感,都风味独特,因此被誉为"鱼中之王""鱼中西施"。从历史角度看,鲥鱼在古代便是宫廷贡品,深受达官贵人喜爱。

鮰鱼肉质细嫩,肥美无刺,其独特的口感在"长江四鲜"中独树一帜。从文化角度来说,它是长江流域渔民传统饮食中的重要组成部分,承载着丰富的地域文化内涵。

河豚外形憨态可掬,其肉质之鲜美堪称一绝,尽管其内脏含有剧毒,处理不当容易危及食客生命,但这也阻挡不了人们对其美味的追求,自古便有河豚宴盛行。在镇江扬中市,河豚的烹饪技艺已臻化境,这里也因此被冠以"中国河豚岛"的美誉。扬中河豚配上本地的秧草、竹笋,佐以本地的河蚌等河鲜,鲜美的味道让食客终生难忘。河豚成为"长江四鲜"之一,一方面源于其无与伦比的鲜美口感,另一方面也与当地独特的烹饪文化传承密切相关。文人苏东坡品尝河豚后,留下"也值一死"的赞叹。这一逸事更为河豚增添了神秘而诱人的色彩,吸引众多食客竞相尝试,使河豚文化得以广泛传播。

这些洄游鱼类,在漫长的迁徙中汲取了大自然的精华,肉质细嫩而肥腴,被巧手厨师幻化为馄饨、锅贴、煎包、蒸包、汁面等多种佳肴。昔日,文人墨客们闻香而来,只为品尝那一口江鲜的滋味。酒足饭饱之后,他们便以笔墨为媒,将焦山鲥鱼的肥腴、本江刀鱼的细嫩、东乡长鱼的脆鲜以及长江河豚的鲜美一一记录,流传至今。更有老饕精心列出吃鱼时间表,从正月菜花鲈到十二月青鱼,一年四季的江鲜美味被安排得井井有条,让人不禁感叹古人对生活的细腻品位与对美食的极致追求。文人墨客的诗词歌赋和饮食文化活动,共同推动了"长江四鲜"文化的传承与发展,使其成为长江流域饮食文化的瑰宝。

2. 镇江三怪

镇江有三怪,香醋摆不坏、肴肉不当菜、面锅里面煮锅盖。

若说镇江最知名的一张城市名片,那镇江香醋定当仁不让。镇江香醋在江南人心中的地位,足可与山西老陈醋分庭抗礼。镇江香醋以"色、香、酸、醇、浓"的独特风味,赢得了无数食客的青睐。与别地不同,镇江的醋是用糯米酿制的,当地人称为"仙

糯"。它酸而不尖锐,与山西老陈醋的豪放相比,镇江香醋更多了一份柔和,香气馥郁带甜,色泽清亮,醋酸柔和,味道鲜美,宛如江南水乡中温婉婀娜的女子,风姿绰约而韵味悠长。

相传,镇江香醋乃由酿酒鼻祖杜康之子黑塔所创,故有"儿造醋"的美谈。昔日,杜康携家带口来到镇江,开设了一间小糟坊。一日,黑塔醉卧酒缸旁,梦中忽见一位白发苍苍的老翁,对他言道:"你酿造的琼浆,已历二十一日,今日酉时便可品尝。"言罢,老翁飘然而去。黑塔醒来,回味梦中之事,心中满是疑惑。那缸中之物,原是喂马所用的酒糟与后来加入的几桶清水,怎会变成琼浆?怀着好奇之心,黑塔尝了一口,只觉满嘴酸甜交织,瞬间神清气爽,浑身舒畅。他忙将此事告知父亲杜康。杜康尝后亦觉惊奇,细品之下,果然香酸微甜,别有一番风味。黑塔细细回忆梦中情景,突然灵光一闪,那"二十一日酉时",合起来不正是个"醋"字吗?自此,这独特的醋便在镇江城内流传开来。更奇的是,人们发现这醋摆放许久亦不变质,反而愈陈愈香。如此,镇江香醋成为镇江的一张亮丽名片,更以其深厚的文化底蕴和独特的口感风味,赢得了世界的赞誉。

镇江人品尝肴蹄,自有一番脱俗的韵致:晨曦微露,便步入馆舍,烹一壶清茶,配以一碟纤细的姜丝,再将那肴肉缓缓浸入香醋与姜丝交织的汁液里,细细咀嚼,品味其间的千滋百味。这肴肉,曾荣获周恩来总理高度评价,指定列入新中国开国第一宴菜单,块大肉厚,质地细腻如绸,香气浓郁绵长,汇聚"香、鲜、酥、嫩"四重美妙滋味,令人回味无穷。民间流传着一则传说。相传八仙之一的张果老,在前往王母娘娘瑶池参加蟠桃盛会之时途经镇江,忽被一阵诱人的肴蹄香气所吸引。他竟不顾及神驴,毅然决定下凡,只为亲口品尝这人间珍馐,甚至连那盛大的蟠桃盛会都被他抛在了脑后。肴蹄美味，足以令人忘却仙凡之别。而水晶肴蹄，更是肴肉中的翘楚。其肉色红艳诱人，皮白胜雪，光滑如玉，卤冻晶莹剔透，宛如琥珀。肉质清香醇厚，酥软而不腻，瘦而不柴，入口即化，回味无穷。

肴肉与香醋 / 言燕华供图

面锅里面煮锅盖。相传，乾隆皇帝南巡之际，偶遇张家嫂子，其烹制的锅盖面，一试之下，龙颜大悦，赞不绝口，自此，锅盖面名扬四海，面的精髓全在那口杉木锅盖上。炉灶之下，烈火熊熊，大锅之内，热水沸腾，蒸汽缭绕，而杉木锅盖则悠然漂浮于沸水上，任凭锅内面汤如何汹涌澎湃，皆被锅盖稳稳压住。面条在锅盖之下反复受热，均匀熟透，煮出的面条筋道有力又不失柔韧之态，仿若灵动的丝线在舌尖上跳跃，口感绝佳。关于锅盖面的起源，还有一个说法。昔日，镇江烹面并无锅盖之习。某次，一

家面店店主不慎将汤罐盖投入面锅之中。这一无心之举,却带来了意想不到的惊喜——面汤不但不会外溢,锅盖之下,面条受热更为均匀,口感愈发筋道。于是,此法便被沿用至今,逐渐演化成了镇江锅盖面独树一帜的烹饪技艺。面条之选,也是锅盖面美味关键所在。镇江锅盖面,精选特色"跳面"为之。做面师傅端坐竹杠一端,另一端则牢牢固定于案板之上,随着身体的上下颠簸,面团在反复挤压中逐渐延展,变薄,直至成为一张薄薄的面皮。刀工精湛,切面如丝,面条之上,密孔隐约可见,使得汤汁更易渗透,滋味更加醇厚。

镇江锅盖面 / 陈岗供图

"镇江三怪"是镇江美食的代表。每一位踏入镇江的旅人,都能在这份独特的美味中,感受到镇江深厚的文化底蕴与无尽的迷人魅力。

扬州文昌大桥 / 扬州市委宣传部供图

扬州三首(其一)

［唐］杜　牧

炀帝雷塘土,迷藏有旧楼。
谁家唱水调,明月满扬州。
骏马宜闲出,千金好暗游。
喧阗醉年少,半脱紫茸裘。

伍　扬　州

"画舫乘春破晓烟,满城丝管拂榆钱。"

扬州是中国城市史卷中绮丽的华章,在诗意的平仄韵律里、画卷的流韵墨痕间、先人金色的履痕中,轻步穿梭、浅吟低唱,诉说着千年的故事。

是杜牧迷醉了十年方觉的"扬州梦",是李白撩拨神往丝弦的"烟花三月",是徐凝三分天下"明月"中占得二分"无赖"的扬州月,更是张祜"只合"扬州死的理想之乡。

历史上,扬州曾经拥有过很多名字。"扬州"之名最早可追溯至先秦《尚书·禹贡》所载"淮海惟扬州"。大禹初定天下,扬州位列九州之一。历史上的扬州另有别称。春秋吴王夫差北上争霸中原,跨长江、筑邗城、掘邗沟,故扬州始称为邗。后越兴吴亡,楚又继之,楚怀王于邗城故址重塑新城,赐名广陵。北周时名吴州。隋开皇九年(589 年),再由吴州易名为扬州。至此,扬州在称谓、区划、地理概念上与今日之扬州渐趋一致。再后,为避隋炀帝尊讳,扬州改称江都郡,至唐天宝元年(742 年),复称广陵郡。

扬州不仅是一个地名,更代表着一种生活的情调和方式。"扬州慢"三个字恰似一把精巧的钥匙,让人在繁华城市背后窥见悠然。淮扬菜的烹制,是在慢火细炖中熬出岁月的醇厚滋味;茶社里,茶香袅袅,时光在杯盏间缓缓流淌;浴室里,温热的水汽氤氲着闲适惬意;老街之上,石板路延伸到历史深处,行人每一步都踏出慢节奏。

康乾盛世,两位皇帝多次南巡,扬州有他们心中难以割舍的盛景。当时盐商云集,文人墨客纷至沓来,点燃了扬州城市商业和手工业的繁荣之火。以"扬州八怪"为首的书画大家、才情洋溢的戏曲名伶、吟诗作词的文人雅士,无不在这"淮左名都"留下浓墨重彩的篇章。一时间,扬州这座城市跃然成为全国文化艺术中心,熠熠生辉,流光溢彩,美不胜收。

扬州不仅有诗意的流淌,更澎湃着英雄的热血。380年前,清军南下,兵临扬州城。史可法率领扬城军民舍身守城十日,"殉社稷,只江北孤城"。扬州也因此成为中国历史上深具血性和反抗侵略精神的城市。

运河航道 / 扬州市委宣传部供图

步入 21 世纪,扬州恰似一艘扬起时代风帆的巨轮,秉承"崇文尚德、开明开放、创新创造、仁爱爱人"的城市精神,破浪前行,扬帆起航。联合国人居奖、国家环保模范城市、国家森林城市、国家园林城市、国家卫生城市等诸多殊荣,"世界运河之都""世界美食之都""东亚文化之都"等称号,都是对扬州独特魅力的高度赞誉,它在新时代的舞台上再次成为世人瞩目的焦点,以其独有的魅力,吸引着八方来客。

一、淮左名都,竹西佳处

大运河最早出现在古籍中是春秋时期。据《左传·哀公九年》记载:"吴城邗,沟通江淮。"公元前 486 年,吴王夫差承继先人之志,意图谋取中原。他独辟蹊径,在长江与淮河之间开通长达 150 千米的人工运河——古邗沟,成功沟通了长江与淮河两大水系;他还高瞻远瞩跨过长江修筑了军用跳板——邗城。此举一方面为其北上伐齐争霸提供了运输军队和粮草的便捷水上通道;另一方面满足了他北上中原争霸的攻守战略之需。据历史考证,古邗沟是世界上最早的运河之一,也是我国大运河最古老的一段脉络。扬州城是大运河的原点城市,其历史地位不容小觑。

京杭大运河扬州辖段从宝应县北大兴洞起,经宝应、高邮、江都及扬州市广陵区、邗江区流入长江,全长 124.52 千米,其中古运河扬州城区段从瓜洲至湾头全长约 30 千米,构成著名的

"扬州三湾"。①

三湾公园 / 世界运河历史文化城市合作组织秘书处供图

西汉初期,吴王刘濞建都广陵。刘濞是汉高祖刘邦之侄,刘邦兄刘仲之子。公元前 195 年,刘邦封刘濞为吴王,吴地东濒浩瀚沧海,自然赋予它生产海盐的优势。刘濞于广陵东北 10 千米外的茱萸湾,开凿了运盐新河,后世称为通扬运河,此举不仅颠覆了前朝"官山海"旧制,更废除了食盐官营的桎梏。他广纳贤才,"即山铸钱、煮海为盐",即大量采铜铸钱,煮海水为盐,同时恩泽百姓,免征赋税,极大地激发了民众的生产热忱,由此奠定了盐业在扬州经济版图上不可撼动的主宰地位,吴国因之丰饶。

然而,时局多变。三国时期,熊熊烽火燃遍大地,扬州以得天独厚的地理位置,傲然挺立于乱世。它是一座富矿,引得群雄

① 刘怀玉、丁蕾、石火培等:《京杭大运河扬州段文化遗产保护与利用研究》,《淮阴师范学院学报》2014 年第 3 期,第 337 页。

竞相争逐。金戈铁马的喧嚣屡屡将扬州城笼罩，战火纷飞中，这里数度沦为"芜城"，往昔的盛景在硝烟中破碎，徒留残垣断壁在风中低诉着当年的繁华。时光悠悠流转，直至南北朝之际，大批北人南迁，为这座沉睡的古城带来了丝丝复苏的气息。而扬州真正踏上辉煌的时间点，则要追溯至隋代大运河的贯通。扬州与运河宛如双生姊妹，命运紧紧相依，休戚与共。运河是一条奔腾不息的血脉，为扬州注入了无尽的生机与活力，使其在历史舞台上绽放出耀眼的光芒。至唐代，王室的物资供应多仰仗江淮之地的供给与输送，而扬州恰扼守南北水运的咽喉要冲，战略地位举足轻重，无可替代。唐敬宗宝历二年（826 年），王播奏请开河，自城南闻门西七里港蜿蜒东向，这条河勾勒出今日城东南运河的雏形，深刻地塑造了五代至宋明间扬州城的布局。

《旧唐书》中记载"江淮之间，广陵大镇，富甲天下"，当时"扬一益二"的美誉如雷贯耳，传遍八方，扬州的富庶程度甚至超过了久负盛名的"天府之国"成都。

洪武之初，南京是大明王朝的肇基地，后明成祖朱棣将都城迁至北京，自此，政治中心北移，但经济命脉仍系于江南。明清两代皆奉行闭关锁国政策，海禁森严，海运之路举步维艰。于是，千里运河便成了南北物资交流的唯一通途，它串联起国家的南北，源源不断地将江南的粮米输送至京师，它是跳动的生命线，每一滴水都涌动着明王朝的兴衰韵律。明代朱健《古今治平略》曾如此描绘："京都百亿万口抱空腹以待饱于江淮灌输之粟。"为了确保漕运畅通无阻，明朝在运河之上展开了一场又一场规模浩大的水利工程。自 1194 年黄河夺淮的惊天之变后，运河便饱经沧桑，直至 1855 年黄河再次改道。明洪武二十八年（1395 年）的一场治水壮举尤为令人瞩目。在范光湖槐楼之南、界首之北的广袤大地上，数十万民夫蚁聚，沿湖开凿出一条长达20千米的直渠，锤凿声响彻云霄。此渠一成，便在河湖之间划下了一道明晰的界限，开启了河湖分治的新纪元，为运河的长治久安奠定了坚实的基础。

弘治至万历年间，在高邮湖畔，当地各级官员根据地势，精心谋划，新开辟了几条人工水道，漕运船只借此绕过了水势湍急的邵阳湖、高邮湖，得以安全行驶运输。这条新开辟的水道，保证了国家经济命脉的畅通，繁荣了明朝经济。然而，历史风云变幻莫测，内忧外患的大明王朝轰然崩塌，扬州城也未能在国破的乱世中幸免，清军铁蹄之下，生灵涂炭，弥漫的硝烟中，昔日繁华盛景化为乌有，"扬州十日"成为这座城市永远抹不去的伤痛记忆。运河是历史的见证者，它见证了明朝的崛起辉煌，扬州城的盛极一时；也目睹了明朝的落寞衰败，亲历了扬州城的灭顶之灾。运河流淌着悲欢离合的沧桑，抵御敌人的刚烈悲壮，成为历代文人叹之、咏之，来不忍去、去不能忘的牵绊。

清廷定都北京后，漕运之制承明而来，每岁国库所需粮米，皆如元明二朝，悉仰仗江南之地。彼时的扬州，占漕运、盐政、河务三大枢要之利，其势"动关国计"，明清两代两淮盐务机关均设置在扬州。明代《万历扬州府志·序》称："以民物之隆替候维扬之盛衰，以维扬之盛衰候天下之否泰。"可见扬州与邦国命运联系紧密。清初，扬州为朝廷钦点，作为两淮盐业营运核心要地。盐运之盛，年吞吐量竟达六亿斤巨数，甲于一方。至乾隆年间，徽商与晋商领衔的两淮盐商，商业版图横跨宇内，势力影响广远，无人可与之颉颃。"四方豪商大贾，麋至鳞集。侨户寄居者尤众。"财货如江潮滔滔不绝涌向扬州城，《清代野记》载："乾嘉间，扬州盐商豪侈甲天下，百万以下者皆谓之小商。"扬州也从屠

城惨祸的阴霾中涅槃重生。至乾隆年间极盛时,扬州盐商总资本竟有七八千万两之多。那时,盐商们的生活奢靡无度,《扬州画舫录》所记便是扬州盐商纸醉金迷的消费生活写照:

> 初,扬州盐务,竞尚奢丽,(诚)一婚嫁丧葬,堂室饮食,衣服舆马,动辄费数十万。有某姓者,每食,庖人备席十数类。临食时,夫妇并坐堂上,侍者抬席置于前。自茶面荤素等色,凡不食者摇其颐,侍者审色则更易其他类。或好马,蓄马数百,每马日费数十金,朝自内出城,暮自城外入,五花灿著,观者目炫。或好兰,自门以至于内室,置兰殆遍。

明清社会秉承"士农工商"的价值秩序。盐商纵有万贯家财,在既定秩序下,却困于末流。诸多盐商不甘蛰伏,以金银为饵,抛向那权力的深潭,买官鬻爵。他们攀附权贵、长袖善舞,妄图为自己及家族在仕途之上开辟出一条康庄大道。那时功名与官爵,不再是贤能之士凭才华与功绩才可获取的殊荣,反倒沦为交易场上的货品,被明码标价,肆意贩卖。如此一来,政商间的关联,恰似一张无形而巨大的蛛网,*丝丝缕缕*,错综复杂,远远逾越了寻常社交的边界。这等乱象如恶疮一般,无情地侵蚀着社会公平。曾经神圣的科举殿堂,亦被铜臭之气所玷污,无数寒门子弟苦读诗书、梦寐以求的晋升之路,竟被金钱权势所阻塞。科举制度的公平性遭受了前所未有的重创,大厦之基被悄然撼动,为日后整个王朝的衰败,悄然埋下了一枚足以致命的暗雷。

清同治年间,漕运制度改弦更张,海运蓬勃兴起,渐取而代之。及光绪年间,铁路横空出世,扬州交通要冲的地位岌岌可危,渐渐沦为闭塞一隅。康乾盛世间闪耀百年的盐商群体,如大梦初醒,惊觉繁华已如指尖流沙,悄然逝去。扬州盐业繁盛的历史大幕,在时代的催促下,缓缓落下,终至寂然无声。往昔那热闹喧嚣、富甲天下的扬州城,只留下空荡荡的街巷与无尽的落寞,徒留后人在泛黄史册间,去凭吊它曾经的辉煌,去叹息岁月的无常。

　　时维当下,在扬州境内有一座水利枢纽静处京杭大运河、新通扬运河与淮河入江水道的交汇要津,它将长江的浩瀚与淮河的奔腾紧密相连,这便是江都水利枢纽。它是中国最大的引江枢纽工程,也是国家南水北调工程的东线"源头"。遥想新中国诞生初期,毛泽东发出"一定要把淮河修好"之令,激荡起万千豪情壮志。于是,江都水利枢纽工程于 1961 年破土动工,历经十六载风雨的洗礼与磨砺,直至 1977 年,一座集人类智慧与坚韧精神于一身的水利丰碑巍峨耸立。江都水利枢纽堪称精妙,4座大型电力抽水站和 12 座大中型水闸,加之输变电工程的精密运转与引排河道的合理布局,共同编织起一张功能完备的水利大网。它具备灌溉、排涝、泄洪、通电、改善生态环境、发电等功能。四座泵站与四座小岛相互依偎,在江淮大地上闪耀着迷人的光辉,也正因如此,江都水利枢纽被赋予了"江淮明珠"这一美誉。今朝,清澈的水流自扬州启程,带着润泽万物的使命,沿着大运河北上,奔赴数十座大中城市,为亿万民众的饮水安全,筑起一道坚不可摧的保障防线。

二、十年一梦，广陵情深

1. 春江花月夜

或许，月的恒久，本就蕴含了阴晴圆缺的规律，恰似人生无常，因此引得无数仰望抒怀。

月出东斗，张九龄那份萦绕心间的相思，令他夜不能寐，唯将深情寄予明月；李白身处异乡，床前月光如练，勾起他心中无尽的乡愁，遥想故土；圆月高悬，杜甫独立月下一声长叹，异地的妻儿化作月光下最温柔的牵绊；苏轼在八月十五举杯邀月，对胞弟子由的思念如潮水般汹涌，愈饮愈浓；而南唐后主李煜，身陷汴梁的囚笼，亡国之痛，不堪回首月明中。月，不仅是文人墨客心中的一抹风景，更是心灵深处情感的寄托，见证了无数悲欢离合，承载了千秋万代的情思与哀愁。

世人常言"文无第一"。张若虚的《春江花月夜》却例外地被后人贴上了"孤篇压全唐"的"第一"标签。"春江潮水连海平，海上明月共潮生。滟滟随波千万里，何处春江无月明。……江畔何人初见月？江月何年初照人？人生代代无穷已，江月年年望相似。不知江月待何人，但见长江送流水。……不知乘月几人归，落月摇情满江树。"张若虚用歌行体突破格律与对仗，用"春""江""花""月""夜"五种意象，以宏大的意境与深邃的情感，超越时空限制织就一幅江海交融、月涌潮生的画卷。诗中自由节律跳动的悠远情思，似宇宙不息的变幻与莫测。这"变"的永恒与"人生代代无穷已，江月年年望相似"所蕴含的"不变"的哲理水乳交融。既是对生命轮回、时光流转的深刻洞察，也有对人生短暂、人类绵长的哲思咏叹。

　　张若虚在历史上也曾被岁月遮蔽。《全唐诗》称："张若虚，扬州人，兖州兵曹。与贺知章、张旭、包融号'吴中四士'，诗二首。"这简短的文字，勾勒出一位伟大诗人的轮廓。他一生的经历，浓缩在《春江花月夜》与《代答闺梦还》这两首诗里。或许是因为张若虚所处的时代，是武则天平息扬州兵变后，朝廷对扬州士人的戒备之心仍存，又或许是因为张若虚不为世俗所拘的超脱诗风，未能契合当时对家国情怀的普遍期许，而被贴上了宫体诗的标签，张若虚在历史的角落默默无闻，一直到明清时期才被世人发现。但试想张若虚地下有灵，对于这迟来的声誉，或许只会淡然一笑，置之度外。在他那颗超脱尘世的心中，名利地位不过是过眼云烟，唯有那轮皎洁的明月，以及浩瀚的山河，才是永恒不变、值得追寻的存在。张若虚以诗寄情，以月明志，他的灵

《春江花月夜》扬州瘦西湖江南园林实景演出 / 扬州市新闻传媒中心供图

魂早已超越了时代的束缚,与天地共眠,与日月同辉。

2. 烟花三月行

每年农历三月之际,扬州的古桥之上,便会会聚起一批批慕名而来的异乡旅人。探问其缘故,多数游客会笑言:"听闻扬州春景,美不胜收。"若进一步追问此言出自何人之口,或许会有顽皮的游人俏皮答道:"是诗仙李白!"那句流传千古的"故人西辞黄鹤楼,烟花三月下扬州",使得后人对三月的扬州依旧怀揣着无尽的憧憬与遐思。那是一片被诗仙笔墨所描绘的烟火绚烂的江南景致。

开元十四年(726年),26岁的李白到达扬州,之后便登蜀岗、上栖灵塔,纵享江南繁盛,痛饮狂歌"山花如绣颊,江火似流萤"(《夜下征虏亭》)。他轻财好施、广交朋友、挥金如土……半年便"散金三十余万"。此时,他又大病一场,病痛、孤独煎熬着落魄的李白。或许就是在此期间,他深夜难眠,只见一轮明月高悬窗前,这轮明月的温暖相随与陪伴,激荡起李白对故乡、亲人澎湃的思念,他脱口而出"床前明月光,疑是地上霜,举头望明月,低头思故乡"。由此,这善解人意的"扬州月"便升起在中国文学的天空,再也没有落下。

春有百花秋有月,夏有凉风冬有雪。李白在春日抵达,度过深秋,他写下《秋日登扬州西(栖)灵塔》:

> 宝塔凌苍苍,登攀览四荒。
> 顶高元气合,标出海云长。
> 万象分空界,三天接画梁。
> 水摇金刹影,日动火珠光。

鸟拂琼帘度,霞连绣栱张。

目随征路断,心逐去帆扬。

露浴梧楸白,霜催桔柚黄。

玉毫如可见,于此照迷方。

此诗以豪放不羁、气魄雄壮的笔法,将建筑的宏伟气势刻画得淋漓尽致,引得高适、刘禹锡、白居易等文豪纷纷登临观瞻,挥毫题诗,吟咏其中。攀上栖灵塔之巅,可尽览扬州城全貌,彼时的扬州,子城与罗城并立,被誉为"两重城",子城又称"衙城",是官府衙门汇聚之地,罗城又名"大城",是百姓栖息与商贾繁华之地。如今扬州城内有一条青莲巷,据传是诗仙李白昔日栖身之所。

时至天宝六载(747 年),岁在丁亥,47 岁的李白再度踏上扬州这片土地,他写作《题瓜洲新河饯族叔舍人贲》以表对族叔李贲离别之愁,诗中盛赞润州刺史齐澣奏请开凿伊娄运河之举,谓其功"天地同朽灭"。扬州既见证了李白年少时的意气风发,也默默陪伴着他如今的孤寂与沉思。回首往昔,半生风雨兼程,李白以诗寄情,将无尽感慨与复杂心绪,凝练于字里行间,让后人品味其中的酸甜苦辣。

留别广陵诸公

忆昔作少年,结交赵与燕。

金羁络骏马,锦带横龙泉。

寸心无疑事,所向非徒然。

晚节觉此疏,猎精草《太玄》。

空名束壮士,薄俗弃高贤。

中回圣明顾，挥翰凌云烟。

骑虎不敢下，攀龙忽堕天。

还家守清真，孤洁励秋蝉。

炼丹费火石，采药穷山川。

卧海不关人，租税辽东田。

乘兴忽复起，棹歌溪中船。

临醉谢葛强，山公欲倒鞭。

狂歌自此别，垂钓沧浪前。

桃红柳绿／扬州市新闻传媒中心供图

3. 二十四桥论

春日来游，二十四桥便是在所必访。晚唐诗人杜牧的"二十四桥明月夜，玉人何处教吹箫？"勾勒出一幅幽渺的美人图，令后世对他的风流浮想联翩。一提起"二十四桥",就可以想象到二十四位美人,在皎洁月光下,于桥上吹箫弄笛,箫声幽幽,笛音袅袅。杜牧所写的"二十四桥",早已超越了桥本身的地名意义,化作一种深入人心的人文情怀,沉淀为一个时代的文化记忆。他自叹"十年一觉扬州梦,赢得青楼薄幸名",回忆起在扬州的日子,仿佛如梦如幻,不免唏嘘自己碌碌无为。杜牧出身名门,家族乃长安城南杜氏,声名显赫一时,民间有谚云:"城南韦杜,去天尺五。"其祖父杜佑,是中唐名相兼大史学家。少年杜牧曾任淮南节度使掌书记,春风得意,遍历繁华,无论是"春风十里扬州路,卷上珠帘总不如"的绮丽,还是"骏马宜闲出,千金好暗游。喧阗醉年少,半脱紫茸裘"的狂放,又或是"秋风放萤苑,春草斗鸡台。金络擎雕去,鸾环拾翠来"的风流,皆是他笔下扬州的生动写照。在他心中,扬州无疑是人间仙境,乐土无双。而南宋文学家姜夔,亦对二十四桥情有独钟,于《扬州慢(淮左名都)》中叹曰:"二十四桥仍在,波心荡,冷月无声。念桥边红药,年年知为谁生。"传言二十四桥即吴家砖桥,亦名红药桥。昔日丰子恺先生读姜词,心生向往,遂携儿女,特地从上海远赴扬州,只为亲眼一见这承载着无尽诗意与历史的桥影。

"二十四桥"到底是一座桥的名字,还是扬州有二十四座桥,后人各抒己见,说法不一。北宋大科学家沈括在其科学巨著《梦溪笔谈》中,给了另一番解读。沈括言道,二十四桥其实并非独指一桥,而是昔日扬州城内二十四桥的统称,他在书中更详细地列举了这些桥的名称和存亡情况:

> 扬州在唐时最为富盛,旧城南北十五里一百一十步,东西七里三十步,可纪者有二十四桥。最西浊河茶

园桥,次东大明桥(今大明寺前)。入西水门有九曲桥(今建隆寺前);次东正当帅牙南门,有下马桥;又东作坊桥。桥东河转向南,有洗马桥,次南桥(见在今州城北门外),又南阿师桥、周家桥(今此处为城北门)、小市桥(今存)、广济桥(今存)、新桥、开明桥(今存)、顾家桥、通泗桥(今存)、太平桥(今存)、利园桥。出南水门有万岁桥(今存)、青园桥。自驿桥北河流东出,有参佐桥(今开元寺前),次东水门(今有新桥,非古迹也)东出有山光桥(见在今山光寺前)。又自衙门下马桥直南

扬州小桥流水 / 扬州市新闻传媒中心供图

有北三桥,中三桥,南三桥,号"九桥",不通船,不在二
十四桥之数,皆在今州城西门之外。

关于二十四桥的传说,宋代祝穆在《方舆胜览》中记载:"所
谓二十四桥者,或存或亡,不可得而考。"杜牧诗中那如梦似幻的
二十四桥是虚是实,不再重要,重要的是二十四桥早已成为扬州
这座城市独有的符号式意象,等待着每一位后来者怀揣着满心
的想象与眷恋,沿着诗韵铺就的幽径,去体悟那份穿越千年而依
旧鲜活的文学魅力。

4. 鉴真东渡去

唐代有一高僧,俗姓淳于,法号鉴真,广陵(今扬州)江阳人。
自幼随父踏入大云寺,一心受佛法洗礼,遂毅然遁入空门。14
岁时于智满禅师座下剃度,踏上修行之路。至唐中宗神龙元年
(705 年),他又从道岸律师处受持菩萨戒。鉴真是日本佛教南
山律宗的开山鼻祖,也是中医的发扬者,世人尊称其为"过海大
师""唐大和尚"。

开元元年(713 年),鉴真回到扬州,在大明寺担任住持,从
此开始了在扬州三十年弘扬佛法的生活,"江淮之间,独为化
主"。至 733 年,日本第九次遣使团来唐。原来,佛法虽经由朝
鲜传入日本,却因戒律缺失,众多民众为避赋税,纷纷自行出家,
日本急需一位精通戒律的高僧,以正佛法之名,传戒于世。于
是,日本僧人荣叡、普照,怀揣着对佛法的虔诚与敬仰,不远千
里,跋山涉水,来到扬州大明寺,向鉴真倾诉"佛法传至日本国,
虽有其法,而无传法人"。鉴真闻此,心中涌起一股慈悲之念。
他忆起长屋王曾赠中国僧人袈裟,其上绣有"山川异域、风月同

天;寄诸佛子,共结来缘",遂毅然决定跨海东渡,于是,一段传奇的东渡之旅,就此缓缓拉开序幕。

鉴真东渡六次,前五次尝试皆以失败告终。首次启程,未及出海,便遭高丽僧人诬告,船只被官府无情没收,东渡之梦初受挫;二次东渡,大风骤起,波涛汹涌,舟毁人安,只得黯然返航,修缮船只,以待时机;三次东渡,更是舟覆船沉,众人流落荒岛,幸偶遇官船,方得脱险;四次东渡,船只再遭官府查封,前路茫茫;五次东渡,风浪再起,船只偏离航道,竟至海南岛,归途之中,日僧荣叡先因病辞世,鉴真亦遭眼疾侵袭,失明于途中,弟子祥彦随之病逝,悲痛交加,然鉴真法师初心不改,东渡传法之志坚如磐石。

大明寺 / 扬州市委宣传部供图

历经五次渡海失败的艰辛,鉴真大师在第六次东渡中终获机缘。753年冬,鉴真随第十批遣唐使船队劈波斩浪,成功登陆萨摩国(今鹿儿岛)。圣武天皇特颁敕令:"自今授戒传律之事,皆需恭请大和尚主持",更赐予"传灯大法师"的至高尊号。宝应元年(763年),鉴真因长期劳顿示现涅槃。圆寂之际,法师结跏趺坐遥望故国方向。

鉴真法身虽逝,但其"夹纻干漆"像留存唐招提寺,被奉为东瀛文化瑰宝。1980年,森本孝顺长老护送这尊凝结中日文明记忆的圣像重返扬州大明寺,跨越十二个世纪的佛像终与故土重逢。鉴真精神早已超越宗教范畴,化作文明互鉴的永恒光芒。

5. 我自不开花

竹有千种,古代文人墨客对竹有着近乎执着的偏爱。宋代大文豪苏轼诗云:"宁可食无肉,不可居无竹",可以证明古时的士人们将自己的精神价值寄于竹中。而清代书画家郑板桥的一句"我自不开花,免撩蜂与蝶",则让后世的人们得以窥得历史长河中出现的那一群人——以"扬州八怪"为代表的扬州画派。清康熙中期至乾隆末年,特别是乾隆六下江南期间,出于对汉族文人的拉拢,加之远离政治中心等因素,扬州的政治环境稍有宽松,而且经济的繁荣必定伴随着文化的兴旺,在此期间扬州地区开始活跃起一批画家。他们挑战时人眼中的正统,不拘一格,将生活的烟火气、平民的质朴情感融入笔墨之中,而被视为画界的"异类",亦是老百姓眼中的"怪"。

八怪究竟是八个人,还是一群人?画史对此众说纷纭。后世根据其艺术成就,普遍认可的八位大家,是金农、郑燮、黄慎、李鱓、李方膺、汪士慎、罗聘、高翔。其中,郑燮,即是以"难得糊涂"为座右铭的郑板桥,是这一群体的代表。他以竹石入画,借竹明志,生动地刻画了不求闻达于世俗而追名逐利,为追求艺术

而甘愿孤寂的、狂放不羁的画家形象。

扬州画坛八怪，各具风骨，以笔墨写就人生传奇。郑燮以"四君子"为伴，尤擅兰竹，他笔下幽兰含露、劲竹临风，自题"四时不谢之兰，百节长青之竹"，笔墨间自有一种孤高傲世之态。高翔淡泊明志，终身布衣，与山水为友。晚年右臂虽废，仍以左手挥毫，笔力愈见苍劲。其与石涛交谊深厚，石涛逝后，岁岁清明必往祭扫，十余载风雨无阻。

金农才情横溢，自号"三朝老民"，独创漆书，五十始习画而自成一家。他笔下墨梅，老干虬枝间自有一股金石之气。李鱓命途多舛，曾供奉内廷，又任知县，终因性情耿直而流落扬州，卖画为生。然李鱓画作反因此更见性情，泼墨写意，尽显文人风骨。

黄慎画路宽广，既能写神仙之飘逸，亦善绘市井之生动。其人物画尤具特色，将草书笔意融入画中，笔下渔樵耕读，皆栩栩如生。李方膺出身仕宦而钟情于丹青，尤善写梅，老干新枝间透着铮铮铁骨。汪士慎爱梅成痴，晚年目盲仍作画不辍，自题"心观"二字，可谓"目不能视而心能见"。

罗聘承金农衣钵，代表作《鬼趣图》借鬼魅之形，讽世态之丑，可谓"以怪写怪"。金农既殁，罗聘穷尽心力搜集遗作，使先师笔墨得以传世。此般师徒情谊，在艺术史上堪称佳话。

八怪之"怪"，实为突破窠臼、独抒性灵。在正统画风盛行之时，他们以笔墨写胸中块垒，为清代画坛注入一股清新之风。其艺术成就，不仅在于技法之创新，更在于精神之独立。

6. 扬州学派始

清代的学术水平达到了前所未有的高度。扬州学派作为清代乾嘉学派的重要分支,在经学等诸多学术领域都拥有极高的成就。清代乾嘉时期(即乾隆与嘉庆时期)考据学盛行,"小学"——文字学、音韵学、训诂学研究攀至顶峰,成为众多学者潜心钻研的领域。

迫于当时的政治环境,众多学者刻意回避政治、经济、文化中的敏感领域,将满心的热忱与精力倾注于古代典籍的整理之中。虽是形势所迫的无奈之举,但也蕴含着他们主动探寻"三代之治"的炽热渴望,他们期望从经书中挖掘出治国安邦的良策,为时代的变革找寻方向。扬州学派阵容强大,学者云集,王念孙与其子王引之并称"高邮二王",更是成为乾嘉学派中的领军人物。除王氏父子外,汪中、阮元、焦循也以较高的学术成就成为这一学派的代表人物。

王氏父子在训诂学上的造诣,可谓前无古人。王念孙穷尽毕生心血著就《广雅疏证》,这部书里处处可见他治学的严谨。他精通音韵之学,能从字音的细微差别中辨明词义的演变,许多前人误解的字义,经他考证都焕然一新。比如"犹豫"一词,他考证出"犹"是犬名,"豫"是象名,这两种动物都多疑,故而合成"犹豫"表示迟疑不决的意思,这个解释至今仍被学界沿用。王引之得父真传,在《经义述闻》中展现出过人的考据功夫。他读书极细,常常能从别人忽略的细节中发现关键证据。有一次他读到《诗经》中"采采卷耳"一句,历代注家都解释为反复采摘,他却从上下文推断出"采采"应是形容卷耳茂盛的样子。这种独到的见解,在书中比比皆是。

有趣的是,这对父子虽然学问一脉相承,性格却大不相同。王念孙治学如老吏断案,讲究证据确凿;王引之则更重文理贯通,善于在字里行间发现蛛丝马迹。但正是这种互补,让他们的

学问相得益彰。

阮元,字伯元,号芸台,人称"雷塘庵主",道光皇帝对其赞誉有加,称他为"极三朝之宠遇,为一代之完人"。他身兼官员与学者双重身份,官途顺遂通达。阮元主持编纂了诸多极具影响力的学术著作,如《经籍纂诂》,这部著作汇聚了众多学者之力,对经籍中的字词训诂进行了全面而系统的梳理与总结,成为后世学者研究古代文献不可或缺的重要工具书。此外,他还积极创办书院,像诂经精舍与学海堂,为培养学术人才不遗余力,鼓励自由讨论与学术争鸣,使得这里成为扬州学派乃至清代学术思想交流碰撞的重要阵地,进一步推动了扬州学派学术思想的广泛传播与传承发展。

汪中,江都县人,字容甫,以独到的学术见解闻名。他对儒家经典的研究深入骨髓。例如在对《荀子》的校勘与阐释中,汪中凭借其深厚的文字学功底和敏锐的洞察力,纠谬补缺,使得这部在当时被部分学者所忽视的经典著作重新焕发光彩。他不随波逐流,大胆地为荀子正名,指出荀子思想在儒家体系中的重要地位与价值,这个观点在当时的学术界犹如一颗石子投入平静的湖面,激起层层涟漪,引发了众多学者对儒家经典传承脉络的重新思考与深入探讨。

焦循,字理堂,在数学与经学的交叉领域有着极高建树。他将数学原理巧妙地运用到经学研究之中,比如在对《易经》的研究过程中,他以数学的逻辑思维去剖析《易经》中的卦象变化与义理推演,开辟了一条全新的研究路径。他的《雕菰楼易学三书》通过严谨的数学论证与经学阐释相结合的方式,对《易经》的诸多晦涩之处进行了深入浅出的解读,为易学研究注入了新的活力源泉,也彰显了扬州学派学者不拘一格、融会贯通的学术风格。

这些扬州学派的代表人物,共同撑起了扬州的学术天空,在清代学术史上留下了价值极高的著作。他们的学术思想与精神风范,为后世的学术探索照亮前行的道路,激励一代又一代学者不断追寻知识的真谛。

三、风花雪月,青山依旧

1. 瓜洲古渡,不坠青云

"汴水流,泗水流,流到瓜洲古渡头,吴山点点愁。"唐代诗人白居易一生中多次往返于洛阳、扬州、苏州、杭州之间,在各地都留下了众多传世之作,其中最著名的就是这首《长相思(汴水流)》,寥寥数笔将唐代大运河的行进路线描述得清清楚楚。词中提到的瓜洲古渡在扬州西南15千米的长江边,位于长江与京杭大运河交汇处,南与镇江隔江相望,是自唐代开元以后兴起的漕运襟喉之地。

瓜洲原为江中暗沙,形如瓜,故名瓜洲。晋代开始出水,至唐时与陆地相连。唐代开元二十六年(738年),润州刺史齐浣开凿了伊娄河,使瓜洲成为连通长江、淮河、运河的要冲。从此,南北行旅络绎不绝,瓜洲古渡的咽喉地位,由此奠定。

瓜洲古渡头历经春来秋去,看潮落潮起,见离合悲欢,印旅人足迹。在这里唐代高僧鉴真六次东渡日本,五次未能成功,最后于天宝十二载(753年)冬与日本学问僧一同由瓜洲古渡出江东渡成功,带去了佛经和许多先进的盛唐文化。也是在这里,杜十娘捧着她至爱的百宝箱,绝望地纵身赴长江,至今令人扼腕叹息。

瓜洲古渡,这个千年渡口承载着太多文人墨客的羁旅情怀。王安石在此眺望对岸京口,写下"京口瓜洲一水间"的绝句,春风中离乡的惆怅越发浓重;张祜夜泊于此,望着"两三星火是瓜洲",点点渔火映照出多少游子愁绪;陆游登临古渡,在"楼船夜雪瓜洲渡"的壮阔景象中,寄托着收复河山的壮志豪情。这个渡口见证了太多人生命中的重要时刻,他们将自己的情感、抱负、思考,都化作诗句镌刻在这片土地上。千年来,大运河的水依旧流淌,瓜洲古渡的诗意却愈发醇厚。正如李白所言"万古流不绝",这里成为中华文化长河中一个永恒的诗意符号。那些过往的文人身影虽已远去,但他们留下的诗句仍在诉说着这片土地上的故事,让今人依然能感受到千年前的文化温度。

瓜洲古渡 / 扬州市新闻传媒中心供图

南宋时,瓜洲筑起"簸箕城",这是瓜洲有城池的开始。明清两代,瓜洲的繁荣,更是空前绝后,被誉为"江北第一雄镇"。而瓜洲渡口,自古便是兵家必争之地。隋朝灭南陈,大将贺若弼自广陵出兵,经瓜洲渡口,横渡长江,继而攻占镇江;南宋之际,刘锜与金国海陵王完颜亮,在此地展开决战,金军欲从瓜洲渡江而不得,终在大雪之夜,完颜亮为部下所杀,陆游诗中"楼船夜雪瓜洲渡",正是对这场战役的描绘。明代,倭寇肆虐沿海沿江,瓜洲渡又成为抗击倭寇的前沿与后盾。然世事无常,至清康熙末年,长江江流北移,江岸渐塌。光绪二十一年(1895 年),瓜洲城没入江中,那传奇的古渡随着时光一起掩埋于水下。

2. 乾隆南巡,古御马头

扬州的天宁禅寺,清代时曾居扬州八大古刹之首。凡至扬州游历天宁寺者,必知其门前有一码头,坐落在丰乐上街畔,相传乃康熙帝五次南巡,驻跸天宁寺西园行宫时,上下龙舟的所在地。码头岸畔筑有石制宽广平台,边缘又建一雅致小亭,亭中巍然矗立一碑,碑上镌刻着乾隆亲笔题写的"御马头"三个大字,笔力遒劲,气势非凡。然而,明明是登舟的码头,何以称作"御马头"而非"御码头"呢?其中缘由,颇有意思。传说清军入关,以骑兵的骁勇著称,不容任何阻碍。故而,地方官员将"御码头"的"码"字,去其石字旁,化作"御马头",寓意皇帝之行,如马踏平川,畅通无阻。"清晨解缆发秦邮,落照维扬驻御舟"这句诗,生动描绘了乾隆皇帝清晨自高邮启程,途经天宁门,最终登舟抵达扬州御马头的场景,诗意盎然,历史感扑面而来。1989 年,扬州重修御马头,依据《红楼梦》作者曹雪芹祖父曹寅手书真迹,精心复制了这"御马头"三字,使其不仅承载着深厚的历史文化,更添一抹文学与艺术的韵味。

御马头夜景 / 乔家明供图

　　康、乾二位帝王以南巡之名，行水利考察之实，为探求治河良策，涉足扬州，促成了扬州一系列泊船码头的兴建，如天宁寺御码头、高旻寺御码头、南门码头、高桥码头、馆驿前官船码头等，各种船只络绎不绝的繁华景象，促进了扬州水路客运的发展。随之而兴的，是民间画舫经济，一艘艘装饰得流光溢彩的画舫，如繁星点点，点缀在城内官河之上。扬州的水域不仅承载了货物的流通，更孕育出了一种新颖的消费文化——堂客船，是专为那些身份尊贵的小姐所设的水上行宫，内置垂帘幽室，香氛袅袅，尽显细腻温婉；而相对应的，男士们则多乘坐被称作官客船的舟楫，各行其道，各得其乐。此番景致，引得文人墨客竞相吟咏，翰林唐赤子于其《端午》一诗中，便有如此妙笔："无端铙吹出空舟，赚得珠帘尽上钩。小玉低言娇女避，郎君倚扇在船头。"不仅描绘了扬州水上生活的斑斓多彩,更映射出清朝时社会风俗的细腻分层与文化的繁荣兴盛。

3. 古镇高邮，文豪故里

秦王嬴政二十四年(前223年),为强化中央集权统治,筑高台,设邮亭以传王命,由是得名高邮,亦称秦邮,其名载于《太平寰宇记》:"本汉旧县,是秦之高邮亭,因以立名。"自此,古运河畔一座高邮城,悄然诞生。

悠悠七千载文明沉淀,两千余年城建历史,让水乡高邮的生活恰似一幅淡雅的画卷。日子悠悠,不急不缓,人们仿若闲云野鹤,尽享那份超然物外的风雅与闲适。每一寸光阴里,都弥漫着水乡独有的韵味,水的灵动与柔婉,渗透进生活的每一个缝隙。2023年,高邮携着如宝藏般的文化资源,成为全国第十六个"文学之乡"。它的文化底蕴,绝非仅仅能用"古有秦少游,今有汪曾祺"这般简单的话语来概括。遥想宋代,这片土地便是文学的沃壤,孕育出崔公度、孙觉、陈知徽、邵迎、乔执中、王巩、秦观、孙览、陈造等一大批文学家。时光流转,明代的高邮文学更是步入佳境,散曲作家王磐是最耀眼的代表,其散曲成就斐然,至今仍余韵悠长。

待至现当代,汪曾祺先生出现了。作为中国当代文坛的代表人物,他被赞誉为"中国最后一个士大夫",也被尊为"抒情的人道主义者"。汪曾祺先生生于高邮,成长于水乡的臂弯里。水乡的灵秀,滋养他的身躯,雕琢他的性情,进而成就他作品中那"淡而有味,飘而不散"的独特神韵。他以生花妙笔,将平凡至极的生活点染得妙趣横生。汪先生的佳作,大多以故乡高邮为背景,这里于他而言,不仅是血脉相承的故土,更是灵魂深处永恒

栖息的精神家园。那市井间的百态人生,孵鸡贩骡的忙碌身影、挑米卖藕的烟火气息、唱戏娱乐的热闹场景,无一能逃脱汪先生敏锐的笔触。他将这一切巧妙地捕捉,细腻地融入文字之中,字里行间流淌的浪漫与悠然,让读者仿若踏入那悠远宁静的水乡世界,于字里行间探寻到"最纯粹的幸福感受",细细品味生活的真谛与美好,令人如痴如醉,流连忘返。

高邮是一片被自然恩宠的鱼米盛地,是水乡的极致范本。它拥抱着全国第六大淡水湖——高邮湖,倚着京杭大运河的河道。每至日暮时分,夕阳将大把大把的金色颜料倾洒而下,那点点渔帆漂浮于湖面之上,瞬间被镀上了一层氤氲的光辉,这般景致,见者皆会深深镌刻在脑海中,成为心中最为动人的高邮湖印象。高邮还有着明代遗留下的全国规模最为宏大、保存最为完整的古代驿站——盂城驿。它傲然屹立,大家将它称为邮驿史上的"活化石"。

盂城驿 / 扬州市新闻传媒中心供图

提及高邮，那令人馋涎欲滴的咸鸭蛋决然不可忽视。高邮咸鸭蛋的大名早已远扬在外，只需眉睫前浮现这几个字，便能瞬间勾起味蕾的无限遐想。蛋黄散发着红宝石般的光泽，油脂丰腴却丝毫不显腻味。轻轻一口咬下，香醇之感瞬间满溢口腔，余味悠长而缠绵，这独特的体验便是高邮独一无二的味觉印记。待暮色悄然降临，踱步于高邮古朴的街巷之中，看夕阳缓缓地、缓缓地沉入天际，一种未经雕琢的雅致之感扑面而来。此地既无名山大川的磅礴壮阔、雄伟气势，也无都市的喧嚣嘈杂与浮躁纷扰。在小城的一隅，汪曾祺先生笔下那丝丝缕缕的人间烟火气，依旧如同春日里的袅袅炊烟，悠悠升腾而起。街角一间间古老的店铺，默默守在那儿。行人的脚步，不疾不徐，悠然自得，似在丈量着时光的长度。小贩们那或高亢或婉转的吆喝声，此起彼伏，藏着甜蜜与琐碎。这些元素编织出最为鲜活而真实的生活，令人心底不禁泛起丝丝暖意。

高邮咸鸭蛋 / 扬州市新闻传媒中心供图

4. 邵伯古镇，钟灵毓秀

邵伯曾名"步邱"，晋时易名"新城"，又名甘棠与邵伯埭。它静卧于里运河与盐邵河的交汇处。时任扬州刺史的谢安为整治当地水患，在此筑埭，人迹渐多，当地百姓将他比作西周时期的召伯，为了纪念他治水的政绩，将步邱改为召伯。召伯原是周文王姬昌之子，他勤政爱民，廉洁听政，受到百姓爱戴，后来"召伯"便泛指有政绩的地方官吏。邵伯镇是扬州目前唯一的"中国历史文化名镇"。

古镇三面被水温柔环绕，水是它的灵韵，也是它的通途。水陆交通四通八达，这得天独厚的地理优势，让邵伯有了独树一帜的资本。隋代南北大运河的开凿，如同一股奔腾的活力之泉注入邵伯的身躯，一颗新星在一方天际渐渐明亮，终成重镇。待至唐宋，邵伯已跃升为"南北舟车孔道"，后人哪怕隔着悠悠岁月，仍心驰神往。隋炀帝、乾隆帝、孙觉、苏轼等诸多帝王、文人墨客，或亲自来此，或遥寄情思，在这片土地上留下许多事迹，赋予邵伯无尽的人文底蕴与厚重的历史质感，耐人寻味又引人探寻。邵伯水生植物郁郁葱葱，那肆意蔓延的绿意，是生命的欢歌。其中，"邵伯菱"与"宝应荷藕""高邮双黄鸭蛋"被称为"运河三宝"，它们是邵伯大地最纯粹的自然馈赠，镶嵌在邵伯的水乡画卷之中。在古镇的幽深处，藏着一个名为斗野园的秘境，其名字得名于园中那座古朴典雅的斗野亭，此亭是北宋诗人孙觉、黄庭坚、秦观、苏轼、苏辙、张舜民、张耒唱和之处，留于后世的"七贤诗"则以宋代四大书法名家苏轼、黄庭坚、米芾、蔡襄的字迹刻于石上。此亭始建于宋熙宁年间，九百五十余载的风霜雨雪，如刀刻斧凿般侵袭，它却屹立如初。这是一座三开间的精巧亭台，结构恰似天际北斗星辰，让人不禁陷入无尽的遐想之中。亭西临水，一条长廊如灵动的水蛇蜿蜒伸展，直至六角亭——唱晚亭。游人漫步其间，似乎能与古运河的灵魂对话，尽情领略那如诗如画的旖旎风光。

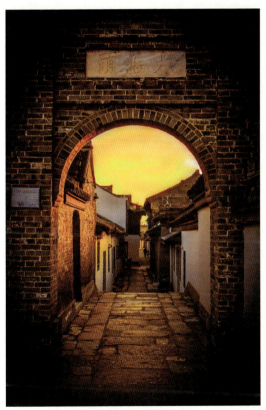

邵伯古镇 / 龚春海供图

园内，一尊三百年前铸就的镇水铁犀像是最忠诚的卫士，它屈膝昂首，以一种威严而又沉稳的姿态，稳稳俯伏于地。铁牛重

约 1.5 吨,身长 1.98 米,高 1.1 米,腹内中空,铸工精细绝伦,观之令人叹为观止。在神话传说中,犀为神牛,牛可耕种土地,属坤兽,坤在五行之中为土,土亦能克水,故前人以铁铸之镇水。它是守护邵伯的镇水之宝,承载着人们世世代代对安宁生活的祈求,那朴素的愿望汇聚在铁牛的身躯中。现实中,它更似一位矗立河中无言的史官,用自己的身躯记录着邵伯与洪水之间的纠葛与恩怨。民国二十年(1931 年),洪水如狰狞的巨兽,水位疯狂上涨,直至铁牛口,邵伯古镇瞬间被黑暗的洪水吞噬,沦为一片汪洋泽国,那是一场噩梦,深深烙印在邵伯的记忆深处。直至 1953 年,铁牛才似历经磨难的游子,移居斗野园内,与斗野亭相互守望,朝夕相伴,续写着邵伯那不朽的传奇篇章,让故事在这片土地上继续流淌、蔓延。

5. 垂杨不断,雁齿虹桥

杭州西湖名气太盛,以至于到了清乾隆年间,竟引得全国三十六处水域共享"西湖"的盛名。但民间也流传着一句谚语:"天下西湖三十六,唯有扬州堪称瘦。""瘦西湖"之名,最早出自清初著名文人吴绮的《扬州鼓吹词序》,其中轻描淡写间,便勾勒出瘦西湖的独特风姿:"城北一水,通平山堂,名瘦西湖,本名保障湖。"

时至清乾隆元年(1736 年),钱塘才子汪沆慕名而来,饱览瘦西湖的秀美后,不禁将其与故乡西湖相较,他赋诗云:"垂杨不断接残芜,雁齿虹桥俨画图。也是销金一锅子,故应唤作瘦西湖。"

瘦西湖起初是一条自然河道,历经隋、唐、宋、元、明、清诸朝的精心雕琢,疏浚治理,沿岸园林渐起,终成今日之胜景。清人沈复在《浮生六记》中评价瘦西湖："虽全是人功,而奇思幻想,点缀天然,即阆苑瑶池、琼楼玉宇,谅不过此。"故瘦西湖与西湖相较,西湖胜于湖山,瘦西湖则胜于园亭也。

扬州瘦西湖 / 扬州市新闻传媒中心供图

瘦西湖的二十四大景区错落有致,二十四桥、望春台、五亭桥、凫庄、白塔、观芍亭等,无不令人流连忘返。步入南门,眼前狭长河道,碧波粼粼,乃瘦西湖之始。沿岸漫步,柳丝轻摆,宛若

佳人轻舞。古往今来,瘦西湖二十四景,各具风韵:卷石洞天、西园曲水、虹桥揽胜、冶春诗社、长堤春柳、荷蒲熏风、碧玉交流、四桥烟雨、春台明月、白塔晴云、三过留踪、蜀冈晚照、万松叠翠、花屿双泉、双峰云栈、山亭野眺、临水红霞、绿稻香来、竹楼小市、平岗艳雪、绿杨城郭、香海慈云、梅岭春深、水云胜概。一景一画,一画一情,依地形蜿蜒,"之"字布局,恰似一幅流动的山水长卷。

6. 青灯古卷,禅音绵绵

瘦西湖畔,依偎着一座古刹,名曰大明寺。沿着那蜿蜒曲折却又平缓舒展的石阶,一步步缓缓攀登,待至寺前,视野豁然开朗。寺门缓缓出现在眼前,巍峨耸立的门楣上"栖灵遗址"四个大字,庄重而肃穆,这是清光绪年间盐运使姚煜留下的墨宝。大明寺始建于南朝梁武帝时,意在弘扬佛法,播撒智慧。历经隋唐宋元明清朝代更迭,大明寺在历史的浪潮中几经修葺与扩建,最终成了南方佛教圣地之一。千年间寺名更迭,"栖灵寺""西寺""秤平"都曾是它在不同历史时期的名号,直至1980年,才重新恢复那最初的"大明寺"之名,似是一场漫长的轮回,终于寻得归宿。

寺前石阶,宽广逾米,承载着无数人物的脚步与故事。继续往上走,目光所及之处,是山门西壁上的巨石,镌刻着"淮东第一观"五个大字,朱红的色泽在阳光下闪耀,那是秦观的神来之笔。踏入寺内,便踏入一座文化与信仰交融的殿堂。向左而行,是通往平山堂、御花园的幽僻小径。右转则可达鉴真纪念堂,听着隐隐的吟诵声,鉴真法师的身影仿若还在寺中穿梭。东渡扶桑前,鉴真法师曾于大明寺担任住持。

古往今来,文人骚客对这里情有独钟。李白曾于此昂首挺

大明寺 / 扬州市新闻传媒中心供图

立,发出"宝塔凌苍苍,登攀览四荒。顶高元气合,标出海云长"
的豪迈赞叹,如黄钟大吕,回响在大明寺的上空。高适亦曾漫步
于此,感慨"淮南富登临,兹塔信奇最。直上造云族,凭虚纳天
籁"。白居易与刘禹锡,两位惺惺相惜的好友同游扬州,携手登
上寺塔,吟诗作对。白居易挥笔写下《与梦得同登栖灵塔》:"半
月悠悠在广陵,何楼何塔不同登。共怜筋力犹堪在,上到栖灵第
九层",满是对时光与友情的珍视;刘禹锡则题下《同乐天登栖灵
寺塔》:"步步相携不觉难,九层云外倚阑干。忽然笑语半天上,
无限游人举眼看",描绘出一幅同游画面。唐时茶圣陆羽,也曾
于此地静坐烹茶、品泉鉴水,茶香与泉韵交织,陆羽赞不绝口,称
之为天下第五泉;北宋词人晏殊,在此留下"无可奈何花落去,似
曾相识燕归来"的千古名句,词句中的幽思萦绕在寺中的每一寸
空气中。苏辙与秦观,曾在寺中悠然漫步,诗心相互碰撞,才情
彼此交融,秦少游吟出"游人若论登临美,须作淮东第一观"的绝

妙诗句,将大明寺的登临之美,推向了极致,让后人读之,忍不住
与他们一同领略大明寺的独特魅力。

遥想北宋庆历年间,欧阳修任扬州太守,始建平山堂。现今
平山堂前,花木繁茂,一片葱郁。庭院静谧,唯有偶尔的风声与
树叶的沙沙声。若是极目远望,江南群山连绵起伏,群山与堂平
齐,"远山来与此堂平"的奇妙景致,恰是平山堂得名的缘由。堂
前楹联"过江诸山到此堂下,太守之宴与众宾欢",短短数语生动
地描绘出欧阳修当年在此地的洒脱风姿与宴饮之乐,尽显文人
的豪情与雅趣。明万历年间,扬州知府吴秀重建大明寺,让这座
古刹在衰败后重焕生机。崇祯十二年(1639 年),漕御史杨仁愿
又一次修缮,呵护着这座寺院。及至清康乾盛世,大明寺成了在
盛世中绽放的繁花,扩建成扬州八大名刹之首,声名远扬,吸引
着无数文人墨客与虔诚香客前来瞻仰。传说苏东坡常至平山堂
凭吊,纪念欧阳修的才情风范。并在堂后精心筑造"谷林堂"与
"欧阳河"。谷林堂的名字取自东坡"深谷下窈窕,高林合扶疏"
的诗句。因着这些文人的故事与情感,平山堂愈发厚重而迷人,
成了扬州一张知名的文化名片。

四、漫步人生,千滋百味

1. 慢品味

扬州有一句谚语广为流传:"早上皮包水,晚上水包皮。"这
句话反映了扬州独特的生活风情,一端是清晨那弥漫着袅袅茶
香与点心甜香的早茶文化,另一端是夜晚在温热汤池中舒展身
心的洗浴文化。

晨曦微露,扬州城从睡梦中渐渐苏醒,一顿精致丰盛的早茶,是唤醒灵魂的盛大仪式。扬州早茶,作为一种民间饮食风俗,却也彰显着淮扬菜的高雅韵致。想当年连那曾六下江南、见多识广的乾隆帝,也对扬州早茶的美味难以忘怀,每每念及,定能想起在江南那些销魂的日子。追溯至清朝,扬州早茶文化达到鼎盛,时至今日,依然是一种鲜活文化的延续与传承。正如《扬州画舫录》中所记载的,"吾乡茶肆,甲于天下"。仅仅在乾隆年间,扬州的著名茶肆便有几十家。彼时,诸多文学家在扬州生活的日子里,纷纷沉醉于这美食的天堂,他们在茶香与点心香中寻觅灵感,为饕客们寻找扬州美食提供了方向。

扬州人早上皮包水(上茶馆),晚上水包皮(上澡堂子)。扬八属(扬州所属八县)莫不如此,我们那个小县城就有不少茶楼。竺家巷是一条不很长,也不宽的巷子,巷口就有两家茶馆。一家叫如意楼,一家叫得意楼。

……

上茶馆并不是专为喝茶。茶当然是要喝的。但主要是去吃点心。所以"上茶馆"又称"吃早茶"。

"明天我请你吃早茶。"——"我的东,我的东——""我先说的,我先说的!"

茶馆又是人们交际应酬的场所。摆酒请客,过于隆重。吃早茶则较为简便,所费不多。朋友小聚,店铺与行客洽谈生意,大都是上茶馆。间或也有为了房地纠纷到茶馆来"说事"的。有人居中调停,两下拉拢;有人仗义执言,明辨是非,有点类似江南的"吃讲茶"。上茶馆是我们那一带人生活里的重要项目,一个月里总

要上几次茶馆。有人甚至是每天上茶馆的,熟识的茶馆里有他的常座和单独给他预备的茶壶。

汪曾祺先生的《如意楼和得意楼》将扬州早茶的渊源与风雅缓缓梳理开来。扬州早茶据传诞生于盐商辉煌的黄金时代里。当第一缕阳光轻柔地洒在扬州城的青石板路上,商贾们便云集于茶楼之内。那时各类会议频繁召开,冗长的商讨过程中,茶水与点心慰藉着盐商疲惫的身心,渐渐地,这简单的茶歇便逐步演化为一场盛大而讲究的早茶盛宴。此外关于扬州早茶的起源,还有两种说法,其一称其根源可追溯至宋代"夜市",或许早茶的雏形在那时便已悄然孕育;另一种说法则认为它发轫于明代"酒楼"的昼夜不息。若将广东早茶比作一场自由随性的自助之旅,那么扬州早茶则无疑是一场精致讲究的盛大筵宴。广东早茶以点心种类繁多著称,甜咸滋味俱全,蒸煮炸烤等烹饪方式应有尽有。扬州早茶却执着地追寻着味蕾的中庸之道。咸甜交融,软硬相济,冷热互补,干湿相衬。它既不会偏于咸涩,也不会过于甜腻;既不会油腻厚重,也不会寡淡无味,所有的滋味都在微妙的平衡中展现出独特的魅力,于细微之处彰显真功夫。

扬州是中国烹饪协会认证的"淮扬菜之乡",有着"吃在扬州"的美名。淮扬菜是中国传统八大菜系之一,自隋唐兴起,至明清达于鼎盛。淮扬菜追寻原汁原味,对鲜、嫩、香的口感有着近乎苛刻的要求,且极为注重菜品色、香、味、形的和谐,不仅是口味上的满足,更是视觉上的盛宴。淮扬菜的制作仿佛是一场精妙绝伦的艺术表演,如"文思豆腐""大煮干丝"等菜品,都需要厨师用令人叹为观止的刀工技艺,赋予食物全新的生命与形态。"东南第一佳味,天下之至美",是对淮扬菜的最高赞誉,它是中

扬州早茶 / 扬州市新闻传媒中心供图

国烹饪艺术的瑰宝,也是国宴上不可或缺的重要角色。

2. 慢生活

扬州有闻名遐迩的"**扬州三把刀**",分别是厨刀、修脚刀和理发刀。淮扬菜厨师手中的厨刀,能将厚厚的豆制品切成丝线一

样细。

《扬州竹枝词》中有"求条签去修双脚,嗅袋烟来剃个头"句。修脚与针灸、按摩并称为"三大国术",而扬州修脚以种类繁多令人称奇。扬州修脚有"肉上雕花"的俗称,平刀、锛刀、嵌趾刀等在修脚师傅的手中有如精巧的医疗器械,专门用于诊治各种脚部的疾病,解除人们足部的困扰与痛苦,传承着先辈的匠心精神。

理发刀——遥想当年扬州理发师为乾隆皇帝理发竟赢得圣上的盛赞,被赐予"一品刀"的美名。扬派理发以刀法的轻柔、精剪细修的耐心以及操作的精致细腻著称。它与东北、湖北、广州的理发流派并称为中国四大理发流派,各有千秋,特色鲜明。扬州传统的理发店,绝非仅仅局限于简单的理发,而是涵盖了剃须、修眉、修面、掏耳、推拿、按摩等诸多项目,能够捏肩、敲背、舒筋,也正因如此,民间流传着这样一种说法:"一个剃头匠,半个巧郎中。"它将理发与养生、美容与医疗巧妙地融合在一起,形成了一种独具扬州特色的生活艺术。

另外,不得不提的是扬州洗浴文化,据《扬州画舫录》记载,其发端于邵伯镇的郭堂。时光流转至清代,扬州的洗浴文化已颇具规模与特色。浴室内设数格隔间,通有暖房,用白石砌成,侍者点茶斟酒,悉心相伴,且精通按摩技法,在这里人们甚至还可以社交。当然消费也是不菲的,一次沐浴所费动辄数十金,花销奢靡,令人咋舌。与此同时,甚至出现了专为稚童设的"娃娃池"。清代戏曲大家、《桃花扇》的创作者孔尚任,曾在《驾转扬州休沐竟日》中为我们勾勒出真实的历史画面:"闻道行宫修禊事,却因汤沐片时留。"说的是康熙帝巡幸扬州时,地方官员将为帝王沐浴之事列为接驾的重要礼仪,郑重其事地筹备安排。清人石成金在《传家宝全集》中写道:"剃头、取耳、浴身、修脚,此乃人生四快事。"短短数语,便将洗浴文化在古人生活里占据的重要地位清晰地展现出来,它是古人生活中不可或缺的趣味所在,至今仍能让我们透过文字,感受到那份对生活细致入微的热爱与追求。不同于北方搓澡,扬州擦背讲究"八轻八重八周到",甚至在多年探索后形成了一套洗浴标准,推向了全国。

3. 慢聆听

扬州好,侨寓半官场。购买园亭宾亦主,经营盐、典仕而商,富贵不归乡。

扬州好,画舫到山堂。屈膝窗儿粘翡翠,折腰盘子钉鸳鸯,花月总生香。

扬州好,评话晚开场。略说从前增感慨,未知去后费思量,野老话兴亡。

扬州好,弦管沸江滨。到处歌台邀顾曲,谁家灯火按昆腔,不听也销魂。

费轩《梦香词》中描绘了扬州夜晚弦管乐声响彻江滨,歌台林立,人们纷纷邀请艺人演唱清曲等曲目,灯火辉煌之处传出昆腔等曲调,生动地展现了扬州清曲等戏曲音乐的繁荣景象及其强大的艺术感染力,即使不听也足以让人销魂。郑板桥曾吟诗道"千家养女先教曲",此中所言之曲,正是那婉转悠扬、仿若能绕梁三日的扬州清曲。《扬州画舫录》中解释"清唱以笙笛、鼓板、三弦为场面……又有以传奇中《牡丹亭》《占花魁》之类谱为小曲者,皆土音之善者也"。

元代陶宗仪的《说郛》记载:"李芝仪,淮扬名妓也,工小唱,尤善慢词。"可推测至少在明清前扬州清曲便已兴起,这是流传

于扬州一带的俗曲小调。它别名众多,"广陵清曲""维扬清曲"等以地域命名,而民间则亲昵地称其为"小唱"或"唱小曲"。其表演风格轻便简洁,不似京剧有说白和繁复的形体动作,扬州清曲靠的是用扬州方言所演绎的那一曲一调,便能诉尽人间百态。曲调融合了当地小调和四方小调的特色,极富民间色彩与鲜明的地域特色。抗日战争期间,扬州沦陷,清曲艺人的生活雪上加霜。然而,在这艰难时刻,周锡侯、魏绍章、王万青等名家挺身而出,在扬州教场老龙泉茶社首次公演,正式挂出了"扬州清曲"的招牌,使得这门艺术形式得以保存。

在扬州,地方戏扬剧又叫"维扬戏",也被人们亲切地唤作"扬州戏",在上海、江苏、安徽等地深受民众的喜爱与追捧。扬剧是在扬州花鼓戏与苏北香火戏的文武戏基础上,融合扬州清曲的婉转悠扬与民歌小调的活泼灵动,进而逐渐发展形成的。就拿扬州花鼓戏来说,早在清康熙年间,便已能寻觅到它演出的踪迹了。最初不过是一种简单质朴的对歌对舞形式,清新而纯粹。舞台上只有小旦与小丑相互逗趣,插科打诨,而随着徽班与扬州清曲剧目的融入,花鼓戏日渐走向成熟。它采用丝弦乐器进行伴奏,曲调婉转缠绵,故而称为"小开口"。扬州香火戏,则有着截然不同的渊源。它诞生于乡间虔诚氛围里的香火盛会中。在表演时,它以大锣大鼓为伴奏,唱腔气势磅礴,恰似奔腾不息的江河,有着震撼人心的力量,也正因如此,它被赋予了"大开口"的称号。

相传乾隆皇帝六度南巡,滋养了运河沿岸戏曲艺术的沃土。当乾隆皇帝的龙舟悠悠荡荡驶至扬州时,盐商们为恭迎圣驾倾尽全力,在御道两旁精心布设戏班,恭候圣上亲临。乾隆驾临扬州之后,当地官员与富户齐心协力,自高桥连绵延展至迎恩亭,两岸档子林立,淮河南北的三十总商各司其职,分段精心设置香亭。一时间,乐声袅袅悠扬,戏曲连台盛演,那场面,好不热闹。周贻白先生在《中国戏剧史讲座》中也曾提及,戏班数量颇为可观,或有三十之盛,即便一班分作两处演出,亦至少有十班至二十班之多。华灯初上时分,城内街巷之中五彩斑斓的各式灯彩交相辉映,将整个扬州城装点成了一个琉璃世界。官绅商贾携手赴会,戏台上纨素之帐轻若浮云,飘然而下。佳人妙影在烛焰幽光中摇曳生姿,体态婀娜。台下观者,睹此胜景不禁遐思悠悠,各戏班如走马灯般夜以继日地轮番登台,观者沉醉其中,如痴如狂,若陷幻术之境,不能自拔。而水路之上,灯船若繁星游弋般往来,船灯映水照出潋滟波光,若银河倒泻,流彩溢光。戏船台阁错落有致,似水上琼宫,浮于粼粼运河之上。

随着大运河盐运、漕运功能日臻完备,扬州经济再度蓬勃兴起,通衢闾巷、行人车驾,处处皆呈繁庶之象,充盈生机活力,推动戏曲艺术不断创新。大运河的南北贯通,更为戏剧家们提供了南来北往的便利,促进了古代戏曲的南北交融,成就了运河两岸戏曲艺术"百花齐放"的盛景。

4. 慢功夫

扬州的韵致在慢节奏里晕染开来,扬州的工艺,也秉持着慢工出细活的古训。

扬州的古琴极为出名,也是古琴广陵派的发源地。古琴中宫、商、角、徵、羽五音的韵律,恰对应着天上金木水火土五星和大地五行生克。古琴又名瑶琴、玉琴,是八音中的丝,中华传统拨弦乐器。相传远古神农氏,"削桐为琴,绳丝为弦",制作出最初的"琴",仅有五弦。而后到了周文王时期,周文王为了缅怀爱

子伯邑考，又为琴增了一弦以表达哀思；到了周武王伐纣之际，再添一弦以振军威，形成了今日的七弦琴。

广陵派于传统琴曲的传承与发展有着重要作用，代表曲目有《梅花三弄》《平沙落雁》《广陵散》。徐常遇是广陵派的创始人，他秉持着"古曲设有不尽善处，可删不可增"的理念，深知大曲若过于冗长拖沓，适度删汰方能成就经典，编著有《琴谱指法》。《扬州画舫录》中赞誉道："扬州琴学以徐祎为最。""一声已动物皆静，四座无言星欲稀"，能令万物噤声，星辰失色。《广陵散》是广陵派的代表作品，魏晋之时，嵇康临刑东市，神色泰然，索琴而弹之，那激昂悲愤的《广陵散》在刑场上奏响。嵇康以不屈傲骨，将《广陵散》的神韵演绎得淋漓尽致，曲罢，叹曰："《广陵散》于今绝矣！"音虽绝，其韵却在岁月的长河中回荡，让人不禁为那英雄气概与琴乐之美所深深震撼，也为古琴文化增添了一抹厚重的君子色彩。扬州更是斫琴技艺的发祥地。清代文人杭世骏曾描写匠人精心制造琴砖的过程："旅人出新制，琴荐仿山骨。结体准直方，剖中应虚歇。远胜膝上弹，激响振林樾。"琴砖尚且如此讲究，足见斫琴技艺的精湛。古琴看似简约，实则制作繁复至极。选择琴板后，尚有画图、放线、雕琢琴面、掏挖内腔、合琴身、装配部件、髹漆等上百道工序，需耗时两三年方能成器。

一把剪刀、一张纸，便能幻化出各式线条流畅、形象生动、寓意深刻的图案，这就是扬州剪纸。扬州是中国剪纸流行最早的地域之一，唐宋时期就有"剪纸报春"的民俗。那时造纸业兴盛，为剪纸的诞生提供了基础。剪纸最初只是作为刺绣蓝本，花样简朴，谁都没想到它最后竟然能演变为一门精巧的艺术。扬州民间无论是剪纸报春，或是用于祭奠而剪成的纸钱、纸马，剪着"生"的蓬勃，剪着"死"的怀念，在纸上剪出的是人间百态。

扬州剪纸艺术以简约的线条勾勒出灵动的形态,似写意的水墨画,寥寥数笔却神韵尽出。它常以生活百态和寻常事物作为题材,匠人们的裁剪是对生活与艺术的反馈,每一幅剪纸作品都是时代文化的微缩影像,扬州剪纸在民间悄然积蓄着力量。清代的扬州,繁荣的商业如同一股强劲的东风,吹开了剪纸艺术发展的新篇章。剪纸艺人队伍人数激增。其中,清代嘉道年间的包钧,以出神入化的剪纸技艺,被尊称为"神剪",能将万物复活。在他的引领下,扬州剪纸构图精巧绝伦、主次分明又相互呼应,哪怕是方寸之间的作品,也能展现出宏大而和谐的美感。线条细腻流畅,刚劲处如铁画银钩,柔美时若弱柳扶风。在题材上更是广泛多元,人物剪纸神态各异,面部表情的刻画细致入微,仿佛能听见人物欢声笑语或低吟浅叹,它既保留了民间艺术的质朴与纯真,又融入了时代的审美与文化内涵,成为清代文化艺术大观园中的一朵奇葩。

"沧海月明珠有泪,蓝田日暖玉生烟。"烟柳画桥、风帘翠幕间,瘦西湖的温婉柔情、古运河的悠长深邃、东关街的尘世烟火,被匠人们一一收纳于掌心,而后倾注到一方方璞玉中。在雕梁画栋的园林幽深处,在青石板路的尽头,在玉石的天地里,勾勒出一个个如梦似幻、充满诗意的小世界。

扬州玉雕的兴盛,源于乾隆皇帝对玉器近乎痴迷的钟爱,扬州本土虽并不产玉,但富庶的经济促进了手工业的蓬勃发展,扬州玉雕技艺精妙,深得乾隆喜爱。扬州玉雕题材广泛,工艺造型更是独具匠心。它既坚守传统题材的深厚底蕴,又大胆地将目光投向鲜活的现实生活,从生活的源泉中汲取灵感。玉雕匠人将本地的熙春台、五亭桥、白塔、二十四桥巧妙地融入玉雕的世界,化为具有鲜明地方特色的艺术图案。

　　昔日,建隆寺内设有玉局,朝廷派出特使进行专门的管理和收集,那些精美的玉器,或被收入宫中,诠释皇家的威严与尊荣;或作为皇恩浩荡的象征,落入功臣之手,传递着帝王的荣宠。当人们凝视这些作品时,仿若能穿越时空,漫步于扬州的古迹之间,感受古城深厚的文化底蕴,每一尊玉器,都凝聚着扬州的灵魂与气质。

淮河入海水道立交 / 贺敬华供图

再过泗上二首(其一)

［宋］苏 轼

眼明初见淮南树,十客相逢九吴语。
旅程已付夜帆风,客睡不妨背船雨。
黄甘紫蟹见江海,红稻白鱼饱儿女。
殷勤买酒谢船师,千里劳君勤转橹。

陆　淮安

　　淮安,是一座中国南北分界线上的城市。

　　秦岭—淮河线从这里穿过,像一道无形的门槛。北边的人说这里像江南,南边的人觉得这儿已是北方。冬天最冷时,护城河会结层薄冰,可转眼又能看见巷子里的老槐树冒出新芽。夏天的雨总下得暧昧,落在城南算梅雨,到了城北就变成了雷阵雨。

　　这座被京杭大运河纵贯全境的城市,是地理意义上的坐标原点。南来北往的故事在这里被揉进流水,悄然无声。淮安是南方的尽头,也是北方的开始,南方的船到这里要换马,北方的马到这里要换船。从吴王夫差挖下第一锹土开始,邗沟的水就一直记录着历史。明清那会儿,漕运总督府门前天天热闹得像过年,运河里挤满了运粮的船。现在去遗址还能看见当年的铸铁秤砣,"总漕部院"几个字虽然锈了,可往那儿一摆,当年称量天下粮仓的气势就出来了。

　　自春秋时期吴王夫差开凿邗沟(前486年),其北端末口(今淮安区)便成为南北水运的转换枢纽。至明清时期,随着京杭大运河全线贯通,淮安更跃升为漕运的"襟喉之地"。这座"九省通衢"之城,曾见证每年数百万石漕粮在漕运总督衙门前流转。明成化年间漕粮运输量峰值达500万石,至清中期渐次调减,三百年间维系着帝国经济命脉的搏动。

淮安这地方有意思。青莲岗文化、运河文化、红色文化在这里悄然对话。早在新石器时代,青莲岗的先民就在这片土地上讨生活,他们烧的陶罐子,将东南沿海的原始文化同黄河流域的中原文化联系起来。河下古镇的老街走起来硌脚,徽商建的宅子顶着马头墙,却给京杭货栈留出四合院的场院。天没亮,文楼的师傅就开始给蟹黄汤包捏褶子,三十二道一道不能少。运河码头那边,洪泽湖来的渔鼓"咚咚"两下,拉纤的号子便从水面上浮起来。淮安人是"南骨北相"的代表,既有江南文士"闲敲棋子落灯花"的雅致,又具齐鲁豪杰"醉里挑灯看剑"的慷慨。

这座"漂浮在水上的城市",境内流淌着五湖四河。城内四条河:盐河的流金岁月承载着明清盐商往日的阔气;大运河上现在跑的都是轰隆隆的铁皮船;古淮河底沉着几千年前的陶罐;里运河两岸一到晚上就亮起串串灯笼,把白居易诗里"灯火穿村市"的光景留到了现在。洪泽湖作为中国第四大淡水湖,有着"水上长城"的景观。湖里的银鱼透亮得能看见骨头,大闸蟹一蒸满屋飘香,皆是自然馈赠的滋味。白马湖作为苏北生态屏障,是国内首个湖泊生态修复示范基地,秋天菊海连天,恍若给湖面织就一袭华裳。高邮湖的鸭子最有福气,整天在湖荡里撒欢,剖开一枚青壳鸭蛋,朱砂红的蛋黄便淌出醇厚油香。宝应湖的千亩荷塘曾入朱自清笔端,夏日风过,田田莲叶间摇曳着荷塘月色的韵致。射阳湖的盛景已随"三十六陂之首"的盛誉湮没于史海,而今盱眙天泉湖以澄澈如镜的苏北唯一Ⅰ类水质代替。紫金山天文台盱眙观测站坐落于湖畔,每当夜幕低垂,银河便倾泻而下,不禁让人想要抬手摘星辰。

淮安这座千年古城,正在淮河生态经济带的春风里焕发新颜。站在淮安港的码头上,能看见巨大的龙门吊画出一道道弧

线,把运河文化悄悄装进运往欧洲的集装箱。中国南北地理分界线标志园,游客在巨大的地球建筑内,走几步就能从温带跨到亚热带。这边刚看见橘子树上挂着青果,转身就瞧见枳树开着白花。

这大概就是淮安最神奇的地方——总能把天南地北的东西,都调和得恰到好处。

一、淮水东南第一州

1. 运河之都

《左传·哀公九年》记载:"吴城邗,沟通江淮。"寥寥几字揭开中国运河史的第一章。

公元前 486 年,吴王夫差的战船划破淮水清波。当时吴国在阖闾、夫差父子统治下迅速崛起,凭借太湖流域丰饶的物产和先进的水利技术,成为长江下游的新兴强国。然而,吴国北进中原面临天然屏障——淮河水系与长江水系的分隔。陆路运输受制于丘陵沼泽,粮草辎重难以快速北上。为北进中原争霸,这位枭雄凿开邗沟第一道渠口。邗沟南起扬州以南的长江茱萸湾,北至淮安以北的淮河山阳湾末口,巧妙串联了长江、樊梁湖、白马湖、射阳湖等天然水体。吴国就是通过邗沟运送十万大军北伐齐国,取得艾陵之战的胜利。这一以军事目的驱动的工程,实则是地缘政治博弈的必然选择。春秋的战火孕育了邗沟,在淮安清江浦留下最初的水利胎记。邗沟北端末口(今淮安河下古镇)逐渐形成"南粮北运"的原始码头,这条全长 190 千米的水道,不仅拉开了中国运河史的序幕,更让淮安成为南北水运的原始坐标。

至东汉末年,陈登任广陵太守,因射阳湖风大浪险,渔民安全难以得到保证,而在白马湖开辟新运道。河线向西移动,连通樊梁湖与白马湖,再由射阳湖进入淮河,故而新运道被称为邗沟西道,这也是邗沟首次改为直道。

隋炀帝龙舟南巡的锦帆,在淮安运河段掀起盛世的涟漪。大业元年(605年),为更便利地获取江南贡赋及南游,隋炀帝"发淮南民十余万开邗沟,自山阳至扬子入江",自此山阳渎由扬子江入江。同年,又在淮北征工百万,修通济渠,使洛阳西苑可直达淮河边的泗州入淮,又通过100千米淮河自然航道,在淮安与邗沟衔接,形成"十字黄金水道"。

唐代中叶,江淮漕粮年运量百万石以上。安史之乱后,运河淤塞,漕运崩溃,关中粮荒。刘晏恢复漕运体系,使江淮漕粮重新北运,年运量恢复至百万石以上。他沿用优化裴耀卿(唐玄宗时期)的"分段运输"思路,使得"江船不入汴,汴船不入河,河船不入渭",即不同河段使用不同船只,减少损耗。此时,楚州城开始出现专营漕运物资的"漕市"。

时间来到宋朝。此时泗州至淮安境内淮河运道由于风浪过大,时常险象环生,"运舟多罹覆溺"。于是宋初开宝年间(968—976年)任淮南转运使的刘蟠主持开凿沙河(又称乌沙河),但工程规模较小,未彻底解决问题。雍熙元年(984年)乔维岳任淮南转运使,重开沙河,自楚州末口至淮阴磨盘口,全长40千米,漕船绕开淮河主航道。后北宋皇祐年间,有江淮发运使许元开洪泽河(又称洪泽渠)。北宋元丰六年(1083年),发运使罗拯开龟山运河,使漕船自淮河直接进入洪泽新河,避开龟山至淮安段的淮河险流。元祐四年(1089年),苏轼巡视清口水利,提出"筑

闸束水"策略,奏议"导淮入海",此思想影响后世治水方略。

宋金对峙时期,黄河南泛加剧。明昌五年(1194年)阳武决口后,黄河主流南徙,经泗水侵夺淮河下游河道,但北流仍未断绝。

至元二十六年(1289年)至二十九年(1292年),元代先后开凿会通河与通惠河,连通隋唐运河与北方水系,初步构建起北起大都(今北京)、南抵杭州的内河漕运体系。此时的淮安清口(今淮安马头镇)作为淮河与泗水交汇之处,已成为漕船北上南下必经之要冲。据《元史·河渠志》记载,元代虽以海运为主,但清口仍设有闸坝调控水位,山东临清会通闸遗址出土了至顺四年(1333年)绞关石。

随着至正四年(1344年)黄河白茅决口,黄河南泛加剧,为明清时期黄河全流夺淮埋下伏笔。至明代中期,当黄河完全占据淮河入海水道后,清口遂演变为黄河、淮河与运河三水交汇的"天下咽喉"。

明永乐九年(1411年),工部尚书宋礼主持疏浚会通河,采纳地方水利经验,筑戴村坝分引汶水,使七成水量北济临清,三成南注徐州。南旺分水口38座船闸调控水位,民间遂有"七分朝天子,三分下江南"之说。永乐十三年(1415年),平江伯陈瑄开清江浦运河,五闸联控水流,漕船避过淮安山阳湾险段。清江造船厂沿河绵延二十余里,年造漕船五百余艘,占全国六成,桐油铁钉的工艺标准沿用至清末。万历六年(1578年),潘季驯推行"束水攻沙"方略,于清口筑高家堰拦蓄淮水,洪泽湖水域扩展,倒逼淮水冲刷黄沙。此举虽加剧泗州城水患〔该城最终于康熙十九年(1680年)沉没〕,但使运河通航能力显著提升,万历后期漕粮年运量达400万石,较嘉靖朝翻倍。

马头三闸是明清时期京杭大运河上的重要水利枢纽,位于淮安市淮阴区马头镇（古称清口），地处黄河、淮河与大运河三水交汇的咽喉要冲。这一组由惠济闸、通济闸和福兴闸组成的闸群，始建于明代永乐年间，经潘季驯、靳辅等治水名臣不断完善，形成了一套精密的水位调控系统。

马头三闸采用青石条砌筑的坚固闸体，配以木质叠梁式闸门，每座闸门宽约 6 米，高 4 米，可精确调节 2—3 米的水位差。三闸通过联动机制，在黄河汛期关闭惠济闸阻挡黄水倒灌，淮水丰沛时开启通济闸引水济运，福兴闸则负责节制运河水量，使清口段水位差控制在 0.5 米以内，保障漕船平稳通行。考古发现的绞关石上的绳槽，见证了当年"日过漕船百艘"的繁忙景象。

作为中国古代水利工程的杰出代表，马头三闸不仅确保了明清两代漕运畅通，更在防洪减灾方面发挥了重要作用。2014年，清口枢纽（含三闸遗址）被列入世界文化遗产名录，成为展示中国古代水利智慧的重要窗口。如今，在淮安漕运博物馆的复原模型前，人们仍能感受到这项伟大工程所承载的历史记忆与科技成就。

康熙十七年（1678 年），河道总督靳辅加筑高家堰石工 67 里，洪泽湖水位较潘季驯时期再抬升 3 米，蓄清刷黄效能达到顶峰。然乾隆三十九年（1774 年）老坝口决堤，淮安三城尽淹，昭示"治河保漕"终难持久。至乾隆四十九年（1784 年），乾隆帝第六次"南巡"时，御码头青石阶已浸在黄水中，皇帝留下"淮安无不安，清黄并入海。然而安难哉，至今难更倍"的叹息。龚自珍过淮浦时，留下"只筹一缆十夫多，细算千艘渡此河。我亦曾縻太仓粟，夜闻邪许泪滂沱"的感叹。咸丰五年（1855 年）黄河北徙，运河山东段断流，江淮段虽勉力维持至清末，但年漕运量已不足鼎盛期两成。1912 年津浦铁路贯通，淮安"南船北马"优势

尽失。清江浦人口从咸丰前的 30 余万锐减至民国初年不足 10 万,榷关年税收自道光朝的 50 万两跌至光绪末年的 12 万两。20 世纪 50 年代后,大运河苏北段经系统整治恢复通航。2014 年,清口枢纽、总督漕运公署遗址等淮安 11 处遗产点列入世界文化遗产,古运河在集装箱船与中欧班列的协奏中重焕生机。

2. 南船北马

"南船北马,舍舟登陆。"

春秋末年,吴王夫差为实现"北威齐晋"的军事战略,首次将长江与淮河水系贯通。吴国水师正是通过这条水道运载战车粮草北上,在艾陵之战中全歼齐军,北端末口(今淮安河下古镇)成为吴国战车与舟楫的转换节点。战国时期,随着商旅往来,末口初现水陆联运雏形,但真正的"南船北马"枢纽地位直至隋唐大运河贯通后才得以确立。

隋大业元年(605 年),通济渠的开凿使淮安成为连接黄河与长江的漕运要冲。北宋时期,淮南转运使张纶整治汴河入淮口,淮南漕船年运量增至 200 万石,与汴河共同支撑起漕运体系。北宋漕粮年运量峰值在真宗朝约 600 万石,元祐年间,苏轼途经泗州时目睹"舳舻千里"的盛况。

运河的波光里,漕运载着一座城的命运。当清江浦的十里烟波与王家营的九街蹄印相遇,淮安便见证了半部华夏水上交通史。明永乐十三年(1415 年),陈瑄开清江浦,建移风、清江、福兴、新庄四闸,形成"四闸递运"体系。漕船可直达清江浦。清代因黄河水患,南来漕船需在清江浦卸货,经陆路转运至王家营再装船北上。据《淮关统志》载,清江浦船厂年造漕船约 500 艘,王家营骡马存栏 5 000 余匹,形成"南船北马,九省通衢"的独特景观。天顺年间（1457—1464 年），随着仁、义二坝的建成，"四闸两坝"的水利体系最终成型。景泰二年（1451 年），朝廷在淮安设立漕运总督衙门，最初兼管河道与凤阳等地巡抚事务，直到成化八年（1472 年）成为专职漕运管理机构。

弘治七年（1494 年），刘大夏筑太行堤束黄河北流，却令清口成三水争锋之地。南来漕船泊于清江浦，经仁、义二坝以绞关盘驳，方敢借道天妃闸（万历十七年建）闯黄北上。王家营车马店前，骡蹄踏碎月影。《王家营志》载道光时六家过塘行在此转运漕粮，400 石粮赋在此完成"南船北马"的转运。康熙帝御笔朱批"漕船过淮当如过险滩"，道尽这水陆转圜的凶险。

每逢大比之年，清江浦石码头的夜晚格外明亮。石码头的灯火犹如繁星，照亮举子们的衣衫，也照亮心中未来的狂热畅想。这条驿道上，不知留下多少举子的足迹与叹息。光绪三十四年（1908 年），津浦铁路开始修建，但直到宣统年间才通车。而漕运早在光绪二十七年（1901 年）就已废止。如今走在河下

清江浦 / 孙德芳供图

古镇,仍能看到程公桥石板上深达寸许的车辙,这是五百年漕运历史最真实的见证。

今天的清江浦,明代漕船经过的河道上架起了现代化的运河立交桥。据统计,淮安高铁站日均发送旅客1.8万人次。走在运河边,一边是保存完好的清江闸遗址,一边是飞驰而过的高铁列车,让人不禁想起《淮安府志》中"南船北马,九省通衢"的记载。

3. 漕粮运输

隋大业元年(605年),炀帝征发淮南民夫十余万拓宽邗沟,三万纤夫踏出的堤道化为运河古道。这条连接江淮的水道,不仅成就了隋唐大运河的南北贯通,更让淮安(时称楚州)成为漕运转输的咽喉。

安史之乱后,北方经济残破,唐朝"赋之所出,江淮居多",江淮漕粮成为维系中央财政的生命线。楚州运河码头舟楫络绎,新罗坊遗址出土的螺钿残片与扬州唐墓出土的伊斯兰玻璃器,印证了运河串联起的跨文化贸易网络。唐代楚州依托运河"漕船云集,连樯成林",常平仓与转运仓支撑起江淮漕运体系。至明代,陈瑄所建常盈仓储粮达150万石,占全国漕粮三分之一,方有"巨廪参差,积粟如山"之景。

宋代推行"转般法",楚州年运量占全国四分之一,成为漕粮北运的核心中转站。宋太宗雍熙年间(984—987年),淮南转运使刘蟠主持开凿楚州至淮阴沙河运河,旨在避淮河山阳湾险段。熙宁五年(1072年),淮南东路盐仓的设立,让淮北(如涟水、板浦)盐场的盐经淮安分销全国,盐税渐成财政支柱,淮北涟水、板浦等盐场产量占全国三分之一,盐税占中央财政三成以上。

　　明永乐十三年(1415 年),平江伯陈瑄开凿清江浦河,避黄河天险,其督建的惠济闸成为大运河咽喉,五闸联动的"运河交响"至今仍在水利史上回响。景泰二年(1451 年),漕运总督驻节淮安,掌控七省漕政,威势之盛令府衙獬豸石兽亦需仰视。《重修山阳县志》记载,每年夏秋之交,万余粮船衔尾停泊城西运河,七省官吏皆需"遥禀戒约"。盐业与漕运的联动,催生了淮安的商业传奇。陈瑄在此督造浅船三千艘,清江督造船厂昼夜不息的灯火,映照着十二万漕军整装待发的盛况。

清江督造船厂 / 视觉中国供图

　　明代"开中法"令盐商云集,河下镇因盐商聚居而"甲第连云,园亭栉比"。程姓徽商用运盐空船载来江南石板,铺就九街两巷的繁华。程增为迎康熙南巡,捐建减水坝调控洪泽湖水,其家族铺设的莲花街石板路至今仍存。清初"纲盐制"垄断淮盐运销,乾隆年间淮扬盐商富甲天下,以"淮北四柱"(程、汪、江、黄四姓)为代表,江春为总商之首,曾为乾隆接驾六次。江春的康山

草堂以"满汉全席"闻名,民间酒肆则催生了软兜长鱼等运河风味。盐商吴朝观在道光年间灾荒时开设粥厂救活万人,其善举被刻碑立于淮阴徐溜镇。道光"票盐制"改革打破垄断,盐商特权瓦解。1855年铜瓦厢决口导致黄河北徙,运河淤塞,漕运渐衰。1901年"停漕改折"诏书颁布,1931年后里运河上盐引残页如纸钱飘散,淮安千年漕盐史诗终章。

民国初年的淮安石码头,蒸汽轮船的汽笛声混着帆船老艄公的吆喝在运河上荡开。淮阴大丰面粉厂的钢磨声昼夜不停,盖过旧日的漕船号子。都天庙的戏台上,老生还在唱着《陈瑄治河》,可台下的茶客早换了一茬。他们叼着南洋兄弟烟草公司的纸烟,烟雾里飘着新世界的味道。河下古镇的江宁会馆,门楣上金漆斑驳。当年盐商摆宴的"软兜长鱼",变成了文楼茶馆里的一笼笼汤包,热气升腾间,依稀还能看见昔日的觥筹交错。

淮安,这座活在运河脉搏里的城,从邗沟的第一锹土开始,就注定要扛起半壁江山的赋税流转。可当蒸汽机代替了纤夫,当账簿换成了股票,它只能静静退到幕后,像一条老船,搁浅在时光的滩涂上。

而今,淮安在市南郊建起了水上立交,这是京杭大运河与淮河入海水道的立体交汇工程,被誉为"亚洲最大水上立交"。其核心采用"上槽下洞"设计:上层为宽80米、长125米的混凝土渡槽,承载南北货运及南水北调东线调水任务,2 000吨级货船穿梭其间,年通过量达3亿吨;下层为15孔涵洞(二期工程将扩建至45孔),汛期可排泄洪泽湖洪水,单孔泄洪量达2 890立方米/秒,曾于2003年6天内紧急倾泻43.8亿立方米洪水,避免30万人转移。该工程兼具泄洪、排涝、灌溉、发电、航运等多重功能,通过抗裂防渗技术实现"两河擦肩过,滴水不沾身"的奇迹。其历史意义尤为深远：二期工程完成后，淮河将恢复独立入海通道，结束自南宋黄河夺淮后无直接入海的历史，洪泽湖防洪标准从 100 年一遇提升至 300 年一遇。与明清清口枢纽"筑堤束水"的传统治水理念不同，现代水上立交以民生为本，桥头堡钢索桥与观光电梯为游客提供俯瞰运河与淮河交汇的绝佳视角，桥下 15 孔涵洞如"地下运河"承载淮河东流，形成"运河之水天上来"的震撼奇观。

淮安区水上立交／姜舟伟供图

二、江淮之地群贤荟

1. 灵台方寸山，斜月三星洞

2024 年，龙腾甲辰，《黑神话·悟空》横空出世。这款由虚

幻引擎 5 打造的游戏,首日便登顶 Steam 全球畅销榜,不仅让全球玩家见证"齐天大圣"的涅槃重生,更将孙悟空这一承载着中华民族英雄精神的符号,推向了人类共同的精神图腾。

四百年前的淮安城,油灯在吴承恩的书案上摇曳。这位不得志的文人或许没想到,他笔下那只无法无天的猴子,会在后世掀起如此波澜。万历二十年(1592 年),金陵世德堂刊印了一部没有署名的神怪小说,书贩们叫卖时,只道是"新刻出像官板大字《西游记》"。一百多年后,淮安学者吴玉搢在故纸堆里发现端倪。他在《山阳志遗》中写道:"天启旧志列先生为近代文苑之首……及阅《淮贤文目》,载《西游记》为先生著。"鲁迅读到了这段记载,并于 1922 年给胡适去信讨论。胡适在其《中国章回小说考证》中对材料予以转录,完善了此前自己在《〈西游记〉序》中的表述,二人就这样接力完成了一场跨越时空的文学考论。

那只从石头里蹦出来的猴子,远比玄奘法师《大唐西域记》里记载的"胡僧"生动得多。他扯着虎皮裙,扛着金箍棒,一个筋斗就翻出了礼教的五指山。火焰山那段写得尤其妙,铁扇公主的芭蕉扇一摇,扇尽世间人的贪嗔痴。取经四人里,要数猪八戒最接地气。贪吃好色是真,憨厚可爱也不假,活脱脱就是大家身边某个爱占小便宜却心地善良的朋友。沙和尚挑着担子的背影,像极了辛勤却沉默的庄稼汉。

"灵台方寸山,斜月三星洞"是《西游记》中孙悟空拜师学艺的核心场景,而"心"则成为贯穿全书的精神隐喻。孙悟空在须菩提老祖处历经七年修心,从扫地、砍柴等日常劳作中参悟本心,最终习得七十二变与筋斗云。正如唐僧所言:"千经万典,也只是修心。"甘肃灵台县有高志山(又名隐形山),当地老人说,山腰破败的云寂院,就是当年孙悟空学艺的地方。有意思的是,这

吴承恩故居 / 朱柏林供图

山有个怪现象:正午时分,整座山头竟然没有影子。这不正应了书中"斜月三星"的玄机?斜月像心字的那一钩,三点星光恰似心上三点。1986 年版《西游记》,六小龄童的金箍棒一挥,整个院子的孩子都沸腾了。在巴塞罗那街头,几个西班牙艺人扮作取经师徒,猪八戒跳着弗拉门戈,滑稽又亲切。甘肃瓜州榆林窟第 3 窟的壁画上,取经队伍始终朝着光明前行。这束穿透时空的人性之光,既照亮了玄奘穿越西域风沙的孤影,也指引着当代人重新认识自由与正义。

2. 枚氏首唱,信独拔而伟丽

在淮阴城的老茶馆里,说书人总爱讲枚乘的故事。这位西汉年间的狂士,如今虽不如司马相如那般家喻户晓,可但凡读过

《七发》的，无不为他的才情折服。

枚乘最风光的日子，是在梁孝王的园子里做门客那会儿。梁孝王好辞赋，筑东苑三百里，招延四方豪杰。那时的梁园，说是文人雅士的乌托邦也不为过。邹阳、严忌这些才子，整日里饮酒赋诗，斗文较艺。枚乘在这里写出了《柳赋》，把一棵柳树写得气象万千。但枚乘最厉害的不是风花雪月的辞赋，而是他那支敢说真话的笔。在给吴王刘濞的谏书中，他展现出了惊人的政治智慧。那封谏书写得迂回曲折，至今读来仍令人叹服。

七国之乱前夕，枚乘正客居吴国。眼看着就要卷入谋反的漩涡，写了封劝谏书，吴王不听，他只得离去。这不是怯懦，而是一种难得的清醒。后来他去了长安，成为汉武帝的文学侍从，算是端上了铁饭碗。

最绝的还是那篇《七发》。说书人讲到兴起，摇头晃脑地背起来："浩浩澄澄，如素车白马帷盖之张。其波涌而云乱，扰扰焉如三军之腾装。"这般气势磅礴的文字，将江海的雄浑壮阔描绘得淋漓尽致。难怪后世文人争相效仿，却始终无人能及。《七发》这篇千古奇文，开创了汉赋的新格局。文章以楚太子有疾、吴客往问的对话展开，通过音乐、饮食、车马、宫苑、田猎、观涛、要言妙道七个层面，层层递进，最终达到疗愈的效果。

说来也怪，这位两千年前的淮阴才子，倒像是给后世文人开了个头。李白写《大鹏赋》时，八成是想起枚乘笔下那些瑰丽的想象；苏轼议论朝政时，语气活脱脱就是枚乘再世。

"要说枚乘最了不起的……"说书人收尾时总爱说这句："是他把文人的骨气写进了辞赋里。后来的韩愈、苏轼，哪个不是沿着他这条路子走的？"

文化的血脉，不正是这样一代代流传下来的吗？枚乘的意义远超出文学范畴。他以一支如椽之笔,在楚辞的余韵与汉赋的序章之间架起桥梁,既保存了屈原式的浪漫精神,又开创出铺陈华美的新文体。更重要的是,他将文人的社会责任感融入文学创作,使辞赋成为针砭时弊的思想武器。这种"文以载道"的传统,在枚乘笔下找到了新的表达方式,也为后世文人树立了永恒的典范。

枚乘故里 / 姜舟伟供图

3. 将略兵机,苍黄钟室

暮色笼罩淮阴城时,少年韩信总会独自登上母亲坟茔所在的高岗。

韩信(约前 231—前 196 年),淮阴(今淮安)人,西汉开国功臣,与萧何、张良并称"汉初三杰"。这位被后世尊为"兵仙"的军

事奇才,其一生如同棋局,波澜起伏,既有"明修栈道,暗度陈仓"的谋略,亦含"狡兔死,走狗烹"的悲怆。司马迁在《史记》中以太史公的身份,感慨其"于汉家勋可以比周、召、太公之徒",却因"矜能"招致杀身之祸。

少年韩信在淮阴城头眺望淮水,腰间青铜剑穗的麻布条总在风中翻飞。家道中落的他,曾寄食南昌亭长家数月,却因亭长夫人的冷眼愤然离去。《史记》载其"贫无行",只能垂钓淮水之滨,幸得漂母数十日接济,留下"一饭千金"的诺言。当屠夫横挡街巷逼其钻胯时,韩信俯身的瞬间,剑鞘撞击肋骨的闷响与母亲下葬时铁锹铲土声重叠,这份"卒然临之而不惊"的隐忍,被苏轼赞为"天下有大勇者"的注脚。

秦末烽烟骤起,韩信初投项梁、项羽麾下,却因献策未受重视转投刘邦。同样的冷遇又在刘邦这里重演,于是有了"萧何月下追韩信"的佳话。萧何诚肯地对刘邦说:"诸将易得,至如信者,国士无双。"

拜将坛上,韩信展开的地图让刘邦眼前一亮。秦岭七十二峪在他口中化作棋盘上的黑白子,"明修栈道"是虚招,"暗度陈仓"才是杀招。三个月后,当汉军旗帜插上咸阳城头时,刘邦才明白自己捡到了怎样的宝贝。

井陉关的朔风卷起沙尘,韩信正以万人背水列阵。他密遣两千轻骑潜入赵军大营,待二十万赵军倾巢而出,汉军阵中突然竖起赤帜,赵军见状溃散。《史记》载此战"斩成安君泜水上,擒赵王歇",首创"背水一战"经典战例。潍水之战更显韩信谋略,他命人在潍水边将砂囊堆了三天三夜。龙且带着二十万楚军渡河时,还在笑话韩信不懂兵法。直到滔天巨浪冲垮战阵,这个项羽麾下第一猛将才明白,自己不过是韩信棋局上一枚过河的卒子。

　　垓下决战前夕,韩信将五军阵图铺展案头。他让士兵们把楚地小谣唱得百转千回,八千江东子弟的刀枪,就这样被乡音泡软了。项羽自刎那天,韩信摸着乌骓马的鬃毛,突然想起当年在项羽帐下执戟的日子。此刻他尚未察觉,功高震主的危机已如影随形。平定齐地后自请"假齐王"的称号时,韩信没看见刘邦眼中的寒意。等他明白过来时,已经成了笼中困兽。在长乐宫钟室,韩信身首异处前,他想起了谋士劝其自立为王的忠告,只能徒劳悲叹:"吾悔不用蒯通之计!"韩信的发迹与落败印证了自己"狡兔死,良狗烹"的预言。

　　如今韩侯祠的香火依旧旺盛,导游指着"国士无双"的匾额,说这是萧何的评价。可角落里那方残破的棋盘,才是这位兵仙真正的墓志铭。历史长河奔涌不息,韩信铸就的军事传奇,至今仍在兵书墨香与市井传说中流转。

4. 麒麟长啸，破茧成蝶

　　在20世纪初的上海滩,一位平日身着改良长衫的京剧老生,以独特的表演风格掀起剧坛风暴。他嗓音沙哑却充满力量,身段刚健如松,将传统戏曲的程式化表达转化为充满生命张力的现实主义演绎。这位被田汉誉为"战斗的表演艺术家"的京剧大师,正是京剧"麒派"艺术创始人——周信芳。

　　1895年,周信芳降生于江苏清江浦的梨园世家,运河码头的桨声灯影浸润着他的艺术启蒙。父亲周慰堂弃仕从艺的决绝,母亲许桂仙昆曲世家的熏陶,让6岁的孩童已随戏班漂泊于杭嘉湖一带的水路之上。拜师文武老生陈长兴时,《黄金台》的唱腔与《一捧雪》的身段,在乌篷船的摇曳中化作最初的戏剧启

蒙。1901年杭州天仙茶园登台献艺,这位年仅7岁的男童以《铁莲花》"吊毛"绝技震动江南,父亲给他取名"七龄童"。命运的戏剧性在1907年再度显现。当时周信芳已算正式的"角儿",以"七灵童"为艺名。上海丹桂第一台的海报笔误,将"七灵童"镌刻为"麒麟童",这个充满东方祥瑞意象的艺名,就此成为京剧现代化转型的代表。周信芳的艺术革命始于对传统的解构。师承徽班宗师王鸿寿时,《徐策跑城》的柔缓步法在他足下迸发新机,交谊舞的节奏韵律化作"蹀步""蹉步",将老臣闻讯的焦灼演绎为疾风骤雨般的"跑圆场"。《萧何月下追韩信》中颤抖的髯口,《宋士杰》公堂掷笏的铿锵,皆以"情驭技"的哲学突破行当桎梏。1925年《汉刘邦》的创排更显其先锋意识,周信芳首开京剧导演制先河,将话剧的舞台调度注入戏曲演出中。

20世纪30年代的上海伶界联合会,周信芳担任会长,推动梨园现代化:赎回被资本蚕食的公产,创立演员养老院与戏校,将传统行会升华为具有现代治理模式的行业共同体。抗战时期,周信芳带领上海京剧界以艺术为武器。《徽钦二帝》中"哭祖庙"的悲怆唱段、《文天祥》里"人生自古谁无死"的浩然正气都成为鼓舞民众的精神力量,周恩来盛赞其"与梅兰芳共铸民族魂"。1940年为保住梨园坊而举行的义演中,时年45岁的周信芳带病坚持演出,发着高烧连续三日坚持挑战《战宛城》《雪弟恨》等武戏。之后周信芳卧病近3个月,直到当年冬天才在卡尔登戏院再次登台。践行"戏剧救国"的誓言,汗透的戏服里,浸染着艺术家最炽烈的家国情怀。

周信芳的艺术影响早已超越戏曲范畴,更深远的影响来自他对京剧美学的重构。作为首个引入"导演制"的京剧艺术家,他对京剧表演程式的创新,对人物内心世界的深入刻画,都为后来者提供了宝贵借鉴。在当代戏曲教育中,周信芳强调的"艺德双修"理念,仍然是培养艺术人才的重要准则。

周信芳故居 / 姜舟伟供图

5. 以笔为剑,运河风骨

在中国现代戏剧史上,陈白尘(1908—1994 年)以辛辣的讽刺剖开时代的病灶。他原名陈增鸿,生于淮阴,既是左翼戏剧运动的先锋旗手,也是中国讽刺喜剧的奠基者,著有《升官图》《岁寒图》等经典剧作。

1908 年 3 月 2 日,陈白尘降生于清江浦的商贾之家。运河码头的市井百态,成为他最初的文学启蒙:肉铺老板陈万兴的吆喝声、船闸处纤夫的号子、大纶袜厂织机的轰鸣,都在少年心中埋下观察世相的种子。母亲许氏讲述的《西游记》故事,更赋予

他天马行空的想象力。1923年考入清江浦成志中学时,校长李更生推行白话文教育,让他在《江北日报》发表处女作《另一世界》,以魔幻笔法描绘运河畔的贫富悬殊。

1932年的寒秋,因组织反帝同盟被捕的陈白尘,在镇江监狱的逼仄牢房中开启作为剧作家的创作巅峰。铁窗透进的微光下,他以厕纸为稿笺,完成50万字手稿。短篇《曼陀罗集》中,狱卒的皮鞭声与囚犯的呻吟交织成地狱变相图;独幕剧《虞姬》借历史亡灵呐喊:"霸王可死,江东精神不灭!"这些浸透血泪的文字,通过探监的同志秘密传出,成为左翼文学的地下火种。

1935年出狱后,他化名"墨沙"投身戏剧运动。在历史剧《金田村》的创作中,他突破历史剧的宏大叙事,让太平天国的圣库制度与当代土地问题形成镜像——该剧在上海公演时,观众席中潜伏的国民党特务竟为剧情鼓掌,浑然不觉讽刺锋芒已刺破意识形态铁幕。

1937年淞沪会战爆发,陈白尘率上海影人剧团溯江入川,成为首个深入大后方的演剧团体。在重庆国泰大戏院,《乱世男女》以嬉笑怒骂撕开"陪都精英"的虚伪面纱:留洋教授高谈救国却囤积居奇,交际花周旋权贵时旗袍开衩愈高,救国口号愈响。该剧连演47场,蒋介石侍从室三次下达禁演令,却挡不住民众在哄笑中为此剧热烈鼓掌。

皖南事变后,他在周恩来指示下组建中华剧艺社。排演《屈原》时,特务机关威胁剧场断电,陈白尘率演员手持蜡烛完成"雷电颂",郭沫若观后挥毫:"炸裂吧,炸裂吧!这比炸弹更锋利的戏剧!"1945年的《升官图》更成巅峰之作:梦境嵌套结构中,知县太太与卫生局局长玩"麻将反腐",警察局长靠抓壮丁晋升师长。重庆首演夜,观众的笑声震落剧院顶灯,国民党文化官员中途退场时嘀咕："这戏比炮弹还可怕!"1949 年后,陈白尘历任上海市文联秘书长等职务。

今南京大学戏剧影视研究所的档案室里,陈白尘手稿上的墨迹依然清晰可辨。那些穿越时空的台词,不仅是历史的证词,更是对光明的坚守。

三、伟人故里英雄地

1. 为国为民

1898 年 3 月 5 日,淮安驸马巷青砖黛瓦的周家大院中传来婴儿啼哭,这个被乳母蒋江氏抱在襁褓中的婴孩,将用 78 载光阴书写中国近现代史上最动人的篇章。运河的桨声灯影里,少年周恩来在三位母亲的羽翼下成长:生母万氏处理家族纠纷时总带着他观摩;嗣母陈氏在月洞窗前教他读唐诗,为他讲故事;乳母蒋氏多次带他走过运河码头,听过纤夫嘹亮的号子,看过纤夫滚落的汗水。淮安,这座南北文化交融的古城,锻造出他"刚柔并济"的品格。

4 岁的周恩来在嗣母陈氏的教导下,开始诵读《三字经》《千字文》。清晨的书房里,嗣母指着"人之初,性本善"的字句,耐心讲解其中道理。偶尔,她也会教幼年的周恩来背诵"锄禾日当午"这样的悯农诗句,在稚嫩的心灵里播下体恤民生的种子。8 岁的周恩来进入私塾,跟随蒋妈妈等塾师学习《论语》《孟子》。在诵读"己所不欲,勿施于人"时,他表现出特别的专注。有一次,当看到同学被塾师严厉责罚,年幼的周恩来鼓起勇气提出异议,展现出与年龄不符的正义感。

命运的淬炼来得猝不及防。1907年深秋,生母万氏肺痨离世,灵堂白幡未撤,嗣母陈氏又咯血卧床。《周恩来年谱》记载,少年时的他常往返于当铺与药铺之间,过早体会到世态炎凉。这段经历让他对民生疾苦有了深刻认知,也磨砺出坚韧的品格。12岁的周恩来离开淮安,随伯父前往东北。临行前,望着渐远的运河波光,他在心中埋下求学报国的种子。次年,在沈阳东关模范学校的地理课上,当教员展示列强瓜分中国的《时局图》时,周恩来深受震撼。他在作文中写下"为中华之崛起而读书"的志向,这一誓言后来成为他一生的写照。南开求学时期,他创作的话剧《一元钱》在天津新剧场连演三日,这段经历培养了他的组织能力和艺术修养,也让他更关注社会变革。

1921年春,巴黎拉丁区的阁楼里,23岁的周恩来与赵世炎等人围炉夜话。窗外塞纳河雾气氤氲,他们讨论《共产党宣言》,油灯将年轻的身影投射在墙面上,宛如一幅动态的《新青年》封面。四年后黄埔军校的操场上,他首创"政治部周课",徐向前、陈赓等未来将星在此初识"革命军人"的真谛。1927年3月21日,上海第三次工人武装起义的枪声响起时,他怀表上的时针指向正午,这个刻意选择的时刻,成为他军事生涯中"时"与"势"的完美结合。

长征路上,遵义会议的桐油灯照亮他力挺毛泽东的发言稿;西安事变中,他雪夜驰骋六十里与张学良深谈;解放战争期间,三大战役的电报在他案头堆成小山,某夜突发胃出血,仍用铅笔在淮海战役地图上勾画补给线。这些瞬间如同他幼年临摹的碑帖,一笔一画勾勒出共和国雏形。

66年未归故里的游子,却在每个历史关头与故乡血脉相连。

1950 年 10 月 14 日，周恩来总理主持召开治淮工作会议。面对淮河流域严峻的水患形势，他环顾与会人员，语气坚定地说："淮河不治，中央要负主要责任。"这句话成为新中国治淮工程的重要号令。1951 年 11 月，经过充分论证的苏北灌溉总渠正式开工，周恩来亲临现场视察，并题写"治淮工程一定要搞好"的勉励词。

故乡淮安的一草一木，一声一呼，总理何曾忘却？1960 年 4 月，他在南京中山陵考察时偶遇淮安籍工作人员，他脱口而出的"格曾吃饱啊？"（淮安方言：可曾吃饱）让随行人员愕然，原来总理始终带着故乡的思念。侄儿周尔辉在淮安中学任教的二十余年间，始终恪守伯父"不搞特殊化"的嘱托。据校史档案记载，直到周恩来逝世当日，全校师生才从紧急集合的广播中得知，这位每天骑自行车上下班的普通教师，竟是总理的亲侄。这种刻意的平凡，恰是对"人民公仆"信念最彻底的践行。

周恩来纪念馆 / 贺敬华供图

在总理生命的最后一个冬天，医护人员听见昏迷中的总理呢喃"文渠"，那是淮安故居前的河道。秘书翻查地图无果，最终

在总理少年时写下的一篇散文《射阳忆旧》中找到线索:"文渠穿城而过,余少时尝与友棹舟其间……"原来游子魂梦所系,仍是12岁那年摇橹离家的清晨。如今周恩来纪念馆内,总理晚年的补丁睡衣与少年时用过的砚台在玻璃展柜中默然相对,砚池里干涸的墨迹,仿佛仍在书写"与人民同甘苦"的未竟诗行。

偶有孩童驻足周恩来淮安故居的百年榆树下,问父母:"何谓'中华之崛起'?"我想,答案在驸马巷的熙攘里,在苏北灌溉总渠的碧波中,更在亿万人民端起饭碗时的笑容里。

2. 英雄之地

淮安,这座横跨中国南北的古城,骨子里刻着英雄的印记。

南宋建炎四年(1130年),黄天荡的水面被战鼓震得发颤。梁红玉,这个从淮安北辰坊走出的女子,红衣银甲立在船头。她擂鼓为号,带着将士把金兵逼退三十里。运河的水混着火油味,船桨掀起的浪花载着飘摇的半壁江山。

几百年后,镇淮楼的飞檐下,游人擂响仿制的战鼓。鼓声穿过时光,与历史的鼓点悄然相叠。

淮安人的血性从来不止在战场。关天培在虎门炮台,流尽最后一滴血;沈坤组织"状元兵"抗倭,把文人的笔墨化作了刀光;到了今天,普通工人乔军为救人纵身跃入激流……

这座城的英雄气,从来不是史书里的陈列,而是活生生的血脉。它藏在古运河的浪花里,在镇淮楼的砖缝中,更在每一个淮安人的骨头上。

沈坤书院旧址的银杏叶簌簌飘落,嘉靖年间一青衫书生就在这树下研读兵法。沈坤(1507—1560年)的故事充满书生报国的悲壮。嘉靖三十四年(1555年),当倭寇的狼烟染红东海,这位明代淮安的首位状元郎脱下锦袍,典当祖宅铸炮台,变卖家产组建"状元兵",将腹中锦绣文章,挥洒化作盐河两岸的连环水寨。据《淮安府志》记载,某日暴雨如注,他亲率三百壮士伏于芦苇荡,待倭船驶入狭窄水道,三十门土炮齐鸣,水花与血雾齐飞,在板闸水域全歼倭寇八百余人,创下零阵亡战绩。新城遗址出土的铁火炮上,"状元督造"的铭文诉说着战绩,而漕运码头的纤夫号子从此多了段"沈公斩蛟"的唱词。

淮安区沈坤状元府 / 姜舟伟供图

胯下桥北街 13 号的张忠毅公祠中,张孝忠的忠魂仍被后世敬仰。南宋德祐二年(1276 年)正月,这位楚州(今淮安)籍将领率五千淮兵扼守江西团湖坪,面对数倍于己的元军铁骑,上演了南宋末年最悲壮的绝唱。当箭矢耗尽,他手持双刀步战,刀刃卷曲便以断矛相搏,战马中箭倒地后仍血战至遍体鳞伤,最终保持

着挥砍姿态殉国。元军将士为其气节震撼,以锦被覆其遗体,伏地高呼"壮士!壮士!"而退。元顺帝追封他为"翊灵威烈忠毅张元帅"。清乾隆年间重建的祠堂内,"团湖著迹　淮水流芳"的木刻对联下,曾供奉着与岳飞塑像相似的金甲坐像——身着宋代战袍,连基座高达三米,虽在特殊年代遭毁,但那份"人生自古谁无死"的气节,仍熠熠生辉。

关忠节公祠的古柏虬枝蔓延,树影斑驳间似见道光二十一年的虎门销烟。关天培(1781—1841年)这位从漕运衙门走出的水师提督,将母亲用淮安土布密密缝制包起的护心镜贴肉藏着,八千斤重炮的震动让青铜炮管烙下永久裂痕。当英军登上炮台,他倚着灼热的炮身挥刀力战,鲜血浸透的朝服下,护心镜碎片与弹片深深嵌进胸膛——这方浸透运河水的布帛,终究护住了民族气节。

新城梁红玉祠的香火也从未断绝。要问淮安人什么是英雄,英雄在这座城里的象征从来不是铜像,而是早市上帮人推车的那双手,是暴雨天疏通下水道的背影,是数百年前沈坤抬过的火炮,也是舍己救人的军人军装上的冰碴子。

3. 薪火相传

1927年秋,淮安北乡的横沟寺,中共淮安特别支部在古寺中悄然成立。陈治平、赵心权等革命者点亮了苏北平原的火种,土地革命的烈焰自此在淮安点燃。

1928年2月10日,暴动农民在雪夜中集结,千余人举着梭镖冲进地主宅院,焚烧地契的火光映红了运河冰面。暴动队伍仅用两天便收缴枪支百余支,成立苏北首个苏维埃政权。当国民党骑兵踏碎雪原追剿时,19岁的谷大涛率敢死队断后,身中七弹仍高呼"土地归农",他的遗言被刻入横沟寺暴动纪念碑基座,鲜血渗入冻土,化作来年春天的野草,虽遭风雪,年年还生。

1935年,在民族危亡的背景下,新安小学第二任校长汪达之带领14名学生组成"新安旅行团"(简称"新旅"),以"实践生活教育、宣传抗日救亡"为宗旨,踏上全国旅行修学的征程。他们携带电影放映机、宣传资料,自淮安出发,足迹遍及华东、华北、西北、西南22个省份,行程5万余里。旅行团通过放映抗战电影、演出戏剧、教唱救亡歌曲、创办刊物(如《儿童生活》《华中少年》)等方式,广泛动员民众抗日。他们深入工厂、农村、前线,宣传"停止内战、一致对外",并组织儿童参与抗战工作。1938年,旅行团抵达武汉后,受到周恩来、董必武等中共领导人的接见,此后逐渐接受中共领导,成为抗日民族统一战线的重要宣传力量。

新安小学由著名教育家陶行知于1929年6月6日在江苏淮安河下镇(今属淮安市淮安区)创办,是陶行知"生活即教育""社会即学校"理念的实践基地。学校最初由陶行知的学生李友梅、蓝九盛等人主持,旨在推行平民教育,培养"有生活力、有创造力"的新一代。抗战胜利后,新安旅行团继续投身解放战争,参与土地改革和支前工作。1949年新中国成立后,部分成员成为文艺、教育领域的骨干。新安小学原址于1984年修复,并建有"新安旅行团历史纪念馆",被列为爱国主义教育基地。

浴血抗战的淮安,是华中战略支点形成的关键。1941年4月26日,大胡庄的晨雾中弥漫着血腥。新四军3师8旅24团1营2连83名战士,以汉阳造步枪和少量手榴弹,在淮安大胡庄阻击600余名日伪军。据《盐阜大众报》战地记者报道,副营长巩殿坤左臂被炸断后,用牙齿咬开了最后一枚手榴弹的拉环;炊

事员李本善将菜刀绑在断腿上,毙伤三名日军后壮烈牺牲。战后清理战场时,战士们遗体呈同心圆防御阵型,多把刺刀因白刃战而弯曲变形。

1941年夏收保卫战中,张爱萍骑兵团创造"马上劈刺"战术,此战缴获的昭和十四年式军刀,现存淮海战役纪念馆,刀刃上的豁口仍能窥见当年的惨烈。淮宝抗日根据地更上演着"水上奇谋"。罗炳辉命渔民将渔船改装"浮岛炮台",芦苇荡中架设土炮,20艘渔船用铁链相连,覆盖芦苇伪装成小岛。9月15日,这些移动炮台在老子山水域成功击沉日军"竹丸号"运输船。同日,淮宝县的地下党员正组织"孝子送葬"队伍,将装满稻谷的棺材运往根据地,这种特殊运输方式在六年里运送了8 700余万斤军粮。1943年3月,在刘老庄血战中,4连82名勇士用血肉之躯阻滞日军机械化部队12小时。

八十二烈士陵园 / 刘须连供图

解放的曙光终于照向淮安。1946 年 7 月,苏中战役的炮火映红楚州城墙。粟裕在文渠畔民宅设指挥部,用算盘推演歼敌 5.3 万的战局。老战士周德茂在回忆录中详述了"车轮炊事班"的创举:他们将三口行军锅分装在改装板车上,利用行军间隙轮换做饭。这种创新使部队日均行军速度提升 15 千米,后被华中野战军推广。而工人们创造的"锥形传单"更是有意思,将油印传单卷成锥形插入米袋封口。当国民党军拆封时,不仅米粒倾泻,传单更如雪片纷飞。现存的一份传单原件上,还能清晰看到"一粒米一颗心,齐心反内战"的标语。少年英雄王元甲的故事催人泪下。1943 年 5 月,15 岁的他在泾口镇张贴抗日标语时被捕。日寇用刺刀在他脸上划出十字,少年咬碎舌头喷血拒答。就义前夜,狱友听见他轻哼淮剧《赵五娘》选段,将情报编入戏文。1989 年追认烈士时,妹妹王秀兰献出珍藏的带血课本,扉页铅笔字依稀可辨:"书页薄,救国心厚。"

"文渠水,九道弯,弯弯都有英雄汉;镇淮楼,十八砖,砖砖刻着忠魂传。"从焚烧地契的火光到木炮的硝烟,淮安用两千年时光作答:什么是英雄,什么是伟大。

四、水满清江花满山

1. 青铜古器传音来

1951 年,治淮工程的工人们在淮安城东北 35 千米的青莲村,挖出了几块不寻常的红陶片。谁也没想到,这一锹下去,竟揭开了淮河流域 7 000 年前的文明面纱。

青莲岗遗址的发现,改写了人们对中国史前史的认知。在

这里,考古学家找到了先民们留下的生活痕迹:磨得发亮的石斧、炭化的稻粒和粟壳,还有那些绘着朱红色彩带的陶钵。最令人惊叹的是一处红烧土房屋基址,芦苇秆在泥土中留下的印痕依然清晰,诉说着"木骨泥墙"的建造智慧。

青莲岗文化的考古遗存横跨黄淮流域,北抵山东滕州,南达江苏连云港,有80余处遗址,却以这座由古寺莲塘而得名的小岗来命名。它的历史为距今7 400至6 400年,跨越了近千年的时光。早期红陶钵口沿有朱红彩带,是东亚地区最早出现的彩陶之一,这是淮河先民献给黎明的第一抹胭脂;晚期内壁彩绘的八卦纹与水波纹,则勾勒出先民对宇宙秩序的原始认知。

青莲岗文化的考古遗存纵横黄淮流域,其范围北接山东汶泗流域,南抵安徽蚌埠双墩,已发现遗址80余处。这个以古寺莲塘小岗命名的文化,最新测年数据显示其存续时间为距今约8 500至6 500年,跨越2 000年岁月长河,与中原裴李岗文化、海岱后李文化共同构成中国新石器时代中期三大文化系统。早期红陶钵口的朱红彩带,在淮河畔晕染出东亚最早的彩陶曙光;晚期陶器内壁的八卦纹与水波纹,则暗含双墩遗址刻画符号的认知密码,揭示先民对宇宙规律的探索。

考古学家从青莲岗遗址的黑土层中,复原出史前文明石器作坊里,带有燧石细刃与砾石砍砸双工艺的工具,见证北方狩猎传统与南方竹木加工技术的碰撞;顺山集遗址出土"木骨泥墙"房址,技术源头可追溯至贾湖遗址。源自贾湖遗址技术谱系的"木骨泥墙",将中国土木建筑史前推至9 000年前。顺山集遗址出土的炭化稻植硅体与粟糠印痕,宣告淮河流域在8 000年前已形成稻粟混作农业体系,比长江中下游稻作文明早了1 000年。

青莲岗文化的最大价值,在于它填补了中国新石器时代文化的地理断层。当仰韶文化的彩陶在黄河流域绽放时,青莲岗的先民正用红陶鼎架起连接东南沿海贝丘文化与中原粟作文明的桥梁。考古学家在邳州大墩子遗址发现,这里的石器作坊同时存在北方燧石技法与南方砾石工艺。这种交融在葬俗中尤为明显:盛行单人仰身直肢葬的青莲岗人,既保持着头向东方的本土传统,又出现了类似裴李岗文化的红陶覆面葬仪。而在婴儿瓮棺中,用作葬具的陶鼎竟与千里之外河姆渡文化的陶釜形制暗合。这些细节印证着著名考古学家石兴邦的论断:青莲岗文化是中华文明“多元一体”格局最早的编织者之一。

2. 偷得浮生半日闲

在淮安这片浸润着运河文明的土地上,河下古镇与龟山古村如同两颗明珠,承载着千年时光的馈赠。前者以漕运繁华与科举传奇书写着江淮文脉,后者则用神话传说与渔村烟火编织出水乡梦境。

运河畔的河下古镇,是一部运河史的见证者。

公元前486年,吴王夫差开凿邗沟的锤声惊醒了河下镇所在的土地。这座后来被命名为“北辰镇”的古镇,2 000年后,在明清漕运鼎盛期迎来高光时刻——淮北盐运分司署的设立,让“天下盐利淮为大”的盛景就此上演了数百年。

在河下镇,总长达5千米的花岗岩条石街道上,那一道道深达寸许的车辙印,至今仍镌刻着“漕艘贾舶连樯”的繁华记忆。漫步于古镇保存完好的明清建筑群中,交错如织的22条街巷如同一幅幅展开的历史长卷:吴承恩故居内的《西游记》手稿泛着墨香,状元楼里沈坤操练“状元兵”抗倭的鼓点犹在耳畔,文楼汤

包薄如蝉翼的面皮包裹着乾隆南巡的逸事。更令人惊叹的是，这片方圆不过数里的土地，竟孕育出 67 名进士、12 名翰林，创造了"五世巍科"的科举神话。中医文化在此生根发芽，吴鞠通《温病条辨》的手稿与百间药铺遗址，见证着"南孟河、北山阳"的中医流派辉煌。

河下古镇 / 易欣供图

龟山蹲在淮河口，像只老龟驮着千年的故事。村里胡明江家翻修老屋时，墙里扒出块青石碑，字迹漫漶，但"支祁""锁井"几个字还看得清。淮渎庙早没了影，只剩几块垫路的条石。可站在遗址上望洪泽湖，恍惚还能看见当年吴承恩溜达过来听故事的模样，那"金目雪牙"的妖怪，在他笔下抖抖毛，就成了大闹天宫的齐天大圣。

渔港边传来"咚咚"声。非遗传承人老曹又在敲他那面鱼皮鼓,鼓面绷的是洪泽湖的青鱼皮。镇上小学的娃娃们跟着鼓点跳课间操,动作是改良过的渔家祭祀舞。退了休的潘婶子支起大铁锅,游客手忙脚乱地体验蒸银鱼蛋羹,蒸汽混着香味飘过新修的"七仙瑶池"。暮色漫过来的时候,河下古镇的状元府和龟山的石头房子渐渐分不清轮廓。

如今古镇在搞数字博物馆,龟山用手机扫码就能看大禹锁蛟的动画。洪泽湖渔鼓传承人曹勇将传统曲目《祭湖神》改编为电子乐版本,鼓点混着电子音效。锁支祁的铁链早已锈蚀,可故事还在生长,就像漕运码头的青石板缝里,如今钻出几丛野薄荷,在风里一摇一摇的。

3. 一城古迹半城湖

淮水汤汤,流入洪泽湖。

洪泽湖静卧于苏北平原,在 12.5 米的水位线下,1 597 平方千米的水域舒展如天鹅展翼。这片悬于平原之上的湖泊,湖底竟高出东部地面 4—8 米,形成世界罕见的"悬湖"奇观。其浅碟状湖盆最深仅 5.5 米,却承载着 130 亿立方米的蓄水量。这组数字背后,是黄河与淮河千年纠葛的悲壮史诗。

1128 年冬夜,东京留守杜充决开黄河堤岸的瞬间,浑浊的河水裹挟着年均 16 亿吨泥沙涌入淮河水系,开启了持续数百年的"黄河夺淮"浩劫。泥沙在淮河下游堆积成陆上三角洲,迫使隋炀帝命名的洪泽浦与周边小湖连成汪洋,最终在明清治水工程中定型为今日的洪泽湖。

横亘湖东的洪泽湖大堤,静静陈列在湖面上。东汉建安五年(200 年),广陵太守陈登筑起 15 千米捍淮堰时,或许未曾想

到这道土堤会成为耸立 1 800 多年的治水丰碑。明万历年间，潘季驯以都察院右都御史兼工部左侍郎总理河漕，他提出"蓄清刷黄"之策，将大堤向南延伸 30 千米，6 万块千斤条石以丁顺相间之法垒砌，糯米灰浆中掺入桐油。这道 67 千米的"水上长城"藏着太多传奇密码。周桥大塘 737 米的清代石工墙上，至今还能摸到林则徐当年督修堤防时留下的印章痕迹。最绝的是大堤的 108 道弯，1954 年发大水时，这些弯道硬是把 6 米高的浪头削成了 1.5 米，印证了老祖宗"以柔克刚"的治水智慧。淮河入海水道二期工程让这座 1 800 多岁的老堤防焕发新生，防洪能力达到 300 年一遇的标准，至今还在护佑着下游 2 600 万百姓。

直挂云帆济沧海 / 吴小艺供图

淼淼洪泽湖，湖中的万千生灵，见证着自然与文明的共生。

1953 年建成的三河闸，作为淮河入江水道的关键控制工程，年均分泄洪水 200 亿立方米，占淮河总泄洪量的 70% 以上，至今仍是淮河流域第一大闸。北宋发明的埽工技术,用树枝、草绳和碎石捆扎成沉埽堵决口,至今仍在应急抢险中发挥作用。2020年盱眙段溃口抢险时,现代沉埽结构与古代工艺原理相通。2020年洪泽湖全面禁捕后,鱼类资源量三年内增长40%,东方白鹳等珍稀鸟类回归,湖畔建成800公顷生态林,形成"桃李争春、丹桂飘秋"的景观带。秋日晨曦中,溧河洼湿地的蓼子草泛起紫红烟霞,天鹅振翅掠过水面,翅尖带起的银鱼在空中划出弧线。年产万吨的洪泽湖大闸蟹,青背白肚下藏着淮河水系特有的鲜甜,渔民潘现琴家族传承的"蟹八件"拆蟹技法,与明代《淮安府志》记载的食蟹礼仪遥相呼应。在张福河湿地,退捕渔民转型生态管护员,他们熟悉这片水域,像熟悉自己的掌纹,能从菱角叶片的随风起伏来预判未来三天的湖面风浪。

如今的洪泽湖大堤,古老智慧与现代科技正在完成一场时空接力。夜色降临时,堤顶光纤勾勒出石工墙的轮廓,宛如一条苏醒的光龙蜿蜒入湖。2014年列入世遗名录的荣耀,2023年斩获灌溉工程遗产的殊荣,都在诉说着这项工程超越时空的价值。

4. 人间至味在淮扬

春秋战国时,扬州与淮安已是江淮流域的繁华之地。吴王夫差开邗沟、筑邗城,运河的雏形在此萌芽,而淮安作为古楚州,早在《尚书》中便有"淮夷贡鱼"的记载。南北物产随水波流转,淮安白马湖畔的蒲菜与扬州的江鲜悄然交融。西汉淮安人枚乘在《七发》中描绘楚王宴席:"鲜鲤之鲙,秋黄之苏""犓牛之腴,菜以笋蒲",一盘生鱼片配香草,一盅嫩嫩的淮安蒲菜炖牛腩。这不仅是辞赋家的文学想象,更是淮安人对食材本味的千年执着。

隋唐大运河贯通后,扬州成为商贸中心,而淮安亦因漕运崛

起。唐代诗人白居易笔下"淮水东南第一州",道尽淮安"南船北马"的枢纽地位。唐代诗人王建写道"夜市千灯照碧云",殊不知淮安河下古镇的盐码头,同样灯火通明。船工卸下淮北盐场的雪白盐粒,也卸下南北商贾对淮安"软兜长鱼"的垂涎。至明清,淮安与扬州并称"淮扬双璧"。清人李斗在《扬州画舫录》中写"烹饪之技,家庖最胜",而淮安洪姓盐商宴客时,"雪燕水参、驼峰熊蹯"尽显豪奢。淮安盐商吴楷首创"虹鳌糊涂饼",是以面皮裹虾茸油炸至金黄,咬开时热气混着鲜香,糊涂的是名号,清醒的是淮安人对创新的痴迷。

淮扬菜的魂,藏在淮安厨师的刀尖与灶火里。一条鳝鱼,剔骨留肉,软兜长鱼如绸缎滑入喉间——这道菜的灵魂在淮安:清末名厨张文显以"软兜长鱼"名震京城,活鳝烫熟剔骨,旺火快炒,淋姜蒜与黑胡椒汁,鲜香直透舌根。淮安钦工镇的手打肉圆,捶打至起胶,入清汤如白玉沉浮,曾是漕工补充体力的乡野小食,如今则成就了"钦工肉圆"的江湖传奇。

淮安瓜雕更与扬州玉雕一脉相承。乾隆年间,淮安匠人以西瓜镂刻"御果园",果肉雕作蟠桃、莲藕,瓜皮刻山水亭台,一盏瓜灯映出满堂华彩。这般技艺,源自淮安河下古镇的盐商私宴——他们以食材为画布,将金银堆里的雅趣刻入西瓜的翠皮红瓤。

清代淮安盐商江春的"康山草堂",一场宴席需备"满汉全席"一百零八道,其中淮扬菜占了大半。宴上"葵花献肉"(即狮子头)取四肥六瘦肋条肉,手工剁茸,炖煮时以洪泽湖蟹粉提鲜,最后以淮安蒲菜围作葵花瓣——北方的浑厚与南方的清雅,在淮安人的砂锅里和解。盐商亦常常资助文人雅集。郑板桥常赴淮安盐商程晋芳的"桂宧",席间必有"平桥豆腐":嫩豆腐切菱形薄片,配鸡汤、虾仁、香菇,勾芡后撒香菜末。看似朴素,却让板桥赞美不已。明正德年间,曾著《淮安府志》的顾达在陕西为官,作《病中乡思》诗:"一箸脆思蒲菜嫩,满盘鲜忆鲤鱼香。"淮安风味,成了文人笔下的乡愁。

1949 年开国第一宴,周恩来亲自选定淮扬菜为主角,而掌勺的淮安名厨团队来自淮扬菜名馆"玉华台"——清炖狮子头、软兜长鱼、平桥豆腐登上国宴餐桌,因其"五味调和,南北皆宜"。2019 年,淮安与扬州携手入选"世界美食之都",淮安的中国淮扬菜文化博物馆里,6 500 件文物讲述着"一碗一筷皆春秋"的故事,从汉代陶灶到盐商银筷,皆是淮安人对滋味的虔诚。在巴黎拉丁区,周恩来曾将"平桥豆腐"推向欧洲,在东京银座的淮扬料理店,钦工肉圆与洪泽湖大闸蟹成为高端宴席的压轴戏。淮安味,早已超越地域。

淮扬菜的故事,是运河水的绵长,是盐商金银堆里的雅趣,更是淮安百姓灶台上的烟火。糊涂的是历史烟云,清醒的,是舌尖上永不褪色的江淮。

淮河边上长大的老人们常说:"听一段淮剧,就像喝了一碗热乎乎的鱼汤,浑身都舒坦。"这话一点不假。在苏北的田间地头、茶楼戏院,淮剧那独特的唱腔一响起来,总能引来阵阵叫好。

淮剧最早就是盐阜地区的农民和盐工们干活时随口哼的小调。那时候,人们在地里插秧、在盐场晒盐,累了就唱几句"门叹词"解乏。后来慢慢跟外来的徽剧、京剧搭上了话,才渐渐成了气候。要说真正出名,还得是 20 世纪 50 年代定名"淮剧"以后的事。

淮剧最抓人的就是它的唱腔。老戏迷都知道,一段"大悲调"能唱得人眼泪汪汪,而"自由调"又像说话一样自然亲切。伴

奏的乐器也很有意思，不光有二胡、笛子这些文雅的，还有大锣大鼓热闹的。特别是"武场"的锣鼓点，一敲起来，台下的小孩都跟着手舞足蹈。

经典剧目中，传统戏《赵五娘》《莲花庵》以忠孝伦理与悲欢离合打动观众，现代戏《祥林嫂》《小镇》则聚焦社会现实，屡获"文华奖""梅花奖"等国家级荣誉。红色题材《芦荡火种》（《沙家浜》原型）和《宋公堤》，更将革命烽火化作舞台上的艺术史诗。2008年，淮剧被列入国家级非物质文化遗产名录，江苏省淮剧团、盐城市淮剧团等专业院团不断推陈出新，创作出《小城》《送你过江》等口碑佳作。梁伟平、陈澄（"淮剧公主"）等艺术家借助新媒体传播，让古老剧种焕发新彩。如今，淮剧已走向世界舞台，赴美国、法国等地演出，成为江淮文化的一张灵动名片。

崛起的宿迁湖滨新城 / 宿迁市新闻传媒中心供图

白鹿湖陆墩诗

[清]吴伟业

招提东望柳堤深，雁浦鱼庄买棹寻。
墩似谢公堪赌墅，湖如贺监早抽簪。
云遮老屋容君卧，月落空潭照此心。
百顷荷花千尺水，夜凉兄弟好披襟。

柒　宿　迁

　　大运河的波光漫过宿迁地界，总会泛起一丝别样的涟漪。宿迁水资源丰富，河网密布，境内还有洪泽湖、骆马湖两大淡水湖，是我国唯一拥有隋唐通济渠、宋元明古黄河、清康熙以来京杭大运河三个历史时期运河主航道的城市。这里的每一块砖石都沁着水汽，连河边的苔痕都带着漕船桐油的气味。宿迁与运河的羁绊远比人们想象的久远。春秋时期，徐偃王立在沙水渡口，看着匠人凿通沙水、汝水的水道。那些裸露着脊梁的匠人们不会知道，他们用汗水滴下的河道，会化作后世漕官账本上跳动的字符，续写出帝国的命脉，成为绵延的水上生命线。

　　指尖掠过，钟吾国的夯土城墙落下细沙，在泗水倒影里沉浮飘荡。时光在泗水河面打着旋儿，秦砖汉瓦堆叠下相县的城墙，楚霸王的乌骓马在河滩上踏出层层水花。汉元鼎元年（前 116 年），泗水王筑起宫阙，泗水国在此传承了五世六代 132 载春秋。东晋的宿豫城在泗水河畔守望了 300 个春秋，直到唐代宗宝应元年（762 年），为避代宗李豫名讳，改"宿豫"为"宿迁"。从此，无数关于宿迁的美好传说与运河的桨声交织，乾隆南巡此地吟咏出"第一江山春好处"的佳句，让洪泽湖的烟波与骆马湖的夕照，成为世人眼中最美的春光。

　　宿迁人总爱念叨，自家这方水土是被大水生泡出来的，洪泽湖的浪头掉头向北一涌，浩浩汤汤撞进宿迁的门户，这边骆马湖采菱舟上的歌谣还未唱尽,银鱼已经溜进渔家姑娘的竹篓底。城心里卧着两条长长的河流,古黄河的骨子里透着暴烈,大运河的怀里装着温润,两条水脉在苏北平原上搅成一团,把整个宿迁搅得水汽淋漓。四百年前,喻文伟知县立在那过膝的浑水中,把折子递到京城,官袍下摆沾着汴河胶泥,那纸《迁城疏》字句里都渗着他的理想与骆马湖的潮气。

宿迁的儿郎生来便知晓水的脾性。洋河镇酒坊里酿酒师傅的指缝里嵌着运河底淘不净的细沙;皂河龙王庙前的运石古道上烙着纤夫踏出的足迹;耀徐玻璃厂的老匠人,把骆马湖底的石英砂丢进三尺窑口,然后化作浦江畔万国建筑群雕花玻璃上的万家灯火。

康熙年间,一介儒生张忭,舍生拦驾,向康熙皇帝上《民本》,陈言宿迁地方灾情,力解百姓疾苦。挥舞着大刀的魏胜,据淮抗金,在刀光剑影中奋勇拼杀。黑虎将军杨泗洪,碧血贯长虹,英勇抗日,战死台湾落虹桥上,为甲午战争画上庄严的句号。平民与英雄都是宿迁人挂在嘴边的"自家故事"。抗日烽火给这片水域添了侠骨柔情。刘少奇在洪泽湖芦苇荡写书时用的木桌,现在摆在革命纪念馆里,桌上的裂痕还夹着当年的芦苇叶。彭雪枫将军牺牲前夜写给妻子的信,殷殷嘱托,思念如昨。如今在雪枫墓园,总有学生把带着怀念的菊花和百合放在碑前。以宿迁为背景的小说《江山》时刻警醒着人们:当硝烟散尽,我们该如何记忆那些为江山而奋斗的铮铮铁骨?

时间来到 2024 年,在宿迁京东客服中心,2 万多张工牌书写着年交易额 1.16 万亿元的电商传奇。在沭阳花木电商仓库,每秒有 3.5 件快递飞向全国。走在洋河镇的街巷里,连空气都染着醉意。洋河明清窖池群沿用至今,散出蒸腾的酒雾,将晾晒

被褥的老人、放学跑步的孩童,都染上了微醺的暖意。夜晚,老城公园里的灯光亮起,照着明代城墙的玻璃展柜,遛弯的市民会说:"看,这就是当年喻文伟知县所建的宿迁城。"

　　这座运河水滋养的城市,以酒香浸润文化血脉,用英雄气概书写历史。当洪泽湖的浪托起新旧的倒影,当骆马湖的月亮升起,这座城便化作一滴酒,落入大运河的玉壶,既荡漾着西楚的剑气,又澄澈如初生的碧波。

宿迁大运河 / 宿迁市新闻传媒中心供图

一、运河遗珠，三世航道

1. 古邑临河水

在宿迁的地图上，运河犹如大地的脉搏，跨越时空奔腾不息，从徐偃王所开凿的人工河陈蔡运河，到中河的开通完成，这座逐水而居的城市书写了中国历史上完整而辉煌的运河故事。

公元前 521 年，徐偃王以沙水、汝水为脉，将陈国和蔡国贯通。这条连接淮阳与上蔡的运河，史称陈蔡运河，是中国最早的人工运河之一，它将中原与江淮悄然捆绑在一起，此举奠定了宿迁水运要冲的地位。从此，宿迁便成为扼守运河水运咽喉的一条通道，静静等待大运河时代的来临。

隋大业元年（605 年），隋炀帝为沟通黄河与淮河，征发河南、淮南百万民夫开凿通济渠。通济渠分两段：西段自洛阳西苑引谷、洛水入黄河；东段自板渚（今河南荥阳）引黄河水，经开封、商丘、宿州，至宿迁泗洪县（古称泗州）入淮河，全长约 650 千米。宿迁段即为今泗洪县境内河道，现存"老汴河"为通济渠东段遗迹，是南北漕运的主要通道。《读史方舆纪要》载："通济渠自虹县（今安徽泗县）流入境（泗州）。"通济渠在宿迁境内分为两支，主河道沿古汴水（今泗洪老汴河）南下至盱眙入淮，全长约 60 千米；支线经泗州城（今盱眙北）连通洪泽湖，形成"一渠两用"的航运网络。唐初通济渠仍用旧名，中唐以后改称汴河，唐帝国经过百年积累以后，这条经泗州城连通淮河的水道，一跃成为全国最引人瞩目的地区之一。唐代的宿迁地区并行汴河、汴泗两大航道，一时南北物产、漕粮云集于此。

北宋定都开封,宿迁段汴河仍是连接江淮与京城的核心水道。据《宋史·河渠志》记载,汴河水道年运量最高达800万石,占全国漕粮的60%。宿迁境内汴河两岸,青阳镇和临淮镇两大码头日夜吞吐着江淮漕粮。泗洪老汴河的河道上,满载江南稻米的官船与载塞北粟麦的商船交错而行,汴河边的街市上波斯商人兜售琉璃香料,新罗船客在客栈交换高丽参茸。宿迁因运河而兴,成为南北贸易重镇。青阳镇官仓里,新收的漕粮堆得像山一样高;入夜后的临淮镇码头上,依然张灯结彩,挑夫、税吏、商贾往来,运河潮涨潮落,整座城市也随之颤动。

谁料风云突变,建炎二年(1128年)的春天,黄河突然挣脱堤岸的桎梏。杜充为阻金兵南下,遂掘开河床。浊浪如蛟龙翻滚,咆哮着的黄河夺淮入海。昔日繁华的汴河宿迁段,此刻却被黄泥浊水浸染得面目全非。据统计,南宋至元初百年间,黄河决口十余次,洪水肆虐之处良田尽没,形成绵延百里"黄泛区"。

元初的宿迁运河,沿用泗水河道,漕船自徐州吕梁洪南下,经宿迁至淮安,全长约121千米。黄河脾性乖戾,仅至元年间,就有百余艘漕船在此遇难。元初漕运体系包含三条主干线路:海路从长江口经黄海至天津直沽,但受限于风浪风险;内河航道经古邗沟溯泗水北上,途经宿迁、徐州后转陆运或经涡水、黄河至中栾衔接卫河;至元十二年(1275年),郭守敬主持疏浚泗水下游,历时七年完成河床深浚、堤岸加固工程,形成宿迁境内稳定航道,使南漕可通过淮水入泗直达徐州。然而"借黄行运"终究是饮鸩止渴,黄河每年裹挟五至八厘米的泥沙,将河道抬升成悬空之河,黄河宿迁段每次决口都让良田化作泽国。

明清时期,宿迁运河进入系统性治理新阶段,标志着中国大运河技术体系的成熟。这一时期大运河运道实现了从"借黄行运"到"黄运分离"空间转换,最终确立了京杭大运河的基本格局。万历十六年至二十年(1588—1592 年),潘季驯在宿迁实施"束水攻沙"法。他筑遥堤,在黄河主河道两侧修筑双重堤防,运河宿迁段形成"蓄清刷黄"的河道走廊。同时建减水坝,遇洪水时自动分流入湖,保护漕船安全。在堤岸遍植"卧柳、低柳、高柳"防护,根系固土效果显著,《宿迁运河史》"河防一览"载:"宿迁堤柳三十万株,岁省修堤银五千两。"永乐十三年(1415 年),漕运总兵官陈瑄疏浚宿迁段泗水故道,建清江闸与福兴闸,首次实现"闸化运河",技术的改进让船只通过时间大大缩短。然而随着黄河的淤积抬高了河床,漕河运道的治理难度越来越大,开泇河而直河口兴,明万历间蔡同春云"祠联下邳,界接睢宁,据淮阴之上游,罗钟吾之胜概,挹相山之佳气,揽泗水之芳澜。大堤云连,屹如乔岳,超越百代之规模,巩固全漕之血脉",可见宿迁在漕河历史上之地位。

随着时间的推移,黄河、运河、骆马湖三者的角力在宿迁运河史上上演了沧海桑田的巨大威力。当大水来临,此处河湖一体,运道极为艰难。谈迁在《北游录》中记载"九上九下,进寸退尺",在纤夫的助力下,四天才走四十千米航路。康熙二十七年(1688 年),河道总督靳辅完成了京杭大运河这段最后的人工河。十二万民夫挥汗如雨,二百四十万两白银熔铸成河,在黄河的遥堤和缕堤之间劈出一条新生血脉——中运河。这条自皂河至清口的 90 千米水道,底宽 12 丈、深 1.5 尺,将漕船从黄河的怒涛中解放出来。再在清河西仲家庄建闸,引栏马河减水坝所泄的水入河。这条河,上接张庄口及骆马湖清水,下历桃、清、山、安,入平旺河达海。至康熙二十七年(1688 年),中运河正式通航,史载"中河既成,杀黄河之势,洒七邑之灾,漕舻扬帆若过

枕席,说者谓中河之役,为国家百世之利,功不在宋礼开会通,陈瑄凿清江浦下"。黄淮自此分道,漕舟永避浊流,三百余年的治水困局竟在宿迁地界豁然开朗。

然盛世下暗涌已生。嘉庆十九年(1814年)黄河决堤,六千万吨泥沙扑向中河。至道光四年(1824年),河床淤高丈余,漕船触底声此起彼伏。京城粮仓告急十八个月。此时江海之上,蒸汽巨轮正划破波涛。同治年间江南六成漕粮改走海路,光绪二十七年(1901年)漕运改制诏书颁布,两千年的粮船帆影终成绝唱。津浦铁路于1912年开通,徐州至浦口五百三十里路程缩作四个时辰。运河畔的纤夫望着高于自己三十倍的运输效率,默默将浸透汗水的纤绳埋进故道。曾经帆樯如林的河道,只余咸丰兵燹留下的残闸断碑,与捻军烽火熏黑的河埠石阶相伴。至民国时期,中河宿迁段局部通航,但往昔"黄金水道"的辉煌不复存在。

历史往事如过眼烟云,三百年后的宿迁恰逢盛礼,怀抱中诞生了宿迁首个国家级水利风景区——中运河宿迁枢纽水利风景区。曾经汹涌的河面,现今宛若一面明亮的镜子。水域面积约1.22平方千米,4千米的河段,近在咫尺地躺在城区中央,像是城市亲密无间的挚友,与之共呼吸,同脉搏。中运河把温柔、磅礴的身姿呈现在世人面前,在这里绘就"千里运河第一湾",这是大地为我们绘制的一幅画。

它无疑是宿迁市最璀璨的生态名片之一,集水利工程之浩大、生态保护之理念、文化传承之厚重、休闲旅游之惬意于一身,完美交织。追溯到1958年,景区核心的宿迁水利枢纽工程破土动工,节制闸、船闸,构筑起了坚固的防洪体系,犹如忠诚的卫士屹立在这片土地上。它们承担着防洪排涝、航运调度、生态调水等众多重任,默默守护着一方安宁。直到 2023 年,宿迁节制闸顺利通过水利部规范化管理验收,建成设计年通过能力为 2 735 万吨的船闸群,宿迁中运河的生机与活力再次彰显。

广阔的湿地与河湾成为中华沙丘鸭、天鹅等珍稀候鸟的迁徙驿站,桃花岛、运河湾公园等生态景观则为市民提供了亲水休闲空间。景区深挖运河历史底蕴,打造了运河记忆馆、靳辅广场等文化地标,纪念治水名臣潘季驯、靳辅等历史人物,并通过雪枫公园、防汛抢险体验馆等红色教育基地,融合水利科普与爱国主义教育。2023 年,景区入选国家水利风景区高质量发展典型案例,成为淮河流域水利文旅发展的标杆。

中运河宿迁枢纽水利风景区 / 宿迁市新闻传媒中心供图

2. 漕渠咽喉地

宿迁地处淮河下游,水网密布,自春秋战国时期即为吴越、楚汉间的重要通道。在历史进程中,不仅是南北文化交流的通道,也促进了南北物资交流,在战争时期,更是两军对垒重要的后勤粮草通道。

作为淮河重要支流的泗水,是连接江淮的水上交通要道。宿迁历代行政治所无不沿泗水而迁移,于是宿迁城治所就成为扼守淮水要冲和连接长江流域与中原的重要节点和"东临淮海,西控彭门"的战略要地。

唐代为保障漕运效率,对通济渠宿迁段多次疏浚,并增设堰埭(水坝)调节水位。宿迁运河是隋唐通济渠的重要组成部分,凭借汴泗交汇的地理优势,成为连接江淮与中原的漕运咽喉。其功能以中转、避险为主,作为"漕舟必经之地",在维护唐朝物资流动中具有不可替代的作用。

宋元时期,宿迁运河因黄河改道、战争冲突与漕运变革而充满波折,其河道功能、工程技术及历史地位发生显著变化。北宋时期,黄河下游频繁南侵,宿迁境内的汴河、濉河等河道淤塞严重。为避黄河风险,北宋政府于1089年开凿楚州运河(今淮安至扬州段),宿迁通过支流白洋河与之连通,成为江淮漕运的西线通道。宿迁从隋唐汴河主航道转向楚州运河支线,但仍承担淮南漕粮中转重任,年转运量约30万石。在漕运制度上,设京东路转运司,宿迁隶属其下,负责漕粮验封、仓储调度。同时北宋朝廷推广纲船制度,每船载粮500—1 000石,配备专职护航士兵;发明水尺法调控水位,保障漕船通行。1097年黄河决口,冲毁宿迁段运河,漕运中断3年,损失漕粮10万石。1127年靖康之难,金军南下焚毁宿豫仓,宿迁段漕运体系彻底崩溃。

元代至明清时期,宿迁运河的命运与国家漕运体系深度绑定,发展脉络折射出古代中国基础设施建设的智慧与局限。元世祖忽必烈为解决大都与江南粮运难题,命郭守敬到江淮修理运道,沿泗水从徐州到淮阴泗口进行修复,宿迁段由此成为南北漕运的核心节点。明代继承并强化了宿迁运河的战略地位。特别是明成祖建都北京后,京都漕粮全赖京杭大运河一线,然而,漕运的繁荣高度依赖黄河水系稳定性。万历三年(1575 年),黄河决口,潘季驯率军抢筑 30 里长堤保住主干道,但此次灾害暴露了漕运对黄河的致命依赖。此后,宿迁骆马湖逐渐形成,成为宿迁段新的运道,时人薛凤祚记载道:"骆马湖口,清黄交汇,运道咽喉。"然骆马湖水大运难,至崇祯年间,因连年旱灾与战乱,漕运量骤降至 20 万石。尽管如此,明代仍通过税课司强化对漕船征税(年征银约 2 万两),并借助徽商垄断粮仓租赁权、盐业贸易等手段,使宿迁成为江淮商业重镇。清代则见证了宿迁运河的衰落。清中叶后,黄河南侵加剧,宿迁段年均淤积 12 厘米,河道功能渐失。康熙二十六年(1687 年),靳辅开凿中河以后运道畅通,短暂缓解危机,但未能根治淤塞问题。道光四年(1824年),运河断航引发北京粮荒,清廷被迫启用海运,标志传统漕运体系的转移。鸦片战争后,轮船技术引入,1875 年江苏漕粮经海路运输占比达 42%,每年节省运费白银 120 万两。

1901 年清政府推行漕粮折色银政策后,宿迁漕运功能彻底丧失;1912 年津浦铁路通车更标志水运时代的终结。这一历程揭示了传统漕运体系依赖自然环境的脆弱性,以及制度僵化对技术革新的滞后响应,而宿迁从漕运枢纽向商业重镇的转型,则为后世提供了运河城市经济多元化的历史镜鉴。

二、壶里乾坤，英雄故里

1. 白酒之都

在中国的地理版图中，江苏省的宿迁北部，既是西楚霸王项羽的故乡，也是中国白酒发源地之一。数千年来，宿迁优越的地理环境、精湛的酿酒技术、深厚的历史文化沉淀，使得洋河、双沟等名酒在祖国各地乃至世界传扬开来，宿迁也因此被誉为"中国酒都"。

宿迁的酿酒历史可追溯到新石器时代，在距今约 8 000 年的顺山集遗址中，考古人员发现了陶制高柄杯、滤酒器等器皿，这些器皿印证了祖先们发酵酿酒的智慧。至大汶口文化和龙山文化时期（距今 5 000 至 4 000 年），黑陶酒樽的出土进一步揭示了宿迁早期酒文化的繁荣。秦汉时期，宿迁因项羽而名垂青史，这位"力拔山兮气盖世"的霸王，少年时期，以酒为荣，壮怀激烈。据《史记》记载，项羽率军出征前，常饮酒高歌，酒与豪情交织，成为楚汉文化的重要符号。宿迁民间至今流传着"马跑泉"的传说：项羽的乌骓马踏地成泉，泉水清澈甘甜，后人以此酿酒，香飘千年。

宿迁在唐宋时期依托汴河漕运枢纽地位，成为江淮地区酒类生产与贸易的重要节点。汴河是唐代"东南赋税输长安"的核心水道，宿迁作为汴河与淮河交汇的"漕运锁钥"，承担粮食、盐、酒等物资中转。唐德宗建中三年（782 年）起，全国实行"榷酒"（酒类专卖），官府设"酒监"征税，酒税成为重要财源。泗州（含宿迁部分地区）因漕运便利，酒税居淮南道前列。北宋定都开封,宿迁所在的"淮北—汴口"段成为南北物资转运核心。《宋史·河渠志》载,汴河年运粮600万石,其中酒类占漕运商品的5%—8%。宋代推行酒坊承包制("买扑"),宿迁洋河、双沟一带出现"官监民酿"模式,民间酒户向官府缴纳承包费。漕运带来山西汾酒工匠与四川蒸馏技术,宿迁酿酒业吸收两者之长,形成"混蒸续糟"工艺。

明清两代,宿迁迎来酿酒业的鼎盛。明万历《淮安府志》卷四载:"淮酒乃天下之名品也!正德以前土人造曲,户有百余家,多至殷富。"明万历《宿迁县志》中有曲酒记载,当时宿迁县是淮安府辖下大县。万历年间颇获盛名的"淮酒"亦有宿迁之功。明代宿迁建有周聚源槽坊,据《周氏家谱》记载,族人周惟贤为酿酒师,后任万历皇宫"光禄寺署丞",专管皇室酿造御酒事宜。清康熙年间刘廷玑曾任治理黄河、淮河的"淮徐道监司"。他在《在园杂志》中说道,"京师馈遗必开南酒为贵重""宿迁之砂仁豆酒、薏苡陈者亦佳。"

与此同时,双沟镇的"全德槽坊"崛起,其窖池沿用至今,窖泥中富集的微生物群落,成为酿造顶级白酒的"活化石"。

宿迁的酿酒传奇,离不开自然的馈赠。这里地处黄淮流域,四季分明、气候湿润,为酿酒微生物的繁衍提供了绝佳环境。洪泽湖与骆马湖的优质水源、地下深层泉脉的矿物质精华,以及黏性黄土筑就的百年窖池,共同构成了宿迁白酒的"黄金三角"。宿迁酿酒工艺独创"绵柔型白酒"体系,以"低温入窖、缓慢发酵"为核心,形成"甜、绵、软、净、香"的独特风格。洋河酿酒工艺,被列入国家级非物质文化遗产。

宿迁的两大名酒,洋河与双沟承载着中国白酒的荣耀。

洋河酒的传奇故事始于隋唐,兴于明清。相传,洋河镇有一

口千年古井"美人泉"。一位名叫阿香的姑娘冒死寻水救村民，她的善良感动了天庭。仙女下凡引泉，阿香取水酿酒，酒香瞬间驱散瘟疫，一曲"美人泉"之歌，至今仍流传不衰。如今，美人泉水仍是洋河酒的核心水源，井边立着阿香雕像，井水清冽如初。洋河酒厂每年都举办"美人泉祭"，重现仙女舞袖引泉的景象。1915 年，被誉为"东方威士忌"的洋河大曲在巴拿马万国博览会上获得金奖。21 世纪初，洋河创新推出"蓝色经典"系列，以"海之蓝""天之蓝""梦之蓝"打破传统白酒格局，成为 G20 峰会、博鳌论坛等国际盛事的指定用酒。

洋河酒生产现场 / 洋河股份供图

双沟酒则因一段"醉猿传说"而名垂千古。1977 年，一批距今 1 800 万年的猿类化石在宿迁双沟镇被中国科学院专家发现。令人称奇的是，大量野果遗迹散落在化石周围，有些猿骨竟呈现出"醉卧"的姿态。科学家推测,这些古猿因食用自然发酵的野果而醉倒,最终被火山灰掩埋。这一发现被命名为"醉猿化石",双沟镇因此被称为"中国酒源头"。当地民谣戏称:"猿猴醉倒双沟地,从此人间有酒香。"抗战时期,陈毅元帅饮双沟酒后赞其"不愧天下第一流",更赋予这款酒红色的革命情怀。

　　故事或真或幻,却共同勾勒出宿迁酒文化的灵魂:它是豪杰的壮行酒、文人的风雅颂、百姓的生活诗,更是人与自然千年对话的结晶。一口宿迁酒,半部华夏史——或许正如当地民谚所言:"酒都故事多,醉人也醉仙。"

双沟酒厂 / 宿迁市新闻传媒中心供图

　　而今的宿迁既是酒的故乡,又是产业创新的先锋。2024年宿迁酒产值突破425亿元,洋河和双沟现代化产业园区中,智能酿造生产线和古法窖池并存,科技与传承相得益彰,以酒为媒,打造"中国酒都文化旅游区"。游客漫步洋河酒厂地下酒窖,品

味百年陈酿；漫步双沟酒文化园，聆听"醉猿"远古回响。每年重阳节，"封坛大典"如期举行，顾客封存美酒。匠心传承，从新石器时代陶杯到楚霸王酒樽，从乾隆盛赞的美酒到当下"蓝色经典"，酒香飘溢。酒香浸润下，一滴水、一粒粮、一捧窖泥，都诉说着中华酿酒文明。酒香深处，洋河和双沟凝聚千年匠心，撷取华夏老酒的精髓，融合古老技艺和现代智慧，碰撞出别样的火花。

2. 西楚霸王

司马迁的笔尖曾在宿迁停留——"项籍者，下相人也"，寥寥七字便让这座苏北小城与一位悲剧英雄的命运紧紧相系。

公元前 232 年，一声婴儿啼哭从项氏老宅中传来。梧桐巷的百姓怎么也想不到，这个楚国贵族后裔的降生，会让整个华夏为之感慨叹息。项羽是项燕的孙儿，项梁的侄儿，复国的基因注定在他的血液中流淌。少年项羽身形魁伟，力能扛鼎，却在书斋与武场间徘徊不定。当叔父怒斥他"学书不成，学剑亦不成"时，他昂首道："剑一人敌，不足学，学万人敌！"这句话犹如惊雷，炸开了中国军事史上最璀璨的烟火。一日随叔父流亡吴中，少年在钱塘江畔目睹秦始皇巡游的车驾，旌旗遮天蔽日，青铜车碾过石板路的声音震耳欲聋，项羽突然攥紧拳头："彼可取而代也！"

公元前 209 年的夜晚被烽火烧得通红，陈胜、吴广揭竿而起，项梁叔侄也在会稽郡守府上演绎了惊心动魄的一幕：项羽长剑如虹，在刹那间将郡守殷通斩杀，百卫血染红砖。次日朝阳升起时，八千江东子弟已集结在霸王山下，这些操着乡音的青年，跟着项羽渡过长江，他们的草鞋踏破秦军的铁甲，他们的楚歌响彻中原的黎明。浦口驻马河畔，项羽亲手掘开霸王塘，清泉灌溉着干裂的农田；南京鬼门关前，他的战马踏出了二十二个传说。

这个杀人如麻却怜贫惜弱的将军,会在阵前给饥民分军粮,也会为将士们流泪。这种矛盾,恰似他手中霸王枪的锋芒:既刚烈无匹,又缠绵有肠。

公元前 207 年,漳水凛冬将至,四十万秦军黑压压地包围着巨鹿城,各路侯国援军蜷缩在营垒中瑟瑟发抖,唯有项羽的楚军逆流而上,当渡船行至中流时,突然喝令:"沉舟!毁灶!持三日粮!"楚军赤着脚板冲上冻土,他们不是去打仗,而是去赴死,他们或踏着敌人的尸体前进,或成为战友们登城的阶梯。九战九捷!待王离的头颅卷起尘土,章邯写降书时已是冷汗直冒。诸侯将领们膝行入辕门,不敢仰望浴血的西楚霸王,巨鹿城头的残阳将他的影子拉得长长的,足以覆盖中原大地。

翌年,项羽凝视着跪倒在地的刘邦,突然想起一句谏言:"关中阻山河,四塞,地肥饶,可都以霸。"但他更怀念彭城的杏花春雨,怀念在虞姬帐中擦拭剑刃的夜晚。樊哙持盾闯入,生肩的鲜血滴落在地毯上,他竟然放声大笑——这莽汉身上有几分自己的影子,分封诸侯的简牍铺满案底几天时,特意把汉中划给刘邦,不是不知养虎为患,而是笃信"大丈夫当光明磊落"。这种天真,像极少年时不肯背诵《孙子兵法》的执拗,他不知道,正是这份磊落,最终将自己逼入十面埋伏的绝境。

四面楚歌响起的那个雪夜,虞姬的剑舞比往常更急促,红烛将她的影子投在营帐上,恍若风中摇曳的虞美人。"汉兵已略地,四方楚歌声",她将剑锋横过脖颈的一刹那,项羽的黄金甲溅上了温热的血珠。二十八骑突破重围的途中,他不断回头张望,那双为他扎紧披风的双手却再也碰不到江东的春风。乌江亭长的小船若隐若现在晨雾中,而项羽却把乌骓马的缰绳,一把塞进老人的手中。"纵江东父老怜而王我,我何面目见之?"夹杂着血

沫的话语从嘴角溢出。八千子弟兵渡江西去,如今无一生还,最后剑光一闪而过,江涛吞没了那具永远不倒的躯壳,只剩下那在渔人间流转的传说。

两千多年后,宿迁项王故里公园的青铜鼎上,铭文早已模糊不清,而九鼎公园的霸王举鼎雕塑依然保持着托举苍穹的姿势,它绷紧的肌肉仿佛写着"力拔山兮气盖世"的豪情。而当游客们触摸着乌江边霸王祠的残碑,当学者们争论"不肯过江东"是战略失误抑或英雄主义的选择时,真实的项羽早已是这座城市最重要的一道文化血脉,他以一种勇猛滋养着宿迁人"敢为天下先"的精神,以一种悲情沉淀着中国人对英雄主义的永恒想象。就像失姬桥下的月光,年年岁岁,照着历史长河中那些不肯妥协的背影。

项王故里 / 宿迁市新闻传媒中心供图

3. 黑虎将军

杨泗洪(1847—1895 年),字锡九,号茂龄,江苏宿迁人,是清朝末期著名的抗法、抗日将领和民族英雄。他出身武术世家，自幼习武，以矫健勇武著称，曾因"峻宇高楼能一跃而登，以拳触壁而壁震"闻名乡里。其一生以保卫国家疆土为己任，尤其在台湾抗击外敌的战役中表现突出，被称为"黑虎将军"。

杨泗洪 15 岁时弃文从武，以武童身份加入湘军（一说淮军），因战功升任游击。后辞官回乡，以武术联络民众，行侠仗义，广收门徒，在民间威望颇高。光绪十年（1884 年），他随台湾首任巡抚刘铭传赴台，参与中法战争中的基隆沪尾之战，率部多次挫败法军前锋，威名大振。战后因功升任镇标左翼统领，后晋升台湾镇总兵官，统领翔军、屯军等 35 营。在甲午战争后的台湾保卫战中，杨泗洪以"黑旗军协统"身份率部作战，因军旗为黑底绣虎，被台湾民众称为"黑虎将军"。他善用游击战术，在安溪、新竹等地大败日军，并多次以大刀、梭镖等近战武器重创装备精良的日军，甚至擒斩日军军官戈藤文录、武式却等多人。大战前夕，杨泗洪曾对部下疾呼："谁无父母？谁无妻女？谁无家园？我虽不是台湾人，但书同文，行同伦……国已破，家安在？"这番演讲成为台湾军民团结抗日的精神旗帜。

1895 年 8 月，他在嘉义大莆林追击日军时中弹，弥留之际仍密令部下："军中切勿发丧，仍标姓旗如故，棺柩先行，诸军继退，务必退而成军，退而能战。"其临终策略成功掩护部队撤退，延缓了日军南侵步伐。当日，他在彰化殉国，时年 49 岁。台南民众自发执万民伞、擎万民旗，哭声震天地送别灵柩；归葬宿迁时，运河两岸百姓拥途祭吊。其墓位于宿迁城南，墓前牌坊刻有"血洒台湾，誓保中华疆土；骨归故里，共钦民族英雄"等挽联。

尽管清政府因他"抗命"拒撤，未予任何官方追谥，但《宿迁县志》将其与左宝贵、邓世昌并列为甲午战争殉国三杰。直至

2015 年抗战胜利 70 周年,其事迹方被纳入北京中国人民抗日战争纪念馆"台湾同胞抗日史实展"。宿迁民众在马陵山真武殿前建杨公亭纪念,亭联有云"沂泗如襟,黄运如带,横贯十三州,独立中流如砥柱;摧秦有项,败倭有杨,上下两千载,同生一地两英雄",将其与项羽并列为宿迁两大英雄。他的事迹体现了中华民族抵御外侮的坚韧精神,尤其是"同一华族,书同文,行同伦"的家国情怀宣言,至今仍激励后人。

三、战火纷飞,淮北重地

1. 红色传奇

宿迁地处苏北,毗邻山东、安徽,是连接华北与华中、苏北与鲁南的交通要冲。宿迁作为淮北与淮海抗日民主根据地的核心区域,是中国共产党领导的新四军开展抗日斗争的重要战略支点。全民族抗战期间,新四军在此创建了多支主力部队,并通过一系列战役巩固了根据地,为华中抗日大局作出了不可磨灭的贡献。

皖南事变后,中共中央重建新四军军部,原八路军第五纵队改编为新四军第三师,第四纵队改编为第四师。其中第三师九旅、第四师九旅等部队长期驻守宿迁地区。宿迁境内形成以第三师、第四师为主力,淮海军区、淮北苏皖军区地方武装为辅助的军事体系,总兵力数万人。

新四军在宿迁的军事行动以灵活游击战与阵地战结合著称。彭雪枫将军是抗日战争时期新四军在宿迁地区的核心领导人之一,他的军事才能、爱民情怀与革命精神深刻影响了淮北抗

日根据地的建设与发展。彭雪枫生于河南省南阳镇平县,1925
年加入共青团,1926年转为中共党员。1941年率新四军第四师
进驻宿迁泗洪县半城镇,将此地作为师部驻地,成为连接豫皖苏
与淮北的战略枢纽。他指挥了多次关键战役,展现了卓越的军
事指挥能力。

彭雪枫重视"军民鱼水关系",在宿迁留下了诸多感人故事:
1943年洪泽湖大堤决口时,他率军民奋战28个昼夜修筑防洪
堤坝,保住了3万亩良田和2万群众安全,该堤被命名为"雪枫
堤";为解决群众饮水困难问题,他亲自带领官兵改造"新四井",
并制定"五不走"(水缸不挑满水不走、借物不还不走等)军规,至
今仍是军民情谊的象征。他还调解村民纠纷,被百姓亲切称为
"彭村长",爱民形象深入人心。

彭雪枫将军墓 / 宿迁市新闻传媒中心供图

　　文学作品中也不乏对新四军第四师师长彭雪枫的书写，笔者的长篇小说《江山》就是其中一部。书的封面印有"都不去打鬼子，都把孩子放到家里，谁来守国土，谁为咱老百姓打江山"的醒目标语，恰与彭雪枫"为人民打江山"的革命理念形成呼应。《江山》以新四军四师特务营为叙事主线，生动再现了彭雪枫治下的铁血雄师。小说中"降服湖霸土匪""炸毁敌碉堡"等情节，呼应了彭雪枫在宿迁的真实战绩——1943年他率部清剿洪泽湖匪患，"湖战"章节描述的"水陆并进"战术，与历史记载中"水上游击队围剿"策略高度契合。书中"设计惩叛徒"的智斗场景，更折射出彭雪枫"七分政治、三分军事"的统战智慧。

　　《江山》作为首部系统书写新四军在江苏抗战的长篇小说，这种文学化表达，为新时代传承红色文化提供了具象化载体。

2. 炮兵司令朱瑞

　　朱瑞（1905—1948年），江苏宿迁人，是中国人民解放军炮兵部队的主要创建者，也是解放战争中牺牲的最高级别将领之一。他的一生贯穿新民主主义革命的各个阶段，从青年学生运动到苏联求学，从红军长征到抗日根据地建设，最终为炮兵事业献出生命。

　　朱瑞生于清末一个书香门第。少年时期，他辗转徐州、南京等地求学，逐渐萌发抗争意识。在南京钟英中学读书期间，他模仿孙中山的《讨袁檄文》，挥笔写下《拟孙文讨贼檄》，痛斥军阀混战与民不聊生的社会现实，被校方视为"危险分子"。1924年，他考入中山大学，系统研读《共产党宣言》等著作，并于同年加入中国社会主义青年团。1925年，因表现突出，他被选派至苏联留学，先后进入莫斯科中山大学和克拉辛炮兵学校学习。在苏联的 5 年间,他不仅掌握了炮兵战术、工程测绘等军事技术,更深入研习马克思主义理论,形成了"以武装革命推翻旧制度"的坚定信念。

1930 年,朱瑞归国后秘密进入中央苏区,投身武装斗争,最初参加制定反"围剿"作战方案,任红军总司令部参谋。全面抗战爆发后,朱瑞被派往华北敌后,任北方局军委书记。1945 年抗战胜利后,朱瑞主动请缨投身炮兵建设。面对延安炮校"无教材、无装备、无教员"的困境,他带领师生用木材制作假炮、以黄泥捏成炮弹模型,甚至亲自扮演"敌军指挥官"演练战术。他提出"从战争中学习战争"的办学理念,将学员编成侦察小队,深入战场搜集日军遗留的火炮零件,逐步拼凑出可用的山炮和迫击炮。朱瑞的创新远不止于装备积累,他还总结出"集中使用、步炮协同、抵近射击"的三大原则。

朱瑞将军纪念馆 / *宿迁市新闻传媒中心供图*

1948 年 10 月 1 日，义县城墙被炮火轰塌后，朱瑞为获取第一手数据，冒险穿越雷区勘察弹着点。途中触发反步兵地雷，重伤牺牲，时年 43 岁。衣袋中的笔记本上，仍记录着他对"炮兵如何支援城市巷战"的思考。1949 年 3 月，以他名字命名的"朱瑞炮兵学校"在沈阳成立，毛泽东为东北军区朱瑞炮兵学校题词："人民的炮兵万岁！"此后该校成为新中国炮兵军官的摇篮。

3. 春到上塘

上塘镇位于宿迁市泗洪县西南部，地处苏皖两省三县（泗洪、五河、泗县）交界处，总面积 133 平方千米，户籍人口约 5.3 万。作为泗洪县西南边陲的中心城镇，地形以岗丘与洼地交错为特征，最大高差达 40 米，宿迁市最大的人工水库——向阳湖坐落于此。上塘在历史上不仅是商贸集散地，更是中国农村改革的发源地，以"敢为人先"的精神书写了从贫困到振兴的传奇。

上塘之名的记载，最早出自明成化《中都志》。明嘉靖《泗志备遗》中已有"上塘集"之称。明万历时称为"上塘镇"，上塘镇之名一直延续至清末。民国时期，一般称作"上塘集"。抗日战争时期，上塘是苏皖抗日根据地的重要组成部分，胡桥阻击战等历史事件让它小有名气。但真正让上塘闻名全国的是 1978 年的农村改革。上塘垫湖村率先推行家庭联产承包责任制（"大包干"），打破"吃粮靠返销、生产靠贷款"的困境，成为"江苏农村改革第一村"，与安徽凤阳小岗村一样，被尊为农村改革的典范。1981 年《人民日报》以"春到上塘"为题报道了他们的壮举，改革精神自此成为上塘的鲜明标识。

上塘镇以农业为根基，打造特色农产品品牌。传统农业上，

"春塘牌"花生种植面积 3 万亩,出油率高;"西南岗牌"西瓜年种植 2.5 万亩,远销全国;上塘还因特殊土质与水源盛产贡米。而特色产业方面,上塘建成全国最大的碧根果连片育苗基地(1300 亩),亩均年收益 1.5 万元;畜牧业年饲养商品牛 3 万头、蛋鸡 55 万羽,形成苏北重要畜禽交易市场。同时上塘产业园以纺织服装为主导,入驻企业 45 家,2021 年获批"江苏省小型微型企业创业创新示范基地"。2024 年工业开票销售达 10.5 亿元,签约亿元以上项目 4 个,形成"一区多园"发展格局。

上塘镇坚持"绿水青山就是金山银山"理念,修复向阳湖水库等 170 余处水体,水质稳定达标,获评"国家级生态乡镇""江苏省生态文明建设示范镇"。同时投资 360 万元打造书香湖公园、湿地生态公园等亲水空间,形成"水景合一"的休闲带;结合红色资源,开发"春到上塘"纪念馆作为核心的研学线路,年接待游客超 50 万人次。

"春到上塘"纪念馆是上塘改革精神的集中载体。纪念馆以"旗舰"造型象征劈波斩浪的改革勇气,通过 278 幅历史图片、54 件老物件,复原"大包干"历程;年均开设 150 多场活动的红色教育实景课堂,以"旗舰"的形象,还原"大包干"的历程。上塘镇垫湖村是江苏农村改革的先锋。垫湖村以发展农家乐一体化项目为依托,以发展农家乐为载体,以村屯振兴示范村为目标,村民人均收入 2.92 万元。从"赤贫思变"到"生态富民",上塘镇不仅为全国农村改革提供了"宿迁样本",更以"敢闯敢试"的精神,昭示着优质发展在新时代的无限可能。

春到上塘 / 宿迁市新闻传媒中心供图

4. 电商名城

宿迁是一座年轻的城市,有着蓬勃的青春活力。从"省级贫困县"到"电商名城",宿迁依托强大的产业集群、得力的政策支持和层出不穷的数字创新,打造了中小城市转型升级的典范之路。

2009年,京东公司将分散在各地的客户服务业务搬到宿迁,并成立了密集的客户服务中心,由此宿迁开始了与互联网巨头深度绑定之旅。此后,京东在宿迁的投资超过200亿元,包括客服、物流、智慧城市等,京东客服中心创造了1.7万个就业岗位,其中宿迁本地员工占六七成。围绕京东这一核心,当当、小米、百度等企业纷纷入驻,形成了全国最大的商务呼叫中心和电商全产业链园区。这种"龙头企业＋生态集群"的模式,使宿迁从传统农业城市蜕变为拥有 2.98 万家电商企业的"电商之城"。

宿迁的电商发展离不开政府的精准施策。2021 年起,当地陆续推出税收减免、资金扶持等政策,并进行基础设施建设,优化物流和网络环境。以耿车镇为例,这个曾经因废旧塑料加工污染而闻名的小镇,通过壮士断腕的转型,发展绿色家居和直播电商。政府还创新"一村一品一店"模式,推进沭阳花木、宿城家具等特色产业上线,形成了 14 条年交易额突破 2 500 亿元的电子商务产业带。宿迁将本地资源与电子商务深度融合,打造了一批农产品爆款。以"宿有千香霸王蟹"为例,依托京东平台,这一地标产品从区域特产升级为全国品牌,近几年"双十一"销量猛增,带动蟹农人均亩均增收数千元。这些案例印证了"数字赋能＋特色产业"的可行性,也让宿迁成为毛蟹产区、花木电商重镇。

电商经济为宿迁注入普惠活力。全市 60 万电商从业者中,既有返乡创业的大学生,也有残疾人群体的"阳光天使"团队。从待业青年成长为业务骨干,彰显了电商行业对弱势群体的包容性,再加上电商带动 3.7 万城乡青年就业,扶贫攻坚、振兴乡村,更是让人看到了电商行业的温暖与关怀。"恋恋不舍人间烟火,念念不忘乡村振兴。"部分村干部通过直播方式卖农产品,为乡村发展打开了新的窗口,一年就创收 170 多万元,带动就业 120 多人。面对行业新趋势,宿迁正加速数字化转型,应用大数据、人工智能优化用户体验,探索绿色包装与可持续发展。2023年宿迁跨境电商交易额突破 5 000 万美元,未来计划进一步扩大国际市场。同时,宿迁电商产业园从人才培养到产业链孵化,

为电商企业提供全生命周期的支撑,不断完善配套服务。

宿迁的崛起,是中国中小城市依托数字化实现"弯道超车"的缩影。从一家企业与一座城的共生,到全域产业的生态聚变,宿迁证明了"小城市大作为"的可能性,正如其名"宿迁",宿于此,迁向新。

宿迁电子商务综合试验区 / 宿迁市新闻传媒中心供图

四、枕水而生,运河记忆

1. 第一江山春好处

洪泽湖位于江苏省西部,横跨淮安、宿迁两市,是中国第四大淡水湖,面积约 3 180 平方千米,总库容 130 亿立方米。作为典型的"悬湖",其湖底高程比下游地区高出 4—8 米,形成独特的自然景观,以调蓄淮河洪水、渔业资源丰富和生态多样性而闻名。全水域拥有 206 种鸟类,包括大鸨、天鹅等珍稀保护动物。

洪泽湖的形成源于地壳断裂形成的凹陷,始于唐宋以前的小湖群,如富陵湖、破釜塘等。隋唐时期改为洪泽浦,唐代始名洪泽湖。自南宋后,黄河夺淮南侵,携带大量泥沙,造成淮河下游河床抬高,迫使淮水在洼地潴留,富陵湖、破釜塘等或大或小的湖沼、洼地,彼此连接融合,将分散的小湖群连成一片,形成洪泽湖雏形。洪泽湖的历史是一部人与水博弈的史诗。自东汉陈登筑"捍淮堰"起,至明清潘季驯、靳辅、林则徐等治水名臣接力,洪泽湖大堤从土堰演变为石砌长龙,绵延 70 千米,成为洪泽湖的"水上长城"。林则徐督修周桥大塘时,推行铁锔刻名、糯米灰浆固堤的"终身责任制",至今石缝仍严丝合缝,见证着古代工匠的智慧与担当。大堤沿线还留存着周桥大塘决口遗址、明清石工墙等遗迹,诉说着"倒了高家堰,淮扬不见面"的惊心动魄。此外,洪泽湖流域孕育了数不尽的古诗,苏轼、白居易等文人墨客在此留下传世名句,更添诗意。

近年来,洪泽湖以"幸福河湖"为标杆,退渔还湿 28.9 万亩,修复湿地 3.6 万亩,鸟类从 147 种增加到 230 种,成为候鸟迁徙的"国际驿站"。2024 年,洪泽湖洪泽区片获评"淮河流域幸福河湖",其"安全流畅、水质优良、岸绿景美"的治理经验被水利部推广,湖区生态修复,让芦苇迷宫、水杉林焕发生机,带动周边村民通过生态旅游年增收 2 亿元,实现"绿水青山"向"金山银山"的转换。

洪泽湖的晨昏皆可入画。东风初起,老堤的垂柳蘸着湖水画出翠色,暗香浮动的梅林深处,偶有白鹭掠过水面,衔走半瓣

落英。盛夏莲田接天，采菱舟推开碧波，船娘鬓边栀子花与莲蕊争艳。待到芦花飞雪的深秋，霜天雁阵掠过万顷烟波，振翅惊鸣，苇荡深处栖息着鹭鸪。隆冬湖面冻成一块通透的琉璃，晨雾中鹤影翩翩，游湖最妙处就在曲径通幽处。租一叶蚱蜢舟钻入芦苇巷，忽有千只沙鸥飞起，翅尖扫落的芦花，缀满游人的眉梢，煞是好看。如果偏爱人间烟火，可踩着千年古堰的条石漫步，在斑驳的周桥大塘镇水兽前静坐片刻，或寻访那株被风雕琢了三百年的柏，那才是真正的人间烟火。洪泽湖的四时风物里，清明田螺青壳带泥，中秋螃蟹金膏四溢，渔家灶台上翻滚的酸汤鱼圆，总裹着鲜香，配上双沟酒坊陈酿的绵柔，尝一口烙得焦香的小鱼锅贴，不禁发出"日子美满赛神仙"的感叹。湖中渔家乐是体验当地文化的好去处，渔民清晨撒网，傍晚收网，捕获的银鱼、河蚬子、大闸蟹等湖鲜，经过简单的烹饪，便成了"全鱼宴"的主

洪泽湖湿地 / 宿迁市新闻传媒中心供图

角。秋天的大闸蟹肥美鲜嫩，蟹黄如金，蟹膏如玉，令人垂涎不已。

洪泽湖，不仅是一片水域，更是一段流动的历史，一曲天籁般的赞歌。

骆马湖是江苏省四大淡水湖之一，国家南水北调东线工程调蓄重要湖泊，位于江苏省北部，横跨宿迁、徐州两市。其名称源于"乐马""洛马"等谐音，传说与古代金兵屯扎有关。《宋史》记载，绍兴五年（1135年）金兵曾驻守于此，加之民间流传小龙马被贬下凡的神话，更赋予其"龙涎宝地"的神秘色彩。

历史上，骆马湖因黄河夺淮、沂河改道等自然变迁，从四个孤立的小湖逐渐连成水域，明清时期成为滞洪区的重要地带。新中国成立后，骆马湖通过导沂整沭工程，改建为一座兼具防洪、灌溉、航运等功能的常年蓄水池，成为淮河流域的生态屏障。湖畔文化积淀深厚，皇家码头、皂河安澜龙王庙等古迹，印证了其作为漕运枢纽和帝王巡游之地的历史地位，骆马湖水域面积达400平方千米，湖水清澈透明，透明度可达3.5米，被誉为"江苏最清澈的湖泊"。湖中小岛戴场岛，四面环水，以渔村风情和鲜美鱼宴著称，三台山国家森林公园与湖畔湿地公园交相辉映，构成了吸引候鸟栖息的"山水相依"生态画卷。

湖区物产丰富，银鱼、青虾、螃蟹并称"骆马湖三宝"，其中银鱼通体如玉，素有"水中白银"之称，远销海外。湖岸马陵山麓的三台山森林公园，将张荣城遗址、宿北大战三台山战地公园等自然风光与历史古迹融为一体，增添了山水间的人文厚重感。

2023年骆马湖旅游度假区成为苏北首个国家级旅游度假区，规划面积39.6平方千米，融合了湿地文化、运动体验、康养旅居等主题。度假区内星辰国际等高端酒店与花房里、海棠湾

等特色民宿,提供舒适住宿,而皂河古镇的古街巷与龙王庙则让人穿越时空,感受明清漕运盛景。

水利工程亦是独特景观。石河山闸气势恢宏,36孔闸门可泄洪1万立方米/秒;皂河抽水站作为南水北调梯级工程,直径6米的巨型抽水机堪称现代科技奇观。骆马湖集自然灵秀与人文沧桑于一身,既是南水北调的"中转心脏",也是宿迁人民的精神图腾,从项羽故里的历史回响,到秦始山闸的现代轰鸣,这片水域邀请世人共赏荡气回肠的滨湖诗篇。

骆马湖 / 宿迁市新闻传媒中心供图

皂河古镇,位于江苏省宿迁市湖滨新区,北依骆马湖,南接黄河故道,京杭大运河穿境而过。这座始建于明末清初的古镇,因河底土色乌黑如皂而得名,距今已有近四百年的历史。清康熙年间,河督靳辅疏浚皂河口,开凿中运河,使这里成为商船云集的南北漕运咽喉要道,并逐步演变为苏北、鲁南、皖北三大地区商贾会聚的重镇。

乾隆六下江南,五次驻跸于此,并"敕建安澜龙王庙",为古镇增添了厚重的文化底蕴。敕建安澜龙王庙位于江苏省宿迁市皂河古镇,始建于清代顺治年间(1638—1661年),康熙二十三年(1684年)改建后初具规模。雍正、乾隆、嘉庆三朝多次修缮扩建,最终形成占地36亩、三院九进、轴线分明的北方官式建筑群。建筑群以三进四院的轴线布局为核心,红墙黄瓦彰显皇家气派。中轴线上的山门镌刻乾隆御笔"敕建安澜龙王庙",御碑亭内高5米的石碑以蚣蝮(避水兽)为碑座,区别于常见的赑屃造型,呼应镇水安澜的建造初衷。主体建筑龙王殿采用重檐歇山顶,梁枋饰苏式彩绘,殿内供奉东海龙王金身像,香火绵延三百年不绝。行宫最高建筑禹王殿高达20米,黄琉璃瓦与龙吻装饰尽显恢宏,曾是乾隆寝宫,院内古树"百世同春"的寓意更添人文意趣。

作为清代帝王祈求"安澜息波"的祭祀场所,皂河安澜龙王庙融合了水神崇拜与皇家仪典,见证了大运河漕运的兴衰与中央政权对水利的重视。20世纪80年代后,政府投入巨资修复,使其成为大运河世界文化遗产的重要节点。院落内植柏、柿、桐等六树,寓意"百世同春",寄托国泰民安的愿景。

2. 日食三餐皆得饱

宿迁的晨,是被街角那碗滚热的糁汤喊醒的。

天还未亮,街角的灶台支起了铁锅,牛骨熬了整夜,麦仁熬得酥软如绸,糁汤的烟火气从清代乾隆年间飘荡至今,老汤浸透着家传秘方。撒一把胡椒,浇几滴陈醋,滚烫的浓汤包裹着鸡丝盛在粗瓷碗里,汤面上撒着星点香油,老饕们总将烧饼撕成碎片

浸在汤中,待面饼吸足了汤汁,软韧的麦香混着荤香一并滑入喉咙,然后暖意便从舌尖直升四肢百骸,喝完一碗汗就出来了。

如果赶早去皂河古镇,土炉炭火烤制的乾隆贡酥正落芝麻,面团在案板上甩出脆脆的响鞭,酥皮咬出一口咸香酥脆。曾有游子将贡酥揣进行囊,当火车驶过长江大桥时,车厢内竟洒下了衣襟掉落的芝麻,惹得邻座小孩一路追着捡拾。

日头攀项王故里檐角,市井已蒸腾千般滋味。

黄狗猪头肉的香味,从鼻腔深处霸道地钻了出来。那六月龄黑猪头的肉,肥瘦相间,用竹篾漏勺轻提,肉块完整,浸着琥珀色卤汁的薄片在舌尖上酥烂成胶质状,瘦肉却仍有咬劲。掌勺师傅擦着祖传的紫砂卤罐,老汤竟泛着奶白。转角的木推车上,菜煎饼滋滋作响,韭菜、豆芽、粉丝在铁板上翻飞,宿迁人把对土地的眷恋烙在饼皮上,杂粮面糊旋出鏊子上的纹路,包住热气腾

黄狗猪头肉 / 宿迁市新闻传媒中心供图

腾的鲜香。咬下去的瞬间,焦脆鲜香铺天盖地而来,闭上眼忍不住发出感叹。

晌午的骆马湖波光潋滟,渔家船头飘来银鱼羹的清鲜。

银白小鱼透亮见骨,蛋花葱花点缀,舀一勺抿在舌尖,湖水的甘甜便顺着喉头滑入心尖。透明的骆马湖银鱼,蒸煮时怕新鲜的气息随水汽飘散,需要用纱罩罩着,才能蒸得水灵灵的。若遇冬日,老灶必煨砂锅鱼头,金黄油花浮于奶白浓汤中,鱼肉嫩到筷子一碰即化,鲜到叫人直叹"仙人不换"。

银鱼 / 宿迁市新闻传媒中心供图

午后最适合踩着运河边的树影寻甜,水晶山楂糕在玻璃柜里泛着光泽,以清道光年间传下来的古法熬制,绵密的酸香扑鼻而来。铁球山楂要经过去核、打浆、滤渣等十二道工序,熬糖时需要用桃木铲子顺时针搅动至糖浆拉丝,冷却后才能凝成透光

的色泽,含在嘴里甚至齿缝里都透着甜。车轮饼铺前永远排着长长的队伍,酥皮里流淌着青红丝,裹着糖油。这道源于乾隆年间的点心,藏着宿迁人的处世哲学。猪板油与冰糖相拥而眠,恰似北方的豪迈裹着南方的温柔,咬碎时掉落的碎屑沾满衣襟,甜腻中忽然窜出果脯的爽朗,比传说中御笔亲题的"香脆酥甜妙化神",更教人魂牵梦萦,令人回味无穷。

乾隆供酥 / 宿迁市新闻传媒中心供图

洪泽湖的芦苇被暮色染红,新源羊肉汤的浓香便漫过街巷。带皮的羊肉在乳白汤里沉浮,肉质自带三分肥、七分瘦。配着焦壳软芯的朝牌烧饼,撕块面饼蘸汤,麦香混着羊鲜在唇齿间酿出乡愁,巴掌大的朝牌要六块拼成一帘,刚出炉时金黄酥脆,裹着油条能卷住游子的行囊。八老面点师揉面时总要哼《十番锣鼓》,他说:"面皮里揉进了西楚霸王的战鼓声,所以烤的烧饼能镇住运河的波涛汹涌。"

如果是夏夜,排档里的沭阳裹凉粉最是惹人爱,豆皮裹着颤巍巍的凉粉,浇上蒜泥辣油,滑嫩与筋道在齿间追逐,小贩的推车上总是拴着铜铃,叮叮当当的声音夹杂着蝉鸣,恍惚间又是儿时攥着零钱守在摊前的暑假午后。

到了深夜时分,便有赶夜市的人在密巷深处寻找,一串臭豆腐金黄饱满,在滚烫的油锅中吐着泡泡。炸好的臭豆腐蘸着辣酱吃,脆壳儿一破,发酵后的豆香味儿和着滚烫的豆腥味儿炸开了。一口老白干,酒冲腥味儿,反倒激出更丰富的口感。这味道就是宿迁的味道,粗粝中有细腻,苍凉中透着鲜亮。还有洪泽湖畔的渔家,卖鸭粥的还在守候迟归的食客。鲜鸭熬的米粥,米粒吸饱了鲜味,油花荡漾。一勺下肚,仿佛又回到了童年生病时跟姥姥撒娇的日子。

3. 大戏连台

从泗州戏的婉转唱腔到淮海戏的乡土气息,从工锣鼓的千家万户到淮海戏的百曲新唱,宿迁戏曲在传承与创新中书写着文化新篇。土生土长的戏曲作品是艺术创作,更是历史记忆,承载着宿迁人民的精神风貌和情感寄托。

泗洪,土琵琶的弦音悠悠。从乾隆年间飘来的"拉魂腔"像缕缕炊烟飘过苏北平原的村落,又像一阵清风拂过古汴河畔的芦苇荡。泗州戏唱腔"怡心调",让听者如入戏中。

李洪湘是国家级非遗代表性传承人,带着剧团在宿迁的田间地头走过了五十年。她唱《贺老太》,铿锵的唱腔仿佛巾帼的英魂依然在;她演《白蛇传》,断桥相会的恋歌种在乡民心里。土琵琶和竹笛奏出大运河与古黄河的水声和涛声。2023年《春满

上塘》上演,将乡村振兴的主题融入传统唱腔中,泗州戏得到新的艺术生命。戏里唱的都是田间劳作的农民,村口听戏的都是老人,戏里都是他们自己的影子,泗州戏是乡音的艺术,也是乡愁的记忆。

沭阳街头巷尾,三弦琴声总是伴随着乡民的欢声笑语,诞生在这片土地上的乡土艺术淮海戏,以独特的方言唱腔,讲述着苏北人民的喜怒哀乐。抗战时期淮海戏曾改编《血泪仇》,用戏曲的力量唤醒了人民群众的抗日热情,那些在战火中传唱的旋律至今仍回响在沭阳戏台上。李振东是淮海戏的省级传承人,从小受家庭和乡土戏曲文化的熏陶,师从老艺人周广干、杨秀英等。他以抢救濒危剧种为己任,用十多年时间,整理恢复了《皮秀英四告》《樊梨花点兵》等 20 多个传统剧目,恢复了 300 多个传统唱腔,使几乎失传的"老十八本"重新登台亮相,既是乡土艺术,又见证了岁月的淮海戏,重新焕发出新的青春。

在宿迁的乡间小道上,鼓锣声始终伴随着乡民的脚步,这门淮海锣鼓艺术,将那些关于爱情、关于生活、关于历史的万家故事娓娓道来。左手持锣,右手击鼓,艺人在村口戏台上登场。工锣鼓省级传承人张法言组建了一支以弘扬传统文化为宗旨的演出志愿队,每年都要举办几十场的基层义演。他在沭阳的中小学设立传习所,将工锣鼓的艺术传授给下一代,那些在戏台上敲锣打鼓的孩子,在村口听戏的老人,都在工鼓锣的声音中找到了自己的记忆。

在宿豫区的戏台上,柳琴戏、淮红戏的旋律总是伴随着乡民的掌声。淮红戏这门起源于明末清初的戏曲艺术,以其"声乐套曲"的独特形式,讲述着苏北平原的故事。淮红戏以《满江红》为主题曲牌,带着苏北平原的泥土气息,又带着大运河的流水声。

2024年,柳琴戏新创剧目《陶鼓声声》上演,顺山集遗址的文物在戏台上被生动展现。面对数字化时代的挑战,宿迁探索出"本体守护＋现代转化"的双轨传承模式。市文化广电和旅游局开展"宿赏千戏"工程,建立"宿赏千戏"戏曲资料数据库,利用"数字＋"的力量为戏曲出圈增添新可能。苏北大鼓艺人牛崇祥开通直播账号,剧目《古镇酒坊》单场观看突破10万人次,实现"云剧场"传播突破。宿迁通过设立市级戏剧文学奖促进剧本质量提升,建立市级文艺院团培养专业人才,推进"戏曲进校园"工程普及传统艺术,随着"新主题、新唱腔、新特色、新推广、新团体"的系统创新,宿城区被授予"中国曲艺之乡"称号,实现了宿迁曲艺文化繁荣发展的新突破。

宿迁戏曲,从泗州戏的乡愁到淮海戏的红色基因,从工锣鼓的民间史诗到淮红戏的百曲新唱。这些根植于乡土的戏曲形式,不仅是艺术表达,更是历史记忆的载体,承载着宿迁人民的精神风貌与情感寄托。在这片古老的土地上,戏曲像是一条长河,从历史的源头奔涌而来,又在新时代的土壤中绽放出更加绚丽的花朵。

大运河徐州邳州段 / 白雪供图

答吕梁仲屯田(节选)

[宋]苏 轼

黄河西来初不觉,但讶清泗奔流浑。

夜闻沙岸鸣瓮盎,晓看雪浪浮鹏鲲。

捌　　徐　州

煤尘落定,云龙湖的波纹正揉碎一池星光。

徐州,这是座从《尚书·禹贡》九州名册中走来的千年历史古城。禹迹空蒙、浊沙沉古的黄河故道在她腰间缠裹,千樯悬帆、一脉通漕的京杭大运河穿流而过。

徐州,以黄河故道为分水岭,经年累月形成了北部沂沭泗水系与南部濉安河水系,北望是金戈铁马的苍茫,南顾是烟雨楼台的温婉,"南秀北雄"在这里交融荟萃。京杭大运河横贯南北,翡翠明珠样的云龙湖、潘安湖等"七湖"与玉带银瀑般的古黄河、奎河等"九河"构成"九河绕城、七湖润彭"的生态格局,"半城山水半城诗"是徐州独特的风骨。历史的眷顾与得天独厚的自然禀赋,使得徐州2017年成为江苏首个国家水生态文明城市。云霞蔚裳中,云龙山人张天骥情有独钟的云龙山九座山峰青影倒映在7.5平方千米的碧波间;沉水廊道里,苏轼《放鹤亭记》摹刻与游鱼相映成趣。晨曦中、夕阳下,烟波浩渺的潘安湖,退渔还湖的涟漪惊起剑鸲振翅,候鸟掠过芦苇荡,划出淡青色的弧线。

徐州地层深处埋藏着上古生代石炭和二叠纪的矿层,也封存着楚汉争霸的金戈铁马。这里自古便被称为"五省通衢",历来是兵家必争之地。《清史稿·地理志》称徐州府要、冲、繁、难,按照雍正朝的解释"地当孔道为冲",即地处交通要道为冲,是南北政权争夺的战略要地。京杭运河的漕运体系使徐州成为南北经济命脉,窑湾古镇的盐商遗迹仍见证着古代商贸繁荣。《徐州府志》载金代"叠石为基"增筑徐州城,东晋刘裕最早(416年)以砖石筑城。战国时期宋悼公迁都彭城,西汉楚元王刘交首次用石料扩建城墙。公元前206年项羽定都彭城。公元前205年的彭城之战将徐州推入楚汉争霸的漩涡中心,项羽以三万精锐击溃五十六万诸侯联军。史笔如刀,六字寒芒,司马迁的"睢水为之不流"将将士骸骨壅塞河道的场景复现。折戟沉沙间,千年悲鸣犹在寒流中呜咽。历代政权在此设州府,唐代置徐州总管府;南宋抗金英雄赵立,被授予忠翊郎、权知州事,以残兵数千守城,拒绝金人劝降,城破后巷战殉国;明清升为徐州府,历经千年,这座古城始终是军事要冲,近代徐州会战、淮海战役更以徐州为中心。河道181千米有余,使徐州成为大运河沿途河道最长的城市之一。京杭运河的漕运体系使徐州成为南北经济命脉,清代徐州为淮北盐运中心,窑湾盐税占全国盐税收入的1/10。大运河徐州段的窑湾古镇作为千年水镇,保存了完整的明清会馆、盐商宅邸,盐商遗迹仍昭示着古代商贸的繁荣景象。

两千余年政权更迭中,这片土地走出多位开国帝王,"龙飞之地"的传说传遍大街小巷。故北宋苏轼任徐州太守时在《上皇帝书》中道:"汉高祖,沛人也;项羽,宿迁人也;刘裕,彭城人也;朱全忠,砀山人也:皆在今徐州数百里间耳。"

始于大彭氏国的彭祖文化影响深远。户部山的古建筑群,云龙山的摩崖石刻,狮子山楚王陵、龟山汉墓……都在无声地诉说着雨打风吹去的曾经。历史的车轮滚滚向前,清末,徐州成为中国近代工业发源地之一,引进机械制造等产业。新中国成立后,徐州依托陇海铁路与京沪高铁枢纽地位,逐渐发展为苏鲁豫

皖省际交界地区中心城市,2024 年 GDP(地区生产总值)突破9 500 亿元,被誉为"中国工程机械之都"。

厚重的历史底蕴与现代都市文明交相辉映,风景如画的燕子楼、巍峨耸立的苏公塔成就历代文人墨客笔下咏怀明志的作品,青砖黛瓦与现代咖啡文化在龙窝文创街区中融为一体,构成了一条"彭城七里"的文脉长廊。黄河边的云龙公园、湖北路的玉兰花海,成为市民四季赏花的热门去处。如今,徐州在文化遗产保护和现代化建设中平衡发展,徐州博物馆、汉画像石艺术馆、彭祖园等场馆在传承历史的同时,也将科技与生态修复理念相融合,展现出古今交融、生机勃勃的风貌。

运河分汊处——邳州中运河鲁运河段 / 贾传军供图

一、两河穿流过

1. 水脉韵流长

春秋末期（前 482 年），夫差为黄池会盟开凿菏水，《国语·吴语》明确记载"阙为深沟，通于商、鲁之间，北属之沂，西属之济"。菏水连通济水（黄河支流）与泗水（淮河支流），使吴军可自长江经邗沟入淮河，再通过泗水北上到达菏水，然后经过济水直抵中原。菏水的开凿首次实现江、淮、河、济四大水系贯通，也使徐州成为水运节点，构成以徐州为中心的"T"字形运河雏形。

韩愈笔下的"汴泗交流郡城角"，是汴泗交汇处成为南北水运节点的诗意概括。徐州由此奠定"五省通衢"地位，成为连接中原与江淮、黄淮与江南的核心枢纽。至今在徐州故黄河畔，坝子街桥头，"汴泗交汇"的石碑巍巍矗立，静静地看着眼前早已不再澎湃的故黄河水悠悠东去。汴泗水网孕育的不仅是地理奇观，更成就了帝业之基。刘邦在秦末的崛起与故乡沛县所处的汴泗水运枢纽位置密不可分。《史记·高祖本纪》载刘邦"以亭长为县送徒郦山"，说的是刘邦押送刑徒自沛县沿泗水南下至彭城，转汴水西行，再通过鸿沟水系进入关中。泗水亭周边存在航运节点，为刘邦早期联络各路豪杰提供地理基础。公元前 209 年刘邦起兵时，萧何发派沛县子弟沿泗水驰援丰邑，曹参转漕关东粮草经汴泗西进，楚汉相争时"敖仓—荥阳—彭城"三角补给线构建，这些决定历史走向的关键时刻，无不以汴泗水道为核心。

大业元年（605 年），隋炀帝启动通济渠工程，自洛阳西引

谷、洛之水入黄河,东经板渚引黄河南下,循古汴水故道经汴州(今河南开封)、宋州(今河南商丘),至泗州(今江苏盱眙北)汇入淮河。徐州地处汴水与泗水交汇处,成为"黄河—汴水—泗水—淮河"漕运体系的关键枢纽。《隋书·炀帝纪》详载该工程"发河南诸郡男女百余万",其中徐州段利用天然汴泗河道,实施裁弯取直、拓宽浚深等工程改良,使漕船载重量大幅提升。

唐代继承了这一体系。《元和郡县志》载,徐州城汴水自西北来,泗水自东北来,至城下合流,形成南北漕运的咽喉要冲。向北可经泗水连通山东青齐之地,向南借汴泗水道之势掌控江淮,真正实现"北接齐鲁,南控江淮"的格局。漕粮运输方面,江淮租赋经邗沟入淮后,需溯泗水至徐州转汴水西运洛阳。开元盛世,江淮漕粮总量高达四百万石。朝廷特设徐州转运院管理仓储,其遗址出土的"开元通宝"钱范及带有"转运"铭文的陶器,印证了此处作为漕运中转中心的地位。运河经济带动了区域手工业勃兴。利国铁矿所出精铁、铜山所产青铜,经泗水—汴水输送两京官营作坊,《新唐书·地理志》明确徐州土贡包含"铁、绢、绫"。考古发现的彭城窑唐三彩、铸镜作坊遗迹,揭示出陶瓷器、铜镜等商品经运河行销全国的实况。沿河城镇亦随之兴盛,彭城(今徐州)发展出"市廛商旅,栉比云集"的商业都会。

漕运安全始终是治理重点。泗水航道中的秦梁洪、吕梁洪、百步洪三大险段,水流湍急,舟船常毁。三段中,尤以吕梁洪"悬水三十仞,流沫九十里"(《水经注·泗水》)最为凶险。唐代设吕梁巡院专司漕务,代宗大历年间(766—779年)汴泗段年清淤量达百万方,河工技术由此积累发展。这些隋唐时期的治水经验,为宋金时期应对黄河全面夺泗提供了重要技术储备。

北宋时期,徐州仍依托隋唐运河体系,汴水与泗水在此交汇,形成漕运要冲。汴水(通济渠)自开封向东南延伸至徐州入泗水,成为连接江淮与中原的核心航道,承担着漕粮、盐铁运输重任。《宋史·河渠志》记载,徐州段运河年运量数百万石,维系着汴京(今开封)的经济命脉。苏轼任徐州知州时(1077年)亲历黄河洪灾,筑东南堤护城,水灾过后,苏轼建黄楼,立碑记功,此事件在苏轼《奖谕敕记》及苏辙《黄楼赋》中均有详述。苏轼亦曾率众疏浚百步洪,作《百步洪》诗,以"长洪斗落生跳波"记其险。

南宋建炎二年(1128年),为抵御金兵南下,宋将杜充决开黄河,1194年黄河于阳武决口夺泗入淮,徐州段汴泗河道逐渐淤塞。黄河泥沙使泗水航道"悬流湍急,舟楫屡倾",徐州漕运功能严重受损。至金代,黄河主流持续南侵,徐州运河逐渐依赖人工清淤维持通航。尽管通济渠主干废弃,徐州仍通过泗水支流维持区域运输。

1289年元廷开凿会通河,将运河主道东移山东,徐州以北借泗水行运,以南借黄河南下入淮,形成"黄运合一"格局。至元三十年(1293年)漕粮年运量达300万石(海运与漕运总和),徐州设转搬仓储江淮米十万石。为应对黄河决溢,元廷在吕梁洪、百步洪等险段设闸调控水位,并征发民夫疏浚泗水故道。至正四年(1344年),黄河在徐州白茅堤决口,运河严重淤塞。至正十一年(1351年)工部尚书贾鲁主持疏浚,采用"分流杀势,筑堤束水"之法,暂时恢复通航。"黄运合一"的格局虽短期提升了漕运效率,却为明清黄河泛滥埋下隐患。

明清时期徐州段运河以"黄运交汇"为特征。南宋建炎二年(1128年)黄河夺泗入淮后,徐州成为黄、泗、运三河交汇节点。元代开凿会通河,将徐州以南黄河夺泗后的河道纳入京杭运河

体系,形成"借黄行运"格局。明代沿用此道,徐州段运河北起沛县留城,经茶城、秦梁洪、吕梁洪、百步洪,至邳州入淮,全长500余里。明代多次疏浚,潘季驯四次总理河道,以徐州为主战场治河保运。万历年间李化龙开凿泇河(今中运河),避开徐州段黄河险道,但原河道仍部分使用至清咸丰五年(1855年)黄河改道。运河带动徐州市区成为南北贸易中心,商贾云集,冶铁、制陶业兴盛。朝鲜人崔溥《漂海录》载徐州"繁华丰阜,无异江南"。万历三十一年(1603年)泇河通航后,徐州段漕船减少三分之二,商旅迁徙,市镇萧条。谈迁《北游录》称"自改泇河,徐、邳寥寥"。清代雍正年间邳州、宿迁划归徐州,运河仍承担区域物资转运,但整体地位下降,至咸丰五年黄河北徙后彻底衰落。

　　1958年,新中国疏浚湖西航道(57千米)、不牢河段(72千米),裁弯取直后形成二级航道,年运量达1.5亿吨,承担北煤南运重任。徐州港成为京杭运河最大内河煤港,万寨港区机械化程度居全国之首。同时,不牢河、中运河纳入南水北调东线工程,兼具输水与航运功能。骆马湖、云龙湖等水域生态修复,窑湾古镇转型文旅地标,保留"夜猫子集"等运河民俗。

徐州港 / 贾传军供图

2. 漕运千秋史

泗水汤汤，汴流潺潺，"回首彭城，清泗与淮通"，汴泗交汇处孕育的徐州城，自古便是中原水运的命门。《尚书·禹贡》"浮于淮泗，达于河"的记载，不仅勾勒出先秦的航运图景，更在彭城大地上刻下三千年漕运史诗。战国魏惠王时开凿鸿沟，《史记·河渠书》详述其格局"荥阳下引河东南为鸿沟，以通宋、郑、陈、蔡、曹、卫，与济、汝、淮、泗会"，汴泗水道成为中原至江淮的漕运通道。

隋炀帝大业元年（605 年），百万民夫的热泪和血汗凝成通济渠的浪涛。《资治通鉴》记载的"自板渚引河历荥泽入汴"，不仅改写了地理格局，更让彭城成为东南漕船汇聚的天下粮枢。城西百步洪因水流湍急，成为漕船险段，隋廷在此设"洪仓"暂储漕粮。

唐初承隋制，但高宗时期（650—683 年）因三门峡险阻，漕运效率低下。开元二十一年（733 年），裴耀卿推行"分段转运法"，徐州作为汴泗水运分界点，增设埇桥仓与彭城仓。

安史之乱后，漕运瘫痪。广德二年（764 年），刘晏主持漕政，实施"江船不入汴，汴船不入河"的换载制度。天宝八载（749 年），全国漕粮总运量 400 万石，其中半数经徐州中转。徐州漕运亦具军事意义。建中二年（781 年），淄青节度使李纳叛唐，切断漕路，唐廷命张建封镇徐州护漕。其子张愔纳关盼盼为姜，张愔死后关盼盼独居徐州的燕子楼，历十余年不嫁，白居易有诗"燕子楼中霜月夜，秋来只为一人长"，读来令人唏嘘。至今在徐州云龙公园——由徐州市第五中学院内迁建——燕子楼依旧，几度春风，几度秋月，却已物是人非矣。

燕子楼 / 贾传军供图

　　北宋汴河漕运的黄金时代，在徐州写下浓墨重彩的一笔。"岁输六百万石"的浩荡船队，每日几十艘经汴泗合流，漕船自江淮经泗水入汴河，直抵汴京。天禧五年（1021 年）漕运量达 800 万石，徐州为江淮至京师的关键中转站。熙宁十年（1077 年），苏轼任徐州知州，适逢黄河决澶州曹村埽，洪水南侵徐州。苏轼率军民抗洪抢险，抵御住了肆虐的洪峰，并疏浚汴泗河道，确保漕运畅通。靖康之变（1127 年）后，徐州入金朝版图，属山东西路。金代漕运重心北移，徐州转为区域性水运节点，汴泗水道主要用于军事物资转运。

　　至元十三年（1276 年），元廷弃用汴河，改修京杭大运河新线，徐州段运河改走泗水故道，称"徐州至济宁闸河"。至正四年（1344 年），黄河决白茅堤，徐州段运河淤塞，漕舟悉由海道。至正十一年(1351 年),贾鲁主持疏浚黄河故道,修复徐州至济宁段运河,此举使徐州漕运短暂恢复,但元末红巾军起义后,运河体系再度崩坏。

明初朱元璋定都南京时,漕运以海运为主。永乐九年(1411 年),工部尚书宋礼重浚会通河,徐州因地处会通河与黄河交汇处(泗水故道),成为"南漕北运咽喉"。漕船自江淮经邳州入泗水,至徐州城北与黄河合流,再经济宁闸河北上。据《明会典·漕运》统计,正统年间(1436—1449 年)年经徐州漕粮达 400 万石。万历三十二年(1604 年),总河李化龙开凿泇河(自夏镇至邳州直河口),新河道使漕船绕过徐州至宿迁的黄河险段,但徐州仍为泇河与黄河交汇点。天启三年(1623 年),总河朱光祚再浚泇河,徐州段漕运量虽减,但仍承担部分漕粮转运。

康熙二十七年(1688 年),河道总督靳辅主持开中运河(自邳州黄河北岸至宿迁董口),徐州从此脱离京杭运河主线,但仍是中运河与黄河交汇的"水陆要冲"。雍正二年(1724 年),徐州城北建"镇口闸",引微山湖水济运。咸丰五年(1855 年),黄河改道山东夺大清河入海,徐州段运河淤废。光绪三十四年(1908 年),津浦铁路徐州段动工,宣统三年(1911 年)南北分段通车,1912 年徐州站年货运量达 120 万吨,彻底取代漕运。

二、楚风汉韵长

1. 大风起兮,古今波澜

在徐州,泗水河畔的山丘下,埋藏着距今 8 000 年的顺山集

文化遗址，先民烧制的红衣陶器上，手印和纹路交织成最早的文明。大彭氏国传说始于尧舜时期，使徐州成为中华养生文明的最初之地。商周青铜器上的"徐"字铭文，记载了徐夷部落和中原王朝的碰撞与交融。邳州梁王城遗址出土的卜甲，雕刻着殷商特有的"贞人"占卜系统，也夹杂着东夷的鸟图腾。

　　据《史记·楚世家》记载，帝尧封陆终氏第三子篯铿于大彭氏国，篯铿即后世尊称的彭祖。据说这位上古贤者历经夏商两朝，以八百岁的生命长度闻名于世，实则象征着中华先民对生命哲学的深刻探索。彭祖文化体系涵盖养生、饮食、导引术三大核心，其创制的雉羹被《吕氏春秋》记载为中华最早的食疗范例。彭祖思想深刻塑造了中华文化基因，《庄子·刻意篇》明确将彭祖列为"道引"之士始祖，其"养神贵精"思想直接影响了《道德经》的生成。《论语·述而》"自行束脩以上"的束脩礼即彭祖所创拜师礼。《黄帝内经》中"治未病"思想与《彭祖经》"预防三衰"（精衰、气衰、神衰）理论相辅相成。

　　时间来到两汉，徐州作为两汉文化的发祥地和重要遗存地，承载着汉代政治、经济、艺术与科技的辉煌成就，素有"两汉文化看徐州"之说。这里不仅是汉高祖刘邦的故乡，也是汉朝诸侯国楚国的都城，留下了丰富的历史遗产和文化积淀，形成了以墓葬、石刻、建筑、艺术为核心的独特文化体系。

　　作为楚国都城，徐州现存多座汉代诸侯王陵墓，其中狮子山楚王陵的发掘令世人震惊。金缕玉衣静静地裹着沉睡的灵魂，安息在楚王陵地宫深处的徐州城东南方向。玉是清凉的，却比火焰更永恒。玉盛过琥珀色的美酒，玉璧悬于祭祀的帐幕前，连棺椁都嵌满了蟠缦纹的玉片，考古专家说这是"事死如事生"，人们相信，在这些温润的玉石中，隐藏着汉代人对永恒的迷恋。玉

彭祖像 / 李庆鹏供图

龙蜷曲的身姿,凝固了欲飞未飞的刹那;玉蝉伏在亡者的舌尖,
依旧在梦中饮露,登上仙台。狮子山下的汉兵马俑,虽然造型不
是很高大雄壮,但肃穆的军容却比秦始皇的秦俑军团多了几分

烟火气,多了几分柔情。他们不到真人半高,眉眼却生动鲜活。甲胄勇士的手掌上还留着握剑的凹痕,文臣怀中的竹简似乎墨迹未干,连端坐的抚琴俑,指尖都缠着一缕未尽的余音。这些陶土塑就的小人儿,曾跟着楚王的魂魄走过黄泉陌路,而今却列队在玻璃之后,与二十一世纪的目光静静相望。

狮子山楚王陵金缕玉衣 / 贾传军供图

人在龟山,听山风掠过耳畔,似有铁锤凿石的闷响从地底传来。这山是活的,每逢夏雨连绵,便能听见岩缝里潺潺的水声,仿佛那些被封存在墓室里的魂魄,正顺着暗河溯流而上。

龟山汉墓为西汉第六代楚王刘注(前 128—前 116 年在位)及其夫人的合葬墓,建造时间约为汉武帝时期(前 127—前 114年)。龟山汉墓是典型的横穴崖洞墓,依山为陵,几乎掏空整座山体。墓葬总面积 700 余平方米,由 15 间墓室组成,施工耗时约 13 年。北甬道长 56 米,高 1.78 米,宽 1.06 米,沿中线开凿最大偏差仅 5 毫米(精度 1/10000),石壁打磨平整如镜。

西汉末年的某个雪夜,一群盗墓贼从龟尾处炸开缺口,火炬的光亮映着他们慌乱的身影,碎石顺着盗洞倾泻而下。他们在后室劈开梓木棺椁,盗取银缕玉衣和青铜器、玉器等小件器物。通道尽头是沉重的塞石,每条甬道 26 块,每块 6—7 吨,青灰色石灰岩。其中"第百上石"云:"令群臣已葬,去服,毋金玉器。后世贤大夫幸视此书。"可视为防止陵墓被盗的薄葬声明,1981 年发现时,刻字因自然风化显露。

龟山古墓 / 贾传军供图

徐州的风是带着铁锈味的,那是陇海铁路的道钉在岁月里氧化的气息。1922 年冬,朔风卷着细雪掠过津浦铁路机务段,21 岁的姚佐唐攥着油垢斑斑的扳手,在蒸汽弥漫的车间里秘密传阅《向导》周报。去年陇海大罢工时,工友们将"反剥削"的标语刻在机车上。全路两万工人怒吼着"争人权,光国体",罢工浪潮从徐州北站一直漫到河南观音堂,连《申报》都惊叹"陇

海线为之沸涌"。

台儿庄的炮声响彻 1938 年,徐州火车站的月台上挤满了荷枪的士兵。川军 122 师的战士们背着大刀,刀柄上系着写有"死"字的白布条,列车员往他们手里塞煮鸡蛋,温热的蛋壳上还粘着"杀寇"的朱砂字。陈万仞师长站在站台上,望着南下的铁轨沉默良久。七年前他在这里送别参加淞沪抗战的十九路军,此刻自己却要率部奔赴更惨烈的战场。站台上"誓守徐州"的誓言字字如铁,不及多想,他登上了列车。

2. 帝王将相,名士风流

徐州是摊开在华夏大地上的一本厚重典籍,它既有金戈铁马的铿锵,又有诗词歌赋的婉转。从上古彭祖立国到楚汉争霸的烽烟,从三国鼎立的权谋到唐宋文脉的绵延,徐州以独有的气韵和历史机遇,先后产生了改写时代命运的帝王将相,滋养出了照亮文化星河的风流名士,他们或长歌吟诵或扬鞭跃马,将身影定格在了彭城山川河岳的时光里。

刘邦少年时代混迹市井的酒肆早已湮灭,但那股"大丈夫当如是也"的豪气,至今仍萦绕在金刘寨汉皇祖陵。刘邦出身布衣,曾任泗水亭长,却振臂一呼,在秦末乱世中,芒砀山斩白蛇的刀光剑影,劈开了乱世风云。他带着樊哙、萧何、曹参等一众沛县子弟,以"约法三章"收拢天下民心,又以"明修栈道,暗度陈仓"的计谋粉碎了项羽的霸业。刘邦高唱《大风歌》的刹那,徐州悄然成为华夏文明的又一精神原点。这里走出的,不仅是开汉祚四百年的帝王,更有一种废墟上重建秩序的民族气概。

徐州城南戏马台,项羽的铠甲在秋风中铮铮地鸣响。这位"力能扛鼎"的西楚霸王,以彭城为都城,重塑了巨鹿之战后的中原格局。九里山下的古战场,至今流传着"四面楚歌"的悲怆。舟楫划过,项羽的结局成就了英雄主义的绝唱,而徐州则永远定格了那个"生当作人杰,死亦为鬼雄"的烈烈魂魄。帝王故里的传奇故事并未止于此,刘秀的族谱上镌刻着徐州刘氏的印记。更不用说历代被分封于此的二十四位汉朝诸侯王,他们的陵寝掩映在龟山、狮子山、北洞山的一片青山之中,深埋于"事死如事生"的信仰之中,就连他们的陵寝也是如此。

戏马台 / 贾传军供图

秦末乱世中刺杀秦始皇失败的韩国贵族张良,于下邳(今江苏睢宁西北,属徐州下辖区域)的圯桥遇黄石公,得《太公兵法》,从此化身为"运筹帷幄之中,决胜千里之外"的谋圣。张良建议刘邦联合英布、彭越,同时属韩信以大事。韩信求封"假齐王"时,刘邦本欲发作,张良踩脚提醒其局势需要,建议封韩信为齐王以拉拢之。每一计都如围棋落子,悄然改变楚汉之争的棋局,

一局一局,波澜不惊。徐州人把智慧刻进市井巷陌:子房祠香火不绝,"愿弃人间事,欲从赤松子游"的智者,还在彭城的风云中俯视。

而与张良并称"汉初三杰"的萧何,则是从沛县走出的治国巨擘。他早年掌管县衙文书,刘邦入咸阳时,萧何"独先入收秦丞相御史律令图书藏之",这些典籍包含全国户籍、地理、律令等资料,为汉初治国奠定了基础。而萧何"月下追韩信"的典故更为出名。韩信因不得重用逃离汉营,萧何"闻信亡,不及以闻,自追之",萧何追韩信的识人之明,千古流传。萧何制定的《九章律》关于赋税、户籍、刑名的条文编织出中国两千年封建制度的雏形,"萧规曹随"更是流传千古的佳话。

徐州尚武,注定徐州人必定豪爽,而徐州武将的豪气同样惊天动地。鸿门宴上,樊哙持剑拥盾闯入军帐,生啖猪腿的狂放震慑项羽! 这位沛县屠狗出身的猛将,后来在平定臧荼、陈狶之乱的战场上屡建奇功。从汉墓出土的青铜剑到云龙山麓的点将台,徐州的每一寸土地都沉淀着将相们"了却君王天下事"的壮怀激烈、慷慨悲歌!

文化的星火在徐州长明不灭。南唐后主李煜的血脉里,始终奔涌着彭城李氏基因。李煜因居汴京时望月长叹"雕栏玉砌应犹在",世人皆知他念的是金陵宫阙,却少有人知其《送邓王二十弟从益牧宣城》中"且维轻舸更迟迟,别酒重倾惜解携"的离愁,暗合着徐州人"重义恋乡"的底色。或许在他潜意识里,祖籍彭城的山水,早已化作词中"一江春水"的源头。

回溯汉代,刘向、刘歆父子的学术光芒穿透竹简的尘埃。刘向编订的《战国策》保存了纵横家的智慧,《列女传》树立了儒家伦理的典范;其子刘歆力推古文经,编纂的《七略》开创了中国目录学的先河。他们的书斋或许就在户部山某处幽静的庭院里，油灯下的笔锋既批判了时政之弊，又为后世留下了文明的火种。北宋时期陈师道"闭门觅句"的身影，则让徐州文脉多了一份寒士的孤傲。他宁可冻死也不穿政敌所赠棉衣的决绝诠释了文人"贫贱不能移"的风骨。

　　近现代徐州的文化星空依然璀璨。国画大师李可染少年时登云龙山观松涛，将故乡的苍劲山势熔铸进"黑密厚重"的画风。他晚年题写"师牛堂"匾额，牛背牧童的意象，是徐州乡村的晨昏剪影。马可在《生活的路》中写道："徐州街头的琴书梆子，是我音乐启蒙的第一堂课。"这位从徐州走出的作曲家，将柳琴戏的明快节奏化入《南泥湾》的旋律，把琴书的婉转拖腔酿进《咱们工人有力量》的顿挫里。当《抗日军政大学校歌》在太行山上响起时，旋律深处跳动的，正是徐州人"重义轻利"的脉搏。

　　从刘向的竹简到马可的琴弦，从陈师道的诗笔到李可染的画案，徐州的文化星火始终在现实与历史的褶皱里燃烧。它不必依附于某座具体的建筑，某条确切的河流，却早已熔铸在每一个彭城人的骨血里，是李煜词中的隐痛，是陈师道的傲骨，是马可旋律里的泥土气息，更是千万片汉瓦唐砖上，永不褪色的文明印记。

三、诗情画意浓

1. 文学之美

　　上古时期，徐州文学的种子便悄然萌芽。相传上古时期彭

祖在徐州一带传授养生之道,《庄子》提到他"吐故纳新"的呼吸法,《楚辞》则记载他以烹饪雉羹闻名。徐州人将彭祖视为饮食与养生文化的源头,后世托名他所作的《彭祖经》,实则是汉代人对长寿智慧的总结。商周时期,徐州作为中原与东夷交汇之地,留下了青铜器文明的印记。邳州梁王城遗址出土的青铜鼎、爵等器物,其上的族徽符号和祭祀器型,仍能让人窥见当时的礼仪制度。这些简洁的铭文和神秘的纹饰,是徐州早期文明的实物见证。及至春秋战国,孔子周游列国途经吕梁洪,发出"逝者如斯夫"的喟叹。这被后世文人反复吟咏的警句,或许正是黄河与泗水在徐州大地奔腾交汇时,赋予圣人的灵感顿悟。千年后,当我们再徜徉在吕梁风景区圣人窝时,或许脚印恰好踩在千年前孔圣人和他门人的足迹上,朝着夫子当年眺望的方向,我们替古人细细打量,倘若前人泉下有知,不知作何感想。

两汉四百年,徐州文学迎来第一次喷薄。刘邦以一介布衣提三尺剑取天下,他平英布归来,经过沛县,邀故人饮酒时击筑高歌的《大风歌》虽仅仅三句二十三个字,却将草莽英雄的苍凉、帝王的雄图与故土情结熔铸成千古绝唱。司马迁在《史记》中聚焦徐州籍帝王将相,铺陈出楚汉相争的壮阔史诗:鸿门宴上樊哙"目眦尽裂"的忠勇,垓下围中项羽"时不利兮骓不逝"的悲怆,让徐州成为史传文学的永恒话题。而生于淮阴、活跃于徐州的辞赋大家枚乘,以《七发》开创"七体"先河。赋中虚构的楚太子与吴客对话,铺陈音乐、饮食、车马、游猎、观涛,最终归于"要言妙道"的讽谏。其子枚皋承父风骨,赋作《平乐馆赋》以铺张扬厉之笔描绘宫室巍峨,让汉赋的雄浑气象传遍天下。

魏晋南北朝的烽烟,为徐州文学注入悲慨之气。曹操《蒿里行》以"白骨露于野,千里无鸡鸣"的惨烈笔触,记录徐州在军阀混战中的创伤；刘向、刘歆父子埋首典籍，校订的《列女传》《说苑》以寓言故事寓教化之道。及至唐代，白居易《燕子楼》诗序中关盼盼"善歌舞，雅多风态"的倩影，又为徐州添上一抹凄艳的传奇色彩。宋元明清的徐州文学，逐渐从庙堂走向市井。苏轼任徐州知州时，《放鹤亭记》借云龙山隐士张天骥养鹤之事，阐发"南面之乐与隐居之乐不可兼得"的哲思，其超然物外的情怀与徐州的山水浑然相融；《浣溪沙·徐门石潭谢雨》以"麻叶层层苘叶光，谁家煮茧一村香"的笔触，将田园稼穑的烟火气写入宋词，开乡土文学之先河。清代张竹坡以惊世之笔评点《金瓶梅》，断言此书"悲愤呜唈，而作秽言以泄其愤"，其"冷热金针"之论穿透世态炎凉，让徐州在文学批评史上留下犀利一笔。运河的桨声灯影里，柳琴戏与梆子戏在勾栏瓦舍中生根，《战徐州》的铿锵锣鼓演绎楚汉传奇，《喝面叶》的俚俗小调唱尽市井悲欢。清代万寿祺以遗民之痛写《临春阁》，借南朝兴亡浇胸中块垒；而黄河决堤的苦难、漕运码头的喧嚣，则化作运河号子在纤夫的口中世代传唱。

近现代的徐州文学，在战火与变革中淬炼出新质。周梅森在《人民的名义》《沉沦的土地》中，把改革阵痛里的钢厂沉浮、官场博弈写得如楚汉相争般令人心惊肉跳。赵本夫笔下的黄河故道，成了民族命运的寓言：《天下无贼》中草根侠客的江湖道义，承袭着樊哙的豪侠遗风；《地母三部曲》里农民对土地的执念，恰似汉画像石上躬耕的先民，把根须深深扎进徐州的黄土。他的《无土时代》以魔幻笔法书写城市化进程中的荒诞，小说中村民在屋顶种麦子、在阳台养牛羊的情节，既是现实的变形，也是对楚汉文化中"人定胜天"精神的另类诠释。笔者的《鏖战》《铩羽》

两部长篇小说,描述了淮海战役的波澜壮阔和徐州会战中谍报工作的惊心动魄,长篇小说《大河》则以苏鲁交界的大运河为地理背景,讲述了胡轩涛、胡轩宇兄弟在抗战爆发后组建抗日武装"运河支队"的传奇故事;长篇小说《煊烂》以百年徐矿为背景,刻画了民族工业历经四代人的苦难和辉煌。

古文脉碰撞现代文明,今天的徐州碰撞出新的火花。云龙书院旧址里,孩童们朗朗诵读苏轼《放鹤亭记》。非遗传承人怀抱三弦,茶馆里唱起徐州琴书,《李双喜借年》诙谐的故事让满座白发翁笑中带泪;网络写手敲击键盘,将玄幻小说推上热搜。博物馆汉像前,诗人以"石头上溺亡的马车"为意象,写下后现代的荒诞诗行。从彭祖的琴弦到苏轼的诗笔,从张竹坡的评点到赵本夫的寓言,徐州文学始终奔腾不息。它的厚重,源于楚汉争霸的刀剑入骨;它的灵秀,得于运河烟雨的浸润滋养;它的犀利,承于文人志士的冷眼热肠;它的悲悯,流着凡夫俗子的悲欢离合,徐州文学仍在续写着新的篇章。

2. 工业之美

徐州是古代九州之一,手工业源头可追溯到三千年前的商周时期,丰富的铜铁矿藏和便捷的水陆交通,使徐州成为汉代冶铁业的重要中心和中国古代的工业重镇。汉代铁官在此设坊,冶铸兵器和农具;隋唐时期,京杭大运河的通航,进一步促进了造船、纺织等手工业的繁荣;到明清时期,徐州手工业已具规模,尤其以煤炭开采和铜山县铁器制造闻名。

徐州地处黄泛平原与丘陵交接地带,地下煤炭资源丰富,尤以铜山县、贾汪区为集中分布区。

　　谁都无法想象,徐州煤矿与苏轼的关联。这段故事是千年煤城历史中一段极具人文色彩的篇章。苏轼在北宋熙宁十年至元丰二年(1077—1079 年)任徐州知州,虽仅短短三年,却意外推动了徐州煤炭产业的早期开发。北宋时期,随着冶铁、铸币、陶瓷等手工业的兴盛,木炭消耗剧增,北方森林资源日益枯竭。传统木炭燃料已无法满足需求,冶铁业面临停滞危机。苏轼到任后,发现徐州"岁以冶铁赋民,铁竭而民困",亟须寻找替代燃料。根据民间线索,苏轼组织人员在徐州萧县(今安徽萧县,时属徐州辖地)白土镇勘探煤炭。据《石炭·并引》记载:"彭城旧无石炭,元丰元年十二月,始遣人访获于州之西南白土镇之北。"苏轼为此作《石炭歌》,诗中不仅记录发现过程,更阐明煤炭的工业价值。

煤矿井下自动化作业 / 耿家强供图

徐州近代工业的萌芽则与交通变革紧密相连。1915年,津浦铁路与陇海铁路在徐州交汇,使其成为华北与华东的物流枢纽。铁路的贯通催生了现代工业的起步:1898年,贾汪煤矿公司成立,标志着徐州近代工业的开端;20世纪20年代,宝兴面粉厂、兴业烟草公司等民族资本企业相继建立,轻工业初具雏形。然而,受制于战乱频发和技术落后,至1949年,徐州工业仍以分散的小型煤矿、纺织厂和机械修理作坊为主,工业产值不足亿元。

1949年后,徐州的战略地位因其资源禀赋被重新定义。国家"一五"计划(1953—1957年)将其定位为华东能源基地,大规模投资推动重工业发展。徐工集团前身可追溯至1943年成立的鲁南第八兵工厂,1957年徐州农业机械厂转型生产塔式起重机;1958年,徐州钢铁厂投产,配套煤矿需求的焦炭冶炼;同年,徐州矿务局整合贾汪、九里山等矿区,产量显著提升,占江苏省煤炭供应量的70%以上。至20世纪70年代,徐州已形成"煤—电—钢—化"联动的产业格局,成为全国十大煤炭基地之一。80年代起,计划经济体制的僵化与资源枯竭的双重压力让徐州陷入困境。

进入21世纪,徐州加快资源枯竭型城市转型的步伐,实施"工业立市、产业强市"战略,推动传统产业高端化、新兴产业规模化。2024年,徐州地区形成了以工程机械、绿色低碳能源、新材料创新、医药健康、食品加工为主导的产业集群。2018年,徐州斩获联合国人居奖,这份殊荣是对徐州从"一城煤土半城灰"到"一城青山半城湖"蝶变的肯定,也向全球提供了"资源枯竭城市"向"现代产业都市"转型的范例。

3. 非遗之美

走在徐州老城区的街巷深处,总有三两声梆子腔传入耳朵。挎着竹篮的老太太循声而去,篮中曹氏香囊的草本味和早点铺的饦(音同啥)汤味纠缠在一起,这是徐州特有的韵味。作为两汉文化的发源地,大运河畔的千年码头,南北交融的地理位置,使徐州非物质文化遗产在岁月的长河中闪烁着耀眼的光芒。

明万历年间的某个春夜,从黄河岸边逃荒而来的梆子戏班子,在徐州城南设草台唱戏。当枣木梆子敲击出第一声清脆的节奏,那高亢的、带着土黄色气息的唱腔,一下子撞上了徐蚌方言的爽朗铿锵,这种奇妙的化学反应,催生出了别有一番风味的"徐州梆子"。

艺人们用裹着徐州土味的唱词演绎《穆桂英挂帅》,金銮殿上的家国大义与市井巷陌的烟火气在戏台上水乳交融。百年后,这种混合艺术竟沿着运河逆流而上,在鲁南大地出现了另一种戏曲形式——柳琴戏。怀抱形似新月的柳叶琴,艺人在《喝面叶》的家长里短间,用"叠断桥"的唱法把寻常夫妻的拌嘴唱成十八弯的流水调,让台下的观众忍俊不禁。

1909 年冬,季良奎率班社在徐州户部山戏楼连续演出 18 天,每天更换不同剧目,涵盖《大书观》《四告》等 72 本戏,这就是传说中的季家班十八昼夜不歇。季良奎抖开褪色的靛蓝大氅,手指在柳叶琴上猛然一划,他的嗓音裹着琴声,把蹲在台阶啃煎饼的脚夫们拽进了戏里。

在邳州民俗博物馆的玻璃展柜里,陈列着一件清代竹马骨架,桑皮纸裱糊的马头上还残留着朱砂描绘的瞳。每年正月十五,在《十面埋伏》鼓点中,这些沉睡的竹马会在楚汉争霸的雄壮

阵势中,在年轻人的肩头上复活。领队总说:"跑竹马的要领不在腿脚,在脖颈。"原来每具三十斤重的竹马架都要靠颈椎支撑,舞者需要像战马一样昂首挺立,这种世代相传的技艺,让少年的脊梁无形中继承了来自汉代的气度。

徐州剪纸属北方粗犷风格,受汉画像石影响显著,艺人常"以心造型",即兴创作。国家级非遗传承人王桂英即以此闻名,作品线条简练如石刻。隔壁院的曹氏香包作坊里,井秋红正对着阳光穿针,绣绷上的麒麟纹样渐渐显形。她调配的驱疫药方包含二十味草药,其中三味采自云龙山阴坡的特定区域。

徐州剪纸 / 贾传军供图

如果说这些手艺还带着农耕时代的体温,那么邳州玉雕则展现出穿越时空的魔幻感。李玉成在3厘米厚的水晶板上雕刻

《清明上河图》。他改良祖传的"立体镂空雕"技法,用金刚砂钻头替代了骆驼骨针,数控机床精准定位的 0.1 毫米误差间,汴河上的漕船依旧保持着摇曳姿态。

四、千年古彭城

1. 湖光山色,大美徐州

徐州城南的户部山,青砖灰瓦的院落沿着山势层叠而上,这座占地 2.5 万平方米的古建筑群,不仅是融合南北风格的明清北方民居博物馆,更是一部用砖石写就的黄河治水史。

明天启四年(1624 年),黄河决口,导致户部分司迁移。洪水漫过徐州城墙,全城仅户部山因地势较高幸免于难。自此,"穷北关,富南关,有钱人住户部山"的民谚不胫而走。盐商、漕帮、官宦争相在此置地建宅,将江南的灵秀与北方的雄浑糅进建筑。鼎盛时,山上曾有 72 座深宅大院。为适应山势,工匠发明"台地错落法":以青石垒砌三米高的地基平台,院内设双层排水系统,暗渠导走山洪,明沟收集雨水。墙体用黄泥掺糯米浆夯筑,外砌徐州特产青灰砖,砖缝以石灰混桐油勾抹,可抵黄河水浸泡百日不塌。这种"水泡墙"技艺,如今在崔家大院西墙仍可见证洪水线,离地足有二丈四尺。

余家大院始建于明代天启四年(1624 年),原为户部分司衙署,后于清康熙年间被徽商余氏三兄弟购得并改建为私宅。这座占地 5 000 余平方米的建筑群,是户部山规模最大的院落之一,现存房屋 106 间,中轴对称布局融合了北方官式建筑的庄重与徽派民居的精巧。中院是它的核心区域,至今保存着明代

建筑遗存。大客厅明间悬挂"积善堂"匾额,梁枋间的彩绘虽历经风雨仍依稀可辨,印证着徽商"贾而好儒"的文化追求。值得一提的是,余家大院的排水系统采用"暗渠导山洪,明沟集雨水"的设计,暗渠以青石砌成,至今仍能在暴雨中发挥功效。翟家大院为晋商翟氏家族于清代中期所建,其"鸳鸯楼"堪称户部山建筑的神来之笔。因山势落差达4米,工匠采用"上下叠压、门向相反"的设计:上层房屋坐南朝北,下层房屋坐北朝南,两层之间以石梯相连,既节省了土方工程量,又形成"永不分离"的吉祥寓意。院内的伴云亭相传为乾隆帝登临所题,亭中"龟叶池"以青石雕刻龟纹与荷叶,既为防火储水,又暗含"长寿""清廉"的美好愿景。翟家的衰落与津浦铁路建设密切相关:1908年翟家参与铁路投资,辛亥革命后清政府倒台导致资金链断裂,最终变卖房产,仅存的伴云亭与鸳鸯楼成为这段兴衰史的见证。崔焘翰林府始建于明嘉靖十六年(1537年),是户部山现存最古老的民居之一。大客厅面阔三间,进深七檩,采用抬梁式木构架,梁枋间的"双狮戏球""松鹤延年"浮雕刀法粗犷,是徐州地区传统木作工艺的典型代表。府内的"双层排水系统"尤为精妙:明沟收集雨水流入院内蓄水池,暗渠则通过地下通道将山洪引入奎河,这种"旱涝两便"的设计,在苏北地区明清民居中极为罕见。2006年修复时,工匠在墙体中发现了明代"压胜钱",铜钱上的"天下太平"字样,寄托着古人对安居的祈愿。

　　户部山西麓的戏马台,是彭城最具代表性的楚汉符号。现存台基为明代重建,青砖缝里嵌着历代碑刻:明人题咏"盖世英雄去不还"的摩崖石刻清晰可辨,清代重建记碑则以小楷录下乾隆帝南巡时的驻足慨叹。台前的"秋风戏马"石碑为光绪年

户部山大院 / 贾传军供图

间摹刻,虽非苏轼真迹,却将文人对铁马金戈的想象,永远留在了戏马台。山腰的李家大楼,是盐商李允升于光绪年间所建,采用传统抬梁式木构架,门窗雕刻上融入西洋卷草纹。二楼的"走马廊"贯通前后院,廊柱间的木质传声筒能让仆人的过厅低语清晰传入主人书房。楼内现存的酸枝木博古架上,仍摆着李家祖辈的记账本,其中一页用朱笔圈注着"庚子年避乱津门",见证了 1900 年义和团运动期间,徐州商贾的乱世抉择。在周家染坊,工匠用微山湖蓼蓝与石灰发酵,染出的布匹愈显青翠。民国初年,周家曾为冯玉祥部队染制十万匹军装布,染缸底的黑色块至今仍在。站在龟山南麓回望,夕阳将山体染成古铜色,与远处京杭大运河货轮的鸣笛声交织,一艘运煤的船驶过,乌黑的煤渣落在龟首的岩缝中,光而不耀,与日月同久。

京杭大运河在徐州新沂拐了个弯,水波荡漾处,便漾出了一座千年古镇。窑湾枕着骆马湖、偎着京杭运河,静静悬在历史的

河湾里。

据说窑湾原叫"窑湾口",因窑群林立得名,后因漕运兴盛,渐渐省去了那个"口"字,仿佛一艘满载货物的漕船,劈波斩浪时甩掉了多余的负累。

沿着青砖铺就的老街漫步,脚下的石板缝隙间还嵌着几枚当年拴漕船缆绳锈蚀的铁环。街角的"吴家大院"仍保留着明代的木雕门楼。推开吱呀作响的木门,庭院里的石榴树正开着火红的花,树下坐着拉二胡的老人,曲调里带着山东梆子的硬朗与江南丝竹的柔婉——这便是窑湾独有的"运河腔"。

窑湾的兴衰,系于那条贯穿南北的京杭运河。明代漕运鼎盛时,这里日均停泊漕船千艘,灯火彻夜不息。粮行、盐号、钱庄如雨后春笋,山西会馆的砖雕门楼上,刻着"汇通天下"四个大字,笔锋间充满当年晋商的豪气。最显眼的当数"赵信隆酱园",它创立于康熙五十八年(1719年),是窑湾现存最古老的商业老字号之一,其传统晒酱工艺被列入徐州市非物质文化遗产名录。据传伏天晒酱需"昼曝夜露,覆以荷盖,防蝇虫而透香气",现酱园内仍有清代石制酱缸及竹箅席实物。

然而,窑湾的命运总与战火纠缠不清。咸丰五年(1855年),黄河决堤改道,运河淤塞,窑湾的漕运之梦碎了一地。但商人们并未离去,他们在废墟上重建家园,将徽派建筑的飞檐翘角与北方四合院的厚重融为一体。窑湾的奇妙,在于它既有江南水乡的婉约,又藏着晋商的豪放。清末民初,窑湾成了南北货物的集散地,也吸引了众多外国商人。圣公会教堂的尖顶刺破天际,彩绘玻璃在阳光下折射出七彩光晕,与隔壁山西会馆的鸱吻遥相呼应。教堂内牧师布道时的中文讲稿,仍工整地散布在洒金的经卷上。

窑湾古镇／贾传军供图

　　华灯初上，运河两岸的灯笼次第亮起，倒影在水面上摇曳生姿，站在望河楼上远眺，隐约可见对岸的山东窑湾村因地名相近而被赋予了想象中的乡愁。夜深人静时可以听见守夜人的梆子，从未间断。梆子敲在锣上，一声声回响在空巷里，叩问：这座千年运河滋养的古镇，还能守得住它那月色吗？答案或许藏在某个睡不着的茶馆里——茶博士依旧用紫砂壶煮着明前的碧螺春，水汽氤氲间，有人小声哼唱着琴书，尾音随着晚风飘向更远的地方。

2. 山灵不语，石上云痕

云龙山就像一条蜿蜒蜷卧的青龙。海拔不到 150 米，却在徐州城南盘桓了千万年。山巅的放鹤亭始建于北宋，苏轼任知州时常在亭中宴请宾客，看友人张天骥纵鹤于天地间。亭檐的飞角指向远方。而檐下的石柱上，"山人有二鹤，甚驯而善飞"的刻字，记载了文人的雅趣。

沿石阶而上，北魏石佛静坐在云雾里。这尊凿于公元 516 年的造像，历经千年风雨，依然保留着雄浑气度，衣褶间的纹路里，藏着匠人对信仰的虔诚。石佛旁的饮鹤泉，水质清冽甘醇，相传苏轼曾在此观鹤饮水，遂名之"饮鹤"。泉边的青苔岁岁枯荣，却始终记得苏轼曾在此提壶煮茶，笑谈人生。

云龙山原本无名，相传刘邦隐居芒砀山时，吕雉望见此地云气，遂称"云龙"。真正让山与人血脉相连的，是熙宁十年秋，苏轼骑马沿黄茅冈逶迤而行，马鞭指处，漫山石骨嶙峋，犹如群羊跪伏，从此这座山便有了"石佛山"的别称。他在《登云龙山》中写道："醉中走上黄茅冈，满冈乱石如群羊。"八百多年后，一石匠在冈前凿出一只卧牛大小的石羊，羊角上缠着祈求的红绸，像是替太守的诗作补上生动的插图。

山的东麓至今保存着张山人的旧居。那位与苏轼对饮的隐士，用竹篱围起三间草堂，养鹤种松，把半生光阴兑成鹤唳松风。苏轼任徐州知州时，常登亭与他对饮，观鹤舞松风，写下千古名篇《放鹤亭记》。现存的放鹤亭为清代重建，碑廊里的《放鹤亭记》碑刻虽已剥蚀，"鹤飞去兮，西山之缺"的字迹却依然清晰，那是苏轼留给这座山的文化印记。

转过饮鹤泉，山腰的兴化禅寺总在钟声里半寐半醒。据《徐

云龙山及云龙山东坡的文化街区 / 许晨供图

州府志》记载,佛像开凿时先劈山取形,再堆土成殿,形成"山是一尊佛,佛是一座山"的奇观。民间相传朱元璋曾在此避雨,误将佛肩滴水认作山泉,虽为附会,却为古寺增添了几分传奇色彩。

逢初一、十五,徐州城里虔诚的居士仍习惯来此敬三炷香。山西坡的摩崖石刻,是历代文人写给山的情书,缱绻缠绵。从北魏的"阿弥陀佛"到民国的"云龙遗迹",四百多方题刻在赭色岩壁上层层叠压,如同不同朝代的云朵在此聚集。其中"第一山"三字尤为醒目,虽为民国匠人仿米芾笔意所刻,却也得了几分"风樯阵马"的神韵,单字近两米高的刻痕里,藏着徐州人对"米颠"的追慕。但最动人的还是那些无名氏的涂鸦:风化严重的石壁上,依稀可辨"万历七年春,张二与妻王氏至此",旁边刻着

歪斜的并蒂莲；仿佛能看见明代夫妇相携登山的身影；另一处岩缝间，"辛巳避兵于此"的小楷里，"辛巳"或许指崇祯十四年（1641年）的匪患，或许是更早的战乱，在没有摄像头的年代，这些刻痕就是普通人与山的秘密契约。

云龙山摩崖石刻 / 李庆鹏供图

半山亭旁的曲港跳鱼石，总让人想起苏轼与参寥子的对弈，传说二人在此下棋，忽见泉水涌出，游鱼跃石，太守掷子大笑："此间乐，不思汴京！"如今石头上凿的棋盘，纹路早被鞋底磨平，常有老者在此摆残局，黑子用鹅卵石，白子用杏核，输赢不过一壶高沫茶的赌注。春天的云龙山是属于杏花的，云龙山的春天也是属于杏花的，十里杏花。苏东坡手植近千年的杏树虽已枯朽，但后人补种的千株杏，每年三月仍把山坡染成粉白的云海。最妙的是微雨初霁时，花瓣沾着水珠簌簌落在放生池里，锦鲤误作饵食争相啄食，搅碎一池云影。到了五月，刺槐花的甜香会淹没石佛径，养蜂人把蜂箱摆在饮鹤泉边，琥珀色的槐花蜜里掺着松针的清气。秋深时的黄茅冈最美。槭树和乌桕把山道染成斑斓的绸缎，松针铺就的金毯上，常能拾到橡子与毛栗。

如今的云龙山，早不是苏轼笔下的荒丘。山西侧的索道站总在周末排起长队，缆车吊厢漆成朱红色，掠过树梢时惊起斑鸠阵阵。山顶观景台的玻璃栈道，黄昏时分挤满拍婚纱照的新人，雪白头纱与晚霞交融的瞬间，无人机嗡鸣着升空，将古老山脊框进画幅。但夜半的山仍是属于古人的，月光把石阶镀成银锭。山下城市的霓虹正在流淌，而山间的流萤提着灯笼，仿佛在寻找那位醉倒青石的太守。

津浦铁路绕行山脚的故事，在民间演绎为"护龙"传说，实则是 20 世纪初工程师因岩层复杂而改道的科学决策。这座山最动人的，恰恰是那些最真实自然的部分。残碑上的裂痕、晨雾的重量、蚂蚁搬运栎果时留下弯弯曲曲的细线，这些无声的细节，就是云龙山的灵魂。

3. 人间烟火，至味清欢

天还未亮透，徐州城的街巷就弥漫起食物的香气。

馄饨挑子的铁锅咕嘟作响，蒸笼里的白气裹着面香。路边那只大汤桶，里面正咕嘟咕嘟炖着饣它汤，香气正悄悄地在空气里弥漫开来。师傅将牛骨、鸡架与二十余味香料文火慢煨，直至骨髓化成乳白色，清晨四点，掀开棉布帘子，将昨夜的汤底重新煮沸，撒上一把翠绿的香菜，一勺醇厚的胡椒粉，此时的汤汁好似山涧清泉，却又暗藏着千层滋味。晨光里的徐州人，裹着褪色的棉袄，蹲在马路牙子上，就着一碗饣它汤，吞下整个寒冬的凛冽。

饦汤 / 李庆鹏供图

红漆木案上,五花肉方方正正码成一座小山。

刀刃割破皮肉,油脂随势溢出。老厨人取出一根浸过酱油的棉绳,将肉块捆成一束。这是把子肉的仪式感,是徐州人的生活态度——既要丰腴,亦需有所牵绊。一锅冰糖生抽,在烈火中化作赤金色的绸缎裹住肉块。八角、桂皮、香叶在热浪中低吟,陈醋适时以酸香潜入。三小时后掀开锅盖:肥肉晶莹如凝脂,瘦肉纤维酥化,棉绳在酱汁中浸透,透亮的酱汁就像一捆红绳,还未食指大动,已然口角流涎。食客们总是在品食之后,蘸着一碗蒜泥香菜。可是把子肉那真味,还在于将肉块掰开,手触温热,一缕肉汁顺着舌根滑落,"三分撕,七分嚼",让每一丝肉都被酱香包裹，从喉咙滚落至心尖。

村口那座斑驳的土灶，常年青烟不断。

铁锅的底部堆满了土豆、茄子和青椒，像为整鸡搭建了一座蔬菜王国；黄褐色的鸡肉块大都坐卧在菜的下面，鸡肉中的脂肪在三小时的煨煮中化作金汤。火小，汤不多，小火炖足三小时，锅底下的面饼都喝饱了汤，其边缘发黄卷曲，像一弯缩小的满月。揭开锅盖，热气冲起，那粗犷的柴火香，醇厚的酱料香，扑面而来。鸡肉随筷子的挑动在汤里轻颤着坠入，轻轻一夹，筷子里蹦出一缕嫩得能掐出水的鸡肉丝。

最动人的是那碗"一锅两吃"：上半场是浓汤泡馍，下半场是干煸辣椒炒馍丁。馍块吸饱了肉香，嚼起来沙沙作响，这是徐州农家的待客之道，不用大鱼大肉，不用精工细作，就是拿最朴素的食材，用最自然的烹饪手法，烹出最厚重的香。

地锅鸡 / 陈尚伟供图

　　酒席高潮时,一只蓝边的大青瓷碗端上桌。鸡鸭鹅三鸟禽并立,汤汁呈深褐色,漂浮着鲜艳夺目的枸杞和微黄淡白的竹荪,隐藏着一丝酱香的酒香。

　　这是徐州人献给历史的"霸王别姬",是徐州人献给英雄的赞歌,是徐州人对英雄最朴素的崇拜,把悲壮化作舌尖的缠绵。夹起一块鸡肉,入口即化;轻抿汤汁,辣中带甜,甜中带辣,好似霸王在九里山前高歌,刚烈中藏婉转;又如虞姬轻舞于月下,婉转中藏刚烈。最妙的是最后一道"收尾羹",将三禽精熬成浓稠的高汤,撒上一把炸碎的蒜蓉,再撒上一撮碎香菜,食客们总是在咽下最后一口时,才会发出片刻声响。老馆主说:"这菜不是吃,是品——品得出项羽的豪,品得出虞姬的柔,品得出徐州人骨子里的那份'宁为玉碎'的倔。"

　　饣子是徐州人宴客的硬菜,将发酵好的面团擀成薄片,包上大虾仁、猪肉末、木耳丝等十多种馅料,再在铁板上煎至金黄,外皮酥脆如甲,内馅鲜嫩多汁,一口下去,能听到"咔嚓"的脆响和"滋啦"的油爆交响。据说这道菜源于清朝漕运官兵的行军干粮。最让人叫绝的莫过于徐州独有的蝴蝶面了。面皮擀成极薄的扇形,煎好后像蝴蝶翅膀,配上虾仁、香菇、笋子的浇头,仿佛把整个云龙山的美味都收在一盘里。做蝴蝶面要"心细如发",面皮的厚度不能超过半毫米,不然煎出来就不成样子了。这种手艺,成就味觉盛宴的同时,也是对"精细"二字执着的极致诠释。

　　徐州人爱汤如爱母亲河,黄河多次改道,留下无尽苍凉的同时,也留下了丰饶的鱼虾和羊群,徐州人把自己的一份爱,留在了这片土地上。清晨的牛市街,总能看到老翁挑着担子沿街叫卖:"羊汤配烧饼,赛过神仙药!"汤头用三年以上的老山羊熬制,

加入三十多种香料,用文火慢炖六小时,直到汤汁呈乳白色。舀
一勺入口,鲜味如潮水漫过舌尖,配上皮薄馅大的羊肉饺子,是
徐州人最家常的滋补之道。选用运河鲤鱼熬制数小时,汤汁清
澈如水却鲜得摄魂,馒头块要手工掰成黄豆大小,吸饱汤汁后才
能入口。老字号聚宝楼的老板娘说,选鱼讲究"一鱼三吃":鱼头
骨熬汤,鱼肉做汤,鱼尾煎成焦香,这种源于明代的吃法,将鱼的
每一寸都化作最高礼遇。最让人难忘的是夏夜街头的绿豆汤。
绿豆用小火慢慢熬到开花,加冰糖、薄荷叶,清凉解暑的滋味里
藏着徐州人的淳朴智慧,卖汤的大妈们总爱多放两勺绿豆,"吃
了不长痘",这碗传承千年的甜品,是徐州人用来对抗炎夏的温
柔利器。

　　蜜三刀是徐州甜品界的隐世高手,用芝麻包住面粉、蜂蜜、
猪油反复揉搓,擀成薄片后,跳两刀,第三刀剁成细条,炸至金黄

蜜三刀 / 贾传军供图

酥脆，即成。刚出锅的蜜三刀冒着热气，咬一口，蜂蜜的甜与猪油的香在口中交融，尾调泛着淡淡的花生香，老糕点铺的师傅说，糖衣要用古法熬制，必须在糖浆中加入槐花蜜，才能熬出琥珀般的光泽。

　　伏羊节是徐州人的狂欢节，此时全城飘着羊肉的膻香。老字号"刘家羊肉馆"的灶火昼夜不熄，大师傅用铁钎子戳着羊腿肉，肉质鲜嫩得能掐出水来。豪爽的食客们大口吃肉、大碗喝酒，好不痛快！高温的天气里，食客们被一碗碗羊汤逼出一身大汗，汗湿的衣襟紧紧贴在前胸后背，吃到尽兴处，干脆光着膀子，赤膊上阵，同桌或者邻桌的女性食客已然见惯此情景，并无人在意——这是徐州人"天热吃伏羊，冬病夏治"的生存智慧，也是对彭祖长寿文化的虔诚致敬。中秋节的月饼藏着徐州人的乡愁。不同于南方的莲蓉月饼，徐州人偏爱五仁馅儿——核桃、杏仁、花生、瓜子、冰糖的黄金组合，在月光下泛着油润的光泽。老裁缝张奶奶总要亲手做月饼。抚摸着木刻的月饼模子，她轻轻说：

伏羊节 / 贾传军供图

"机器压的月饼没人心味,得用手慢慢揉,把心意都揉进去。"如今,虽然超市里月饼琳琅满目,但徐州人仍会在中秋夜聚集在社区,用土灶烤制月饼,火星飞溅间,仿佛回到了童年。

徐州人的吃饭之道,是黄泛区百姓的生存智慧。黄河水患连年不断,粮食紧缺,徐州人发明了绿豆面和玉米面掺和着做饼的"杂粮饭",将白菜腌成酸菜,豆腐卤制成咸鸭蛋,原本朴拙的吃法,却又是"穷则变,变则通"的生存艺术。

在徐州的大排档里,老板们常常半开玩笑地说:"俺徐州人做饭就讲究个'实在'!"一道菜能上桌,必然是食材本味的极致发挥。红烧肉就用五花肉炖足六小时,把酱香炖进肥肉里;地锅鸡要用黄泥小炉煨足三小时,让鸡肉饱吸土豆和面饼的香气。这样的"大道至简",让徐州菜变成了"味觉的记录者"。